本书系2023年度青岛市社会科学规划研究项目"整合[资]共同体研究"（项目批准号: QDSKL2301149）成果

整合资源构建高校实践育人共同体研究

王中帅　著

吉林大学出版社

·长春·

图书在版编目（ＣＩＰ）数据

整合资源构建高校实践育人共同体研究 / 王中帅著 . ——
长春 : 吉林大学出版社 , 2023.4
ISBN 978-7-5768-2219-9

Ⅰ . ①整… Ⅱ . ①王… Ⅲ . ①高等学校 – 人才培养 –
研究 – 中国 Ⅳ . ① G649.2

中国国家版本馆 CIP 数据核字 (2023) 第 199083 号

书　　名	整合资源构建高校实践育人共同体研究
	ZHENGHE ZIYUAN GOUJIAN GAOXIAO SHIJIAN YUREN GONGTONGTI YANJIU

作　　者	王中帅
策划编辑	矫正
责任编辑	矫正
责任校对	王寒冰
装帧设计	久利图文
出版发行	吉林大学出版社
社　　址	长春市人民大街 4059 号
邮政编码	130021
发行电话	0431-89580028/29/21
网　　址	http://www.jlup.com.cn
电子邮箱	jldxcbs@sina.com
印　　刷	天津鑫恒彩印刷有限公司
开　　本	787mm×1092mm　　1/16
印　　张	13.75
字　　数	200 千字
版　　次	2023 年 4 月　　第 1 版
印　　次	2023 年 4 月　　第 1 次
书　　号	ISBN 978-7-5768-2219-9
定　　价	68.00 元

前　言

2017 年 12 月，教育部发布的《高校思想政治工作质量提升工程实施纲要》中明确提出，切实构建实践育人在内的"十大"育人体系。[①]2018 年 8 月，中共中央办公厅、国务院办公厅下发《关于深化新时代学校思想政治理论课改革创新的若干意见》，提出"建立思政课实践教学基地，完善思政课实践教学机制"[②]。党的十八大以来，党中央高度重视大学生思想政治教育，党中央、国务院以及教育部出台一系列相关文件，强调实践育人在大学生思想政治教育中的重要性，并提出相关要求，做出相关部署。

实践育人是高校做好思想政治教育工作的重要环节，是落实"立德树人"根本任务的有效途径。因此，高校必须认真坚持、实地落实实践育人这一环节。近年来，国内部分高校在制度建设、平台建设、实践内容、实践形式等方面开始不断探索，创新实践育人工作。

新时代以来，党中央先后提出"人类命运共同体""利益共同体""合作共同体""网络空间命运共同体"等思想。"共同体"作为"整体性发展"理念深入人心。2014 年，教育部提出了建设高校实践育人共同体的目标，将政府、高校、社会、企业纳为育人主体。同年，教育部提出要实施这个计划。

"共同体"一词最早可以追溯到拉丁文"communis"，后被逐渐引入到社会学、哲学、教育学等领域。高校实践育人共同体是在高校不断探索创新实践育人的过程中逐步得以明确的，实践育人共同体是一种结构化的

[①] 中共教育部党组关于印发《高校思想政治工作质量提升工程实施纲要》的通知 – 中华人民共和国教育部政府门户网站 [EB/OL].（2021-12-15）[2017-12-20].http://www.moe.gov.cn/srcsite/A12/s7060/201712/t20171206_320698.html.

[②] 深化新时代学校思想政治理论课改革创新 [N]. 人民日报，2019-08-15.

实践育人策略，本质上是实践教学与思想政治教育的内在统一①，通过合理配置和利用各方面资源，促进政府、高校、企业、社会、学生及家庭各个要素全方位合作与协同，相互协调、优势互补，有效组织教育教学实践活动，从而形成实践育人功能的有机整体。实践育人的过程必须要与政府、社会相结合，与行业、企业、社会组织相结合，与经济社会发展需要相结合。高校、政府、家庭、企业、社会等既体现教育育人的主体性，又体现育人价值的客体性，是实践主体和客体现实而具体的统一。通过建构实践育人共同体可从根本上解决当前实践育人合作浅层化、内容形式化等育人难题，有利于发挥高校智力优势，积极履行社会服务职能，增强校地、校政等合作力度，进一步促进企业和社会组织服务地方经济和社会发展。

这个育人共同体是应时代之变迁，立时代之潮头的产物。它是新的历史方位下，落实"立德树人"根本任务，整体、协调、系统抓好大学生思想政治教育，培养又红又专、集高素质和高能力于一身的、全面发展的中国特色社会主义合格建设者和可信赖的接班人的新阵地。当前，许多高校已经开始建设这个共同体。由于尚处于探索阶段，高校在建设过程中虽取得了一点成效，但依然面临许多问题和挑战。这个共同体成为新的发展阶段下，高校持续加强和改进高校思想政治教育工作所面临的短板之一，需要我们继续为之上下求索。

在纷繁复杂的时代背景下，如何做好高校实践育人工作，成为我们面临的一项重大课题。高校实践育人共同体的构建正是对这一课题的理论应答。高校思想政治教育实践育人是培养大学生综合素质的关键环节，可以促进大学生各方面能力的提升。通过各种实践育人活动，能够激发大学生奋发进取的积极性，使大学生以更高的热情投入今后的学习和生活中，更好地学习科学文化知识，扎实掌握各项专业技能，提升服务他人、奉献社会的本领，坚定理想信念，为实现中华民族的伟大复兴贡献自己的一份力量。在以政府、高校、社会、企业和家庭为主体而构成的高校思想政治教育实践育人共同体中，各育人主体协同开展育人工作，制定与实施科学合理的思想政治教育实践育人培养战略，有助于推动高校思想政治教育实现内涵

---

① 刘宏达，许亨洪. 我国高校实践育人共同体建设的内涵、问题及对策研究 [J]. 华中师范大学学报（人文社会科学版），2016（05）：170.

式发展。

　　高校实践育人共同体研究作为一个新兴课题，是随着实践育人理念和共同体理念的发展而兴起的，在学术界尚处于探索阶段，仍不完全成熟，在学术研究上还有很大进步空间。本书在现有相关研究成果的基础上，分析当前构建情况、存在问题及其影响因素，对其进行总结、分析，形成系统的理论，进一步丰富和完善高校实践育人共同体理论研究，以此推动其研究向纵深方向发展。

　　全书共设置六章。从高校实践育人的科学内涵着手，梳理高校实践育人政策演进历程，阐述高校实践育人共同体的构成、特征及价值追求；以马克思主义实践观与认识论、教育与生产劳动相结合、关于人的全面发展学说、马克思共同体思想、中国共产党共同体理论作为理论指导，以思想政治教育基本原理为根本依据，助推高校实践育人共同体构建；认真分析高校实践育人共同体在建设中存在的问题及其原因所在；在此基础上，以社团活动与志愿服务为例，探讨新时代高校实践育人内容体系的构建；以"产学研"合作模式和顶岗实习模式为例，探讨高校实践育人共同体育人模式的创新；进而继续对症下药、精准施策，以五大发展理念为引领，从坚持原则、整合资源、健全运行保障机制三个方面入手，多管齐下，扎实推进高校实践育人工作，为这个共同体提供合理的战略应对之举，推进其向纵深发展。

　　高校思想政治教育实践育人共同体的建设是一项艰巨而伟大的"工程"，对它的相关理论和实践研究任重而道远。希望本书的研究成为高校实践育人共同体理论研究和实践探索的引玉之砖，但囿于个人学识和能力有限，在前人研究基础上表达了一孔之见。在研究中还存在很多纰漏和不足，如理论深度不足、实践方案不全面等问题，这些缺憾都是未来学习和工作中需要不断探索、研究和努力的方向。

目 录

第一章　整合资源构建高校实践育人共同体概述

实践育人是基于时代发展的育人模式。在新时代背景下，任何以人才培养为目标，以具有实用性、多向性、指导性和革新性的教育为中间过程，通过学生主体展开的可以逐渐锻炼出坚毅人格、创造性思维以及实践能力的活动都应该划入实践育人的大框架内。在此框架内的各方力量以及由这些力量集结而成的新的教育体系被称为实践育人共同体。高校实践育人工作应该把握时代脉搏，深化教育教学改革，整合社会各方资源，打造实践育人共同体。[1]

一、高校实践育人的内涵与特征

（一）高校实践育人的科学内涵

高校思想政治工作关系到"培养什么人、如何培养人以及为谁培养人"这个根本问题，而实践育人是高校思想政治工作的重要环节。中共中央国务院印发的《关于加强和改进新形势下高校思想政治工作的意见》指出，要"坚持全员全过程全方位育人。把思想价值引领贯穿教育教学全过程和各环节，形成教书育人、科研育人、实践育人、管理育人、服务育人、文化育人、组织育人长效机制"[2]。"坚持遵循教育规律、思想政治工作规律、学生成长规律。把握师生思想特点和发展需求，注重理论教育和实践活动

---

① 何学建，王法琴，顾欢. 新时代高校实践育人供给侧结构性改革研究 [J]. 文教资料，2019（20）：118–120.
② 中共中央国务院《关于加强和改进新形势下高校思想政治工作的意见》[Z]. 中发 [2017]31号文件.

相结合、普遍要求和分类指导相结合，提高工作科学化精细化水平。"① 如何准确理解高校实践育人，我们可以从其实质、根本和形式上进行梳理。

1. 高校实践育人的实质。高校实践育人的实质就是引导青年学生走与实践相结合的正确成长道路。从质的规定性看，高校实践育人包含三个层面的意思：一是理论与实践的结合。青年学生在学校的主要任务是学习和掌握系统的科学理论知识，但检验学习的成效就需要将这些理论知识付诸实践，在实践中将其加以应用。要运用我们所学的知识帮助解决一些现实的问题、生产劳动中的问题或技术攻关的问题。因此，把理论付诸实践，这是青年学生最重要的成才道路。二是脑力劳动与体力劳动相结合。劳动的形态主要分为体力劳动和脑力劳动两种。作为接受高等教育的青年学生，从其主要劳动形态上看是作为脑力劳动者参与实践，青年学生要把自己的学习成果、研究成果转变为物质成果。要把理论知识变为现实，就必须经过脑力劳动和体力劳动的结合，把我们学习掌握的科学知识转化为工人、农民和其他体力劳动者的生产实践，使理论对象化或脑力劳动成果对象化，从而实现个人价值和社会价值的有机统一。三是青年学生与劳动人民相结合。青年学生长期以来的活动空间都是学校，接触更多的是学校里的老师和学生，对社会了解不够，与广大人民群众的感情不深。作为社会主义的合格建设者和可靠接班人，要树立正确的群众观、劳动观和利益观，要通过社会实践接触群众、接触人民、了解人民，更要熟悉人民，着力培养和广大人民群众的深厚感情，切实转变自己的立场、观点，牢记和践行党倡导的全心全意为人民服务的宗旨，把自己培养成为人民需要的青年知识分子，为人民的利益去奋斗，真正实现学习理论知识与加强思想修养的统一、实现自身价值与服务祖国人民的统一、树立远大抱负与脚踏实地艰苦奋斗的统一，才能成为党和国家、人民所需要的人才。我们党内的一些优秀领导人，像毛泽东、周恩来、邓小平、习近平等都用自身的成才经历证明了与实践、与群众相结合的成长道路的必要性。

2. 高校实践育人的根本。高校实践育人从根本上讲，就是培养具有社会责任感、创新精神和实践能力的人才，培养德智体美全面发展的社会主

---

① 中共中央国务院《关于加强和改进新形势下高校思想政治工作的意见》[Z]. 中发[2017]31号文件.

义建设者和接班人。高校的立身之本是立德树人。我们究竟应该立什么样的德、树什么样的人，对当今中国而言，目前最需要培养的就是具有高度社会责任感、强烈创新精神和突出实践能力，忠于祖国、忠于人民的人。培养这样的人才仅仅在大学校园里、在课堂上是培养不出来的，实践教育正是解决这一问题的有效途径。因此，高校一定要把课堂理论教学和实践教学，把学校培养和社会培养紧密结合起来，引导和支持青年学生参与社会实践，让青年学生在实践中感受国家和民族的巨大变化和伟大飞跃，在实践中感受取得巨大成就的曲折和艰辛，在实践中感受肩负的历史使命和责任担当，在实践中锻造优秀品格、激发青春活力，在实践中坚定道路自信、理论自信、制度自信、文化自信，从而通过实践真正引领青年学生自觉成才、健康成长。高校要实现实践育人的目的，重点要做到四个结合：

一是育德要与育智、育体、育美相结合。实践育人的过程不仅仅是培养青年学生的道德品质、社会责任感和创新精神等，还要与育智、育体、育美相结合。马克思曾经说过："将生产劳动和智育、体育结合起来，不仅是提高社会生产力的一种方法，也是使人全面发展的唯一途径。"① 俗话说"学到用时方恨少"，其意义就在于实践对一个人知识掌握的广度和深度的检验。青年学生只有在实践中才会感觉到自己学得不足，才能感觉到社会需要青年学生更好地掌握理论知识和现代科学技术，需要不断地进行知识创新和应用；同时，青年学生在实践活动中还要与身体锻炼结合起来，通过实践活动培养自身坚强的意志和良好的品质。另外，美是人的天性，也是人的追求。正如马克思在《1844年经济学哲学手稿》中告诉我们的："人也是按照美的规律来建造。"人是按照审美要求来创造世界，同时创造自己的。人不是容器，从某种意义上说，青年学生的实践教育不是理性义务，而是审美鉴赏，只有在审美愉悦的感受中才会产生接受教育的兴趣，才会勃发接受教育的冲动，只有与美的追求相融合才能体悟到接受实践教育是一种享受。因此，在实践育人过程中，青年学生的受教活动得到的应该是美的体验、美的满足、美的创造，形成审美情绪的积蕴，进而转化或上升为思想感情的高尚境界。人的审美情趣是人的心灵净化与思想提升的催化

---

① 中共中央马克思恩格斯列宁斯大林著作编译局. 马克思恩格斯全集（第23卷）[M]. 北京：人民出版社，1985：530.

剂，愉悦感对人的思想、心理的矫正与激励具有巨大的意义。高校实践育人应该让青年学生在实践教育中感受到一种精神享受，力求真、善与美的融合，而不能成为一种思想负担。因此，高校实践育人应该成为育德、育智、育体、育美四位一体的育人过程。

二是受教育要与长才干、做贡献相结合。高校实践育人还是一个受教育、长才干、做贡献相结合的过程。受教育，就是让青年学生通过社会实践接受教育，既要接受实践的教育，也要接受人民的教育。"广大青年要如饥似渴、孜孜不倦学习，既多读有字之书，也多读无字之书，……"①"有字之书"指的是教材上的理论知识，"无字之书"指的就是社会实践。青年学生既要学好教材上的理论知识，还要注重实践的应用，在实践过程中既接受教育又锻炼才干，并努力为国家和社会做出自己应有的贡献，只有把这三者结合起来，才能掌握知识、增长才干、服务社会、造福人民、实现价值，才能真正成为国家和社会需要的人才，最终实现个人价值与社会价值的统一。

三是教育要与经济、科技相结合。从更高的层面来看，实践育人的过程还是经济、科技与教育相结合的过程，也是产学研用相结合的过程。实践教育不仅仅起着育人的作用，它还促进经济、科技和社会的发展。教育和经济、科技的结合是我国高等教育改革的根本方向，也是经济发展的根本方向。党和国家早已提出，实施科教兴国战略就是要把经济建设转移到依靠科技进步和提高劳动者素质的轨道上来。其中之义就是要实现经济、科技与教育相结合，这不仅是国家发展的需要，也是青年学生成长的需要。

四是促进个人成长要与促进社会发展相结合。实践育人的三个结合最终归结为一个结合，即促进个人成长与促进社会发展相结合。实践活动既是青年学生通过参与社会实践积极推动社会的进步与发展，也是青年学生走进社会、认识社会、了解社会，真正了解世情、党情、国情、民情的有效途径。强化社会责任意识、规则意识、奉献意识，不断认识规律，从而实现自我完善、自我提高、自我超越与创新发展。它不仅关系到青年学生成长成才的道路选择，还关系到我们国家和社会能不能全面协调可持续发

---

① 习近平. 在知识分子、劳动模范、青年代表座谈会上的讲话（2013年4月26日）[M]. 北京：人民出版社，2016:11.

展的现实问题。因为青年学生参加社会实践活动既是生产新的物质产品的过程，也是生产人的新的品质、造就社会新人的过程。

3. 高校实践育人的方式。从我国高校现有的实际情况看，高校实践育人主要通过五个方面的结合来提高育人的效果，即与专业学习相结合、与勤工助学相结合、与服务社会相结合、与择业就业相结合、与创新创业相结合等，具体形式主要有生产劳动、科学实验、教学实习、军政训练、勤工助学、义务支教、志愿服务、创新创业、挂职锻炼、生存训练等等。高校通过运用多种实践育人方式，始终坚持五个结合，使实践与育人有机结合起来。青年学生通过实践教育，使自己在实践活动中参与实践、感受实践、领悟实践，真正在实践中成长成才，不断提高高校实践育人的成效。

总之，高校实践育人就是以马克思主义实践观为指导，以思想政治教育规律和大学生成长规律为遵循，立足学生实际，组织和引导大学生参加社会实践，旨在培养社会责任感、创新精神和实践能力全面发展的人才的教育活动。它代表的是一种新的思维方式、新的教育观和新的育人模式。实践既不是教育的一个环节或补充，也不是理论的延伸或运用，而是教育本身具有的内在属性。它从现实的人的实践活动出发，研究人的发展。

（二）高校实践育人的特征

1. 实践性

实践是人的根本特征，也是人类区别于其他动物的本质特征，换句话说，人类全部社会生活在本质上都是实践的。与课堂上主要依靠书本灌输的理论教学不相同，实践育人的开展必须组织学生参加相应的实践活动。实践育人最大的特征或者说是优势，就是充分发挥了人类的实践性，使学生可以在具体的实践活动中学习相关知识，提高实践能力和综合素质。高校人才培养的目标是培育出品质优良、全面发展、为社会主义建设做贡献的大学生。大学生参加工作，建设社会主义事业必须要有一定的理论知识和实践能力，学生在课堂上学习理论知识是提高实践能力的基础，也可以说是实践育人的基础环节，而开展实践活动，让学生把理论知识运用到实践中和培养学生的实践能力是实践育人的重要环节，这些都需要以实践为依托，极大地丰富实践育人的实践内涵。实践是人类作为主体，出于一定目的，改造客观世界的活动。在长期的实践活动中，人类的主观精神世界总是受到客观世界的影响，对我们的精神品质产生一定的影响，这也在一定程度上赋予了实践育人更多的实践内涵，要求实践育人不仅要通过实践活动提高学生的综合能力，也要塑造学生良好的精神品质，这些都是由实践育人的实践性所决定的。

实现人的全面发展是马克思主义的最终目标，马克思认为这一目标的实现必须依靠教育与生产劳动相结合的方式。因此，大学生成长成才必须积极参加各种实践活动来提升自我。实践育人中的实践活动不直接等同于认识和改造客观世界的实践活动，更多的是一种学习过程，起到的作用主要是帮助学生学习知识、提升能力。因此，实践育人在很大程度上弥补了课堂理论教学的枯燥、无味以及较为单一的教学形式的缺陷，尤其是可以在思想道德和精神品质方面对学生进行有力的培养。实践育人的实践性特征决定了实践育人的科学性、合理性，可以达到其他育人方式所不能达到的效果。正如毛泽东所说："人的正确思想，只能从社会实践中来，正确的认识，往往需要经过由物质到精神，由精神到物质，即由实践到认识，由认识到实践这样多次的反复，才能完成。"[1]实践是能够让大学生全面发展的唯一有效途径，也是检验其是否合格的根本方式。

2. 主体性

"学生是实践育人的对象，也是开展实践教学、军事训练、社会实践活动的主体。"[2]从传统教育上来讲，老师在课堂上通过语言、书本等方式向学生传授知识，教师是知识的输送者，是教育的主体，学生是知识的接受者，是教育的客体。而实践育人作为新型的教育方式，主要是让学生在实践活动中学习知识，从这一角度分析，人始终是实践活动的主体，在实践教学活动中需要充分发挥学生的主体作用，老师则更多地成了引导者和组织者。"人作为主体是通过他自身的实践活动来参与和接受客观的影响，从而获得主体自身的发展。"[3]因此，实践育人要改变以往学生被动学习知

① 毛泽东著作选读 [M]. 北京：人民出版社，1986：839–840.
② 教育部思想政治工作司组. 加强和改进大学生思想政治教育重要文献选编（1978–2014）[M]. 北京：知识产权出版社，2015：496–498.
③ 黄济. 教育哲学通论 [M]. 太原：山西教育出版社，1998：385.

识的形式,尊重学生在实践活动中的主体地位,激发学生的能动性和创造力,培养学生自己发现问题、解决问题的意识,让学生充分参与到实践教学活动中来。

"促进自我教育的教育才是真正的教育。"①实践不仅是人存在的方式,更是认识世界和改造世界的知识来源,让学生充分以主体身份参与到实践活动中才是真正的教育。要想让学生成为课外实践活动的主体,就要改变理论教学中以老师为中心的教学策略。在实践活动中,教师更多的是扮演辅助者的角色,带领学生主动参与到实践活动的设计中,增加学生主动获得知识的学习热情,从被动灌输式教学的接受者转变为实践育人的承担者和实施者。实践育人的课程内容也应从学生的主体性出发,在学生自身的理论知识和思维方式基础上,保障学生的主体参与度,通过实践活动,唤起学生主动学习的意识,提高学生主动学习的能力。教师在实践活动中,要改变过去知识传授的死板观念,采取引导式的教学交流,挖掘学生的潜能,培养学生的问题意识,产生创新性思维。同时,学生在实践活动中是否得到有效的知识积累、综合能力是否得到完善的发展,以及实践活动成果是否符合既定的要求,除了教师和各单位的评价、考核外,更多的要考虑学生的主体自我评价,促使学生对自身的综合素质可以进一步地反思,培养学生批判性的思考方式,保障学生在实践活动中真正做到了主体参与。

3. 综合性

实践育人内容丰富多样,决定了其对大学生综合能力培养的作用。"大学生综合素质指大学生在基础教育阶段的学习和实践基础上,通过高等教育阶段的学习和实践中发展起来或形成的内在的、相对稳定的、对大学生持续发展具有积极意义的主体特性和品质,其综合效应表现为认识和改造主客观世界的知识和能力。"②对于大学生综合素质的培养主要是对其思想、品德、知识储备、实践能力等方面的基本素质的综合培养,目的在于使大学生切实地满足社会发展需要,成为合格的人才。对大学生综合素质的培

---

① [苏联] 苏霍姆林斯基. 少年的教育与我教育 [M]. 赵玮,等,译. 北京:北京出版社,1984:101.

② 徐涌金,张明纲. 大学生综合素质培养体系的构建思路 [J]. 思想政治教育研究. 2009 (04):8.

养是高校实践育人的落脚点，是大学生毕业就业的客观需要，符合国家对创新创业发展的内在要求，也是对高校人才培养体系的综合考评。

近年来，随着社会的快速发展，对大学生综合素质的要求也越来越高，培养出德智体美全面发展的大学生是每一个高等院校长期且重要的任务。高校实践育人把综合素质培养放在关键位置，对于高校人才培养具有巨大的理论价值与现实意义。在实践育人工作开展中，主要是通过课外实践活动来进行综合素质培养。首先，实践活动可以检验大学生对社会现实问题以及价值观念是否具有正确的是非判断，进而形成良好的思想品德和价值观；其次，增进大学生在课外活动中发现问题、分析问题、解决问题的能力，真正发挥学生的主体性、实践的导向性作用；再次，加强大学生课堂理论知识学习成果，增强大学生在实际工作学习中灵活运用专业知识的能力，实践活动的来源是理论基础知识，能否把知识运用到实践活动中，靠的不仅是对理论知识的掌握，更多的是要求大学生具有灵活的头脑和熟练的操作能力，这就要求大学生要具备良好的综合素质；最后，实践育人对大学生综合素质的培养，根本目的在于激发大学生各方面的潜能，提高学生综合能力，使其能更好地步入社会，为国家的发展做贡献。这样看来，大学生在以后的学习工作中需要的解决问题的能力，都应该是培养大学生综合素质的时候需要考虑的方面，而这种能力的提高应当贯穿于综合素质培养的始终。

二、高校实践育人政策演进历程

（一）新中国成立以后高校实践育人政策

1. 高校实践育人的萌芽阶段

新中国成立之初的高校实践育人尚处于萌芽阶段，没有形成相应的概念和理论，在实践教育上，重点突出了与工农相结合，且带有明显的政治倾向，但在很大程度上为国家教育事业的发展打下了良好的基础。

《中国人民政治协商会议共同纲领》是新中国成立前夕的重要文件，文件中规定新中国文化教育应当从科学、民族、大众三个方面进行科学合理的设计。同时规定了国家的文化教育的首要目标是不断提高人民的文化修养水平，培养出满足国家建设需要的各方面人才，为步入社会主义国家打下坚实的思想基础。这是在新中国筹备工作过程中对我国教育事业的最初规定，从这一文件中可以看出，新中国初期的人才培养带有明显的政治彩色，既巩固了新中国的政治基础，又清理了封建残余、消除了反动思想，也为后来的新民主主义社会到社会主义社会的过渡打下了坚实思想根基。①

　　1949 年 12 月，教育部召开的第一次全国教育工作会议中进一步强调了在那个时期高等教育的主要任务是为人民服务，要以为工农服务为重要前提，并且要为现阶段的革命斗争和新中国建设服务。只有取得革命斗争的胜利，才能更好地贯彻落实为人民服务的教育宗旨，才能让工农群众成为重点的服务对象。"两为"的教育方针在很大程度上继承了毛泽东在革命斗争时期的教育思想，又更加具体地结合了当前社会建设需要，使我国的高等教育事业逐渐步入了正常的教学轨道。②1950 年 6 月，在第一届全国高等教育会议中提出了要想培养出工农出身的新型知识分子，即"又红又专"的人才，就得让工农干部和工农青年进入高等学校进行进一步的学习深造。规定了高等教育事业的教学方向和道路，要向不同阶级的人群敞开学校的大门，很大程度上巩固了当时的国家政权，促进了社会主义教学事业的发展。③

　　2. 高校实践育人的探索阶段

　　经过社会主义过渡时期的调整，我国的国内环境趋于稳定，在党的坚强领导下，我国的高等教育事业开始了较大规模的改革，确定了"教育与生产劳动相结合"的教育理念。高校人才培养工作的目标是努力把学生培养成"又专又红"的实践型人才，确立了理论与实际相统一的教学方针，学校教育更多地面向广大工农出身的学生。

　　1956 年我国从社会主义过渡时期正式迈入了社会主义建设阶段，其主要标志是社会主义三大改造的基本完成。1957 年 2 月，我国的教育方针有

---

① 中共中央文献研究室. 建国以来重要文献选编（第 1 册）[M]. 北京：中央文献出版社，1992：10-11.
② 马叙伦. 教育部召开的第一次全国教育工作会议 [N]. 北京：人民日报. 1949-12-24（01）.
③ 马叙伦. 教育部召开的第一次全国高等教育会议上的开幕词 [N]. 北京：人民日报. 1950-06-02（01）.

了新的变化，要求受教育者更加全面的发展。不仅要在思想觉悟上为社会主义服务，更要求在文化能力上满足社会主义建设的要求。毛泽东在《关于正确处理人民内部矛盾的问题》一文中着重强调了德育、智育、体育是我国教育发展的几个重要方面，这标志着在社会主义建设初期国家已经正确认识到社会主义人才培养必须尊重全面发展的客观规律，不仅要从劳动能力，还要从思想、品质等方面教育大学生。

1958 年 9 月，中共中央、国务院发布了《关于教育工作的指示》，该文件首次以中央文件的方式提出了"教育方针"的理念，明确地对中国的社会主义教育作指导，强调了教育必须要为无产阶级政治服务，要同社会主义的生产劳动相结合，从而再一次强调了教育学生必须同社会主义伟大事业相结合，必须为人民群众服务，必须投身于社会主义建设之中。

1961 年颁布的《教育部直属高等学校暂行工作条例（草案）》（即"高教六十条"将社会主义建设初期的教育方针更加规范全面地呈现出来，充分体现了教育必须为无产阶级政党服务，教育要与生产劳动紧密联系，要让受教育者在道德教育、智力教育、体育教育等方面得到一定的提升，培育出既有社会主义觉悟又有文化的新型劳动者的教育理念。这一方针随后在 1978 年被正式载入《中华人民共和国宪法》，充分说明了新中国成立初期教育发展方向的正确性。

1966 年至 1976 年"文革"时期，由于当时"左"的政治错误较为严重，我国高等教育事业工作在实际实施中脱离了原有的轨道。1968 年 8 月，毛泽东同志在发表的《关于教育革命的最新指示》中强调，只有由工人阶级永远地领导学校，充分调动工人、群众参加，鼓舞工人扎根宣传队，共同参与学校的斗、批、改任务，才能完成无产阶级的教育革命。在农村，则由贫下中农来管理学校，他们是工人阶级最可靠的同盟者。然而这一指示在很大程度上违背了最初的"又专又红"的教育理念，出现了极端化的问题，过分地强调了学生重视阶级斗争和体力劳动，而忽视了任何实践活动都应该以理论学习为基础的正确理念，不符合教育的客观规律，对我国的教育事业造成了严重的不良影响。

总体来说，在新中国成立之后，我国对高校实践育人工作进行了积极的探索，这个时期的实践育人政策，主要强调的是要把"教育与生产劳动相结合"，要让受教育者在德育、智育、体育等方面都得到一定的发展，成为有社会主义觉悟、有文化的新型劳动者。

（二）改革开放以来高校实践育人政策的发展

1. 高校实践育人的兴起阶段

进入改革开放的新时期，伴随着国家经济的飞速发展，我国的教育事业进入了全面复苏和快速发展阶段。在以经济建设为中心的大背景下，国家更加重视科学技术与教育事业的发展，实践育人政策在这一时期迎来了崭新的局面。

1981 年提出的《关于建国以来党的若干历史问题的决议》对我国教育方针重新做了规范。这一教育方针在改革开放初期就把教育同具体实践活动相结合，让教育走向更加科学化、合理化道路。强调了要用马克思主义世界观和共产主义道德观教育人民和青年，要让知识分子与工人农民相结合，坚持德、智、体的全面发展，培养出又红又专的社会主义人才。

"教育要面向现代化，面向世界，面向未来"是 1983 年 9 月邓小平视察北京景山学校时提出的教育观点，不但成了那个时期我国教育事业发展的目标，而且也成了教育改革的指导思想，具有长远的发展性眼光，使我国的教育事业上升到了一个崭新的台阶。

社会主义教育事业发展必须由教育来支撑。教育与社会主义建设相辅相成，在 1985 年中共中央颁布《关于教育体制改革的决定》，强调了教育必须围绕社会主义建设来开展，而社会主义建设也必须紧紧依靠教育。随后在 1987 年党的十三大中提出了"百年大计，教育为本"的教育方针，深入强调了要把发展科学技术和教育事业放在首要位置，要把依靠经济建设发展转向依靠科技进步和提高劳动者素质的道路上去，要始终坚持把发展教育事业放在突出的战略位置，加强智力开发。国家进一步确立了科学技术以及教育事业要为社会主义事业服务的发展目标，要坚持社会主义的发展方向。换句话说，国家的高等教育事业与社会主义建设本身就是一个相辅相成、共同促进的过程。

1986 年我国颁布了《中华人民共和国义务教育法》，该法强调了义务教育必须贯彻国家的教育方针。要培养"四有"人才，必须从儿童抓起，努力提高教育质量，使得青少年在德智体美劳方面得到全面发展，提高全民族的素质，为我国的社会主义建设做准备。国家义务教育的这一方针政策，更加科学合理地指导了青少年在不同成长阶段的教育方案，为我国实践育人的发展打下了良好的基础。

1992年我国的经济建设迎来了高速发展，教育事业也焕然一新，更加满足了国家各方面建设的需要。在党的十四大报告中再一次强调了教育对于国家发展的重要性，强调了努力提高劳动者的综合素质、培养出大批优秀人才是科技进步、经济繁荣和社会发展的强有力动力。

1993年印发了《中国教育改革和发展纲要》，该文件再一次强调了高等教育事业的教育方针，并对此作出了相应的完善。这一文件指出，各级各类学校要贯彻落实教育方针，让教育与实践劳动相结合，培养出德、智、体全面发展的优秀人才，为我国的社会主义建设服务。

1999年中共中央、国务院颁布了《关于深化教育改革全面推进素质教育的决定》，该决定标志着我国的素质教育进入全面实施阶段。其中重点提出了要培养"四有青年"，培养社会主义建设者和接班人，必须加强培养学生的创新实践能力。

《2000年中国教育绿皮书》中进一步对素质教育的内涵进行了补充说明，强调了要面向全体学生，促进学生的全面发展，要重视培养学生的创新能力与实践能力，让学生在自我发展、个性发展中实现终身可持续发展。

2. 高校实践育人的蓬勃发展阶段

步入21世纪，实践育人政策迎来了最为关键的发展时期，实践育人概念、理论在这一时期逐渐有了更加明确的阐述，国家更加重视实践对于大学生全面发展的关键作用。

在2002年党的十六大报告中阐明了教育在现代化建设中发挥的先导性、全局性作用，为科学技术的发展、优秀人才的培养奠定了坚实的基础。从中可以看出国家提高了教育事业的发展要求，希望通过教育事业的蓬勃发展来带动国家的整体经济水平的发展。

2004年8月26日，中共中央、国务院下发的《关于进一步加强和改进大学生思想政治教育的意见》中指出，学校要坚持教书与育人相结合、政治理论教育与社会实践相结合的原则，在课堂教学的基础上带领大学生深入社会实践中，一方面让他们在了解社会的过程中形成奉献社会的意识；另一方面，在实践中增长他们的才干、磨炼他们的意志，从而塑造他们的品格。要积极采取措施，把大学生社会实践与专业、社会等因素相结合，增强实践育人活动的成效性，从思想品德上提高大学的基本素养。

2005 年中宣部、中央文明办、教育部、共青团联合下发的《关于进一步加强和改进大学生社会实践的意见》中强调，要充分认识到大学生社会实践的重要性，根据现实情况需要、学生成长要求优化大学生社会实践的方式与方法，进一步巩固大学生社会实践在思想政治教育中的地位，并发挥更加积极的作用。同时，明确了大学生社会实践活动的内容、任务、要求，切实加强了对大学生社会实践的领导。

2007 年 3 月 22 日，教育部、总参谋部、总政治部联合颁布的《学生军事训练工作规定》旨在通过军事训练增强学生的国防观念，加强其组织纪律性。在学习弘扬爱国主义、集体主义、革命英雄主义精神中，培养出吃苦耐劳、意志坚定，世界观、人生观、价值观符合时代要求的高素质大学生。

2007 年 10 月召开的党的十七大会议中，胡锦涛在我国现有的教育方针的基础上提出了新的教育理念，着重强调了当下要实施素质教育，不断提升我国现代化教学水平，要紧抓德育、智育、体育、美育，培养出全面发展的社会主义高素质人才。这说明了对学生的品德教育是整体教育的基础，提高教育现代化水平以及办好人民满意的教育是国家教育事业新的发展方向。

党的十七大提出了"提高自主创新能力，建设创新型国家"和"促进以创业带动就业"的发展战略。2010 年 5 月 4 日教育部下发的《关于大力推进高等学校创新创业教育和大学生自主创业工作的意见》（简称《意见》）中进一步强化了这一观点。《意见》中指出了大学生是最具创新、创业潜力的群体之一。在高等学校中大力推进创新创业教育，要培养学生的创新精神和实践能力，不断促进高等教育科学发展，深化教育教学改革，提高人才培养质量。通过开展论坛、开设讲座、模拟实践、举办创新创业大赛等创新创业的实践活动，丰富学生群体的创新创业经验，从真实体验中达到提升学生创新精神和创业能力水平的目的。省级教育行政部门也要积极地对优秀的创新创业项目进行孵化，帮助有理想的大学生圆自主创业梦。①

2010 年 7 月 29 日中共中央、国务院下发了《国家中长期教育改革和发展规划纲要（2010-2020 年）》文件，说明了国家教育改革的长期战略部署，指明了我国教育事业发展的方向。其中强调了要坚持贯彻以人为本、全面进行素质教育的教育改革发展的战略目标，在教育中让学生得以全面的发展，增强学生的社会责任感，激发学生自我探索的创新精神，从而提高他们的实践动手能力。

2011 年中共中央、国务院、中央军委下发了《关于加强新形势下国防教育工作的意见》，着重强调青少年是社会主义的建设者与接班人，要全面落实国防教育法，通过思想政治教育努力提升青少年的国防意识，培养他们的爱国主义情怀，培养他们投身国防建设的使命感和责任感，不断增强国防教育的主动性、针对性、实效性。

2012 年 1 月 10 日，教育部、中宣部、财政部等七部门颁发《关于进一步加强高校实践育人工作的若干意见》，充分认识高校实践育人工作的重要性。党和国家一直以来都严抓实践育人工作。党中央在教育方针中强调了坚持教育与社会生产劳动和社会实践活动相结合的重要性。大学生的成才之路离不开理论知识学习、创新思维与社会实践的统一，要坚持在实践中学习。实践育人作为高校人才培养工作的重要部分，应纳入教学计划中。进一步加强完善高校实践育人工作，有助于培养出具有社会责任感、勇于担当、敢于创新、善于实践的中国特色社会主义合格建设者及可靠接班人。并通过实践教学、军事训练、社会实践活动努力转变重理论轻实践、重知识传授轻能力培养的观念。

2012 年 2 月 22 日，教育部《关于做好"本科教学工程"国家级大学生创新创业训练计划实施工作的通知》，旨在通过大学生创新创业训练计划以推动人才培养模式改革，为国家建设培养适应创新型需要的高水平创新人才。②

---

① 教育部思想政治工作司组. 加强和改进大学生思想政治教育重要文献选编（1978-2014）[M]. 北京：知识产权出版社，2015：389-391.

② 教育部思想政治工作司组. 加强和改进大学生思想政治教育重要文献选编（1978-2014）[M]. 北京：知识产权出版社，2015：514-515.

2012年3月16日，教育部《关于全面提高高等教育质量的若干意见》中体现了高校教育要坚持走以提升质量为内核的内涵式发展道路，要完善人才培养质量标准体系，对人才培养模式进行创新，细化实践育人环节，制定加强高校实践育人工作的具体措施。将军事训练列入教学计划，广泛开展社会调查、生产劳动、志愿服务、公益活动、科技发明、勤工助学和挂职锻炼等社会实践活动，充分发挥实践育人的育人作用，让学生在社会实践中不断地进行自我教育、自我管理及自我服务。

在经历了改革开放高等教育大发展之后，高校实践育人工作呈现出了更加宽广的视野，发挥出了更加突出的作用。这一阶段实践育人工作的中心任务是推进"素质教育"，以素质教育为抓手，全面提高大学生的综合素质，提升人才培养质量。

（三）新时代高校实践育人政策的创新

1. 高校实践育人的深化阶段

党的十八大以来，在重视大学生思想政治教育的基础之上，国家进一步拓宽了实践育人思路，制定了更加全面、系统的实践育人政策。

2012年，党的十八大报告指出，要"努力办好人民满意的教育"，"坚持教育为社会主义现代化建设服务、为人民服务，把立德树人作为教育的根本任务，培养德智体美全面发展的社会主义建设者和接班人"[1]。进一步说明了教育的目的是为社会主义建设的现代化服务的，教育要服务人民，教育要继续秉承立德树人的教育理念，培育出德智体美劳全面发展的合格社会主义接班人。

为了加快培养创新创业人才队伍，2015年5月4日国务院办公厅颁布了《关于深化高等学校创新创业教育改革的实施意见》。旨在进一步完善创新人才培养机制，把深化高校创新创业教育改革作为改革的重点，坚持育人为本，提出了要全面实施按学科类型并结合专业增强实践教学力度，以促进学生全面发展，提升学生综合素质。要强化创新创业实践基地建设，鼓励各地区、各高校建好一批大学生校外实践教育基地、科技创业实习基地、

---

① 坚定不移沿着中国特色社会主义道路前进 为全面建成小康社会而奋斗 [N]. 人民日报，2012-11-09.

创业示范基地及职业院校实训基地。通过举办全国大学生创新创业大赛，支持高校学生开展创新创业实践活动。

2016年9月9日，教育部办公厅《关于培育建设第二批"全国高校实践育人创新创业基地"的通知》指出，开展实践育人创新创业基地的推荐工作要分类型进行，让高校依托学科专业优势，联合当地政府部门、企业单位、科研院所及基层社区，共同建设好实践育人创新创业基地，培养出适应国家经济建设发展的高水平、高质量、高服务的优秀创新人才。在发展高校实践育人创新创业基地的过程中，我们走出了自己的实践育人道路，确立了一些典型高校。以北京工业大学为例，2015年北京工业大学获"全国高校实践育人创新创业基地"称号，随后在2016年北京工业大学获"全国深化创新创业教育改革示范高校"及"全国创新创业典型经验高校"称号。2016年12月，习近平总书记在全国高校思想政治工作会议上从国家未来建设的角度对高等教育事业进行了科学的指导，着重阐明了一个国家教育事业的发展必须同这个国家的具体情况相结合，必须为这个国家的发展做贡献。再次强调了高等教育事业对我国社会主义建设的关键作用。我国特殊的历史文化及国情决定了我国必须走适合自己本国发展的教育发展道路，我国高等教育的未来发展方向必须与时俱进，继续秉承为人民服务的理念，让培育出来的优秀人才为社会主义现代化建设事业添砖加瓦。

2017年2月14日，教育部发布的《教育部2017年工作要点》提出了人才培养模式改革的新任务，认定一批示范高校，培育一批国家级示范基地，建成全国万名优秀创新创业导师人才库，继续办好"互联网+"大学生创新创业大赛。从不同渠道提高高等院校思想政治教育质量，印发实施方案，构建"全员、全方位、全过程、全环境"的育人新格局。深入实施普通高校思想政治理论建设体系创新计划。培育建设一批学科德育示范课、一批高校示范性主题社会实践活动、一批管理服务育人示范岗、一批合力育人典型。

2017年2月27日，中共中央、国务院印发《关于加强和改进新形势下高校思想政治工作的意见》中着重指出，各高校要把理论教育与实践活动紧密结合起来，不断强化实践育人工作，努力做到全方位育人。在社会服务中充分发挥思想政治教育对学生的引导作用，培养学生解决实际问题的能力。各高校还要多组织开展社会实践活动，加大对实践教学基地建设的监管力度，开设创新创业教育的相关课程，增加大学生军事训练的实效性。这说明了国家对实践育人的高度重视让实践育人工作有了新的发展方向。

青年学生是祖国的未来和民族的希望。2017年5月3日，教育部《关于加强学生军事训练管理工作的通知》旨在强调，普通高等学校和高中阶段学校学生参加军事训练，并加强军事训练的实施力度，这不仅是法律的要求，也是促进学生健康成长、全面发展的重要一环。将军事课列为普通高等学校学生必修课程，军事训练和军事知识讲座作为高中阶段学校学生的必修内容，纳入社会实践活动中，充分体现出对实践育人工作的重视。通过军事训练，能够提升学生的国防意识，增加对军事知识、军事理论和军事技能的了解，更能增强爱国主义情怀，有利于广大学生正确世界观、人生观、价值观的形成。

2017年8月15日，习近平给第三届中国"互联网+"大学生创新创业大赛"青年红色筑梦之旅"大学生的回信中，充分体现出党和国家对人才培养要求上的变化及对实践育人工作的重视。各高校应加快对第二课堂的建设工作，强化实践育人工作，坚持将理论教育同社会生产与社会实践相结合，充分发挥社会实践的育人功能，努力拓展大学生社会实践的平台及路径，加快对"实践育人共同体"构建的工作，加大培育一批高校实践育人创新创业示范基地的力度，广泛开展社会实践活动，让学生深入基层中坚定理想信念、磨炼意志、增长才干、培养创新精神、提升思辨能力，成为德智体美劳全面发展的社会主义合格建设者和可靠接班人。[1]

2017年9月12日教育部办公厅下发了《关于培育建设第三批"全国高校实践育人创新创业基地"的通知》，要求着力强化社会实践育人，形成党委总体部署、政府严格落实推动、社会广泛参与、高校着力实施的实践育人新格局。

2. 高校实践育人的突破阶段

教育现代化对实践育人的发展提出了更高的要求，在这一时期，实践

---

[1] 习近平总书记给第三届中国"互联网+"大学生创新创业大赛"青年红色筑梦之旅"的大学生的回信 -- 新闻报道 - 人民网 [EB/OL].（2017-08-15）[2022-06-10] http://cpc.people.com.cn/GB/n1/2017/0815/c64094-29472623.html.

育人政策全方位地发展，提出了新的理念，不仅注重多层次地开展实践育人工作，而且强调了推进一流的人才培养体系。

为深入贯彻落实党的十九大精神，加快教育现代化工程建设，在2017年12月5日中共教育部党组印发了《高校思想政治工作质量提升工程实施纲要》（简称《纲要》）。《纲要》中将实践育人写入"十大育人"体系之中，突出强调了要将理论与实践教育有机地结合，要稳步推进实践育人工作，让实践形式多元化，让师生在实践中增长才干，弘扬爱国主义精神。

习近平在党的十九大报告中强调，"建设教育强国是中华民族伟大复兴的基础工程，要求全面贯彻党的教育方针，落实立德树人根本任务，发展素质教育，推进教育公平，培养德智体美全面发展的社会主义建设者和接班人。要求以培养担当民族复兴大任的时代新人为着眼点，发挥社会主义核心价值观对国民教育、精神文明创建、精神文化产品创作生产传播的引领作用"[①]。这是对教育改革提出的新要求，要求我国的高等教育事业要满足社会需要，要逐步提高高等大学的教学质量，完善学生对未来职业规划的认识，深化校企的合作、产教的融合，加速推进"双一流大学"的队伍建设工作，以实现高等教育事业的内涵式发展。

2018年2月8日教育部发布的《教育部2018年工作要点》中着重强调要加快推进教育现代化的目标，全面落实立德树人的根本任务，建立健全立德树人落实机制，提升高校人才培养的水平，深化教育体制改革，培养出具有时代使命感和全面发展的社会主义建设者和接班人。要求各高校深入落实并实施好创新创业人才培养计划，努力办好第四届中国"互联网+"大学生创新创业大赛，广泛开展"青年红色筑梦之旅"等一系列实践活动，这充分体现出党和国家对具有良好的实践能力的高新技术人才的渴求。

习近平在2018年5月2日的北京大学师生座谈会上对我国高等教育事业的发展方向做出了新的展望，提到了要在我国的高等教育事业中形成高水平的人才培养体系。实践育人作为高校人才培养体系中的重要组成部分，应承担起让学生在大学里真正做到有所学、有所得，为国家培养出新时代德才兼备的优秀人才的重任，携手其他教育事业的任务，共同促进我国人

---

① 习近平. 决胜全面建成小康社会 夺取新时代中国特色社会主义伟大胜利——在中国共产党第十九次全国代表大会上的报告 [N]. 人民日报，2017-10-28.

才培养体系的发展。

习近平在 2018 年 9 月 10 日召开的全国教育大会讲话中强调，要加强对大学生思想品德修养的教育，积极引导大学生践行社会主义核心价值观，从而在学、思、悟中长才干，成为新时代高质量、高素质的复合型人才。为了形成更高水平的人才培养体系，构建德智体美劳协同发展的教育体系，各高校要努力打下坚实的基础。高校教育要把立德树人的精神贯穿思想道德教育、文化知识教育、社会实践教育始终，融入基础教育、职业教育、高等教育等各领域中。要加快对"双一流大学"及"双一流学科"的建设，积极推进产学研协同创新，并加快实施创新驱动发展战略。[①] 从习近平的讲话中能深切感受到实践育人对培养新时代复合型人才的划时代意义。

加快"双一流"建设进程是《教育部 2019 年工作要点》的重点内容。深化高校创新创业教育改革，促进高等教育内涵式发展，离不开对实践育人工作的开展。办好第五届"互联网＋"大学生创新创业大赛，深入开展"青年红色筑梦之旅"等活动有利于推进高等教育事业的发展；拓展毕业生的就业渠道，引领大学生参与到不同领域的发展建设中，重点支持大学生到基层就业、服务基层，进一步细化就业创业的各项服务，充分保障毕业生就业的高效性。

中共中央办公厅、国务院办公厅在 2019 年 2 月 23 日印发的《加快推进教育现代化实施方案（2018—2022 年）》，是实施新时代立德树人工程的标志性文件，是对未来 5 年加速推进教育现代化的总体规划。以培养社会主义建设者和接班人为根本任务，努力贯彻落实理论教学体系与实践教学体系高度融合。不断深化职业教育产教融合，构建产业人才培养培训新体系，加快推进"双一流大学""双一流学科"队伍建设，推进高等教育事业内涵式发展。2019 年 3 月 18 日，习近平在"学校思想政治理论课教师座谈会"上着重强调了要深入贯彻党的教育方针，加强落实立德树人根本任务的力度。要坚持把理论教育与实践教育相统一，充分发挥实践育人在人才培养中的作用，把思想政治教育同社会实践紧密联系起来，不断提升学生在社会实践中发现问题、分析问题并解决问题的能力，培育出新时

---

① 习近平在全国教育大会上强调：坚持中国特色社会主义教育发展道路 培养德智体美劳全面发展的社会主义建设者和接班人 [N]. 人民日报，2018-09-11.

代"四有青年"。[①]

习近平在纪念五四运动100周年大会上的讲话，系统地论述了新时代中国青年要具备多方面的素质和能力。关于实践能力方面，着重强调了青年一代要好好运用所学知识，做到学以致用，练就过硬本领，使其视野开阔、思想认知水平能够紧跟时代发展。

中国特色社会主义进入了新时代，高校实践育人工作也进入了新阶段，这一阶段的突出特征是，在全面发展素质教育的基础上，突出强调"创新创业教育"，并通过多样化的创新创业教育实践，引领高等教育人才培养工作实现新突破。

三、高校实践育人共同体的构成及特征

（一）相关概念界定与内涵阐释

1. 共同体

通过查阅相关资料，我们不难发现"共同体"有三层意思。第一，是指条件相当的一群人结合而成的群体。第二，是指拥有某方面共同需要的多个国家结成的集体组织。如欧盟的建立。第三，是指拥有爱情的两个人结合而成的小集体。"共同体"一词涉及面较广，在多个学科中均有应用，如社会学、政治学、教育学、马克思主义等领域。

社会学领域中的共同体，最早是由斐迪南·滕尼斯（Ferdinand Tönnies）提出的。他通过做比较的手法，对比"社会""共同体"之后，认为"共同体"是一种原始理想生活的象征。成员之间因为共同生活，关系亲密，从而有着共同的精神信仰以及归属感。同时，滕尼斯将其分为地域共同体、血缘共同体、精神共同体三种主要形式。[②]在政治学领域，典型的代表就是卢梭（Jean-Jacques Rousseau）的《社会契约论》，卢梭认为，缔结了社会契约的人们就相当于是一个政治共同体了，每个人的全部权利

---

① 习近平主持召开学校思想政治理论课教师座谈会强调：用新时代中国特色社会主义思想铸魂育人 贯彻党的教育方针落实立德树人根本任务 [N]. 人民日报，2019-03-19.

② ［德］斐迪南．滕尼斯．共同体与社会：纯粹社会学的基本概念 [M]．林荣远，译．北京：商务印书馆．1999：56.

都为集体所有，集体的公意就代表着个人的意见。人民自己掌握这个共同体的主权。[①] 在当今社会看来，国家就是一个政治共同体。在教育学领域，美国博耶尔（Ernest L. Boyer）在《基础学校：学习共同体》中，对"学习共同体"进行了比较全面和系统的阐述。美国的约翰·杜威（John Dewey）提出，成员之间认识到共同的目的，且关心这个目的，才能够形成教育共同体。[②] 在马克思主义领域，马克思恩格斯认为，共同体是一种联合体，它的成员是有着同一基本关系和其他共同性的个体、群体为了维持生存而结合在一起的。[③] 同时，马克思和恩格斯认为，社会共同体实质上是一种利益共同体。它会随着人类社会的生产方式的进步而向着更高级的阶段演进。[④] 随着社会实践的发展，以习近平同志为核心的党中央根据当前的世情、国情和党情，科学地提出要构建人类命运共同体的重大论断。

由此观之，"共同体"一词涉及领域较广。但是，它们有着共同的特征，那就是其成员大于等于二，地域可以不受限制，成员之间实力相当，悬殊不能过大，有着共同的目标追求，以便寻求更好发展而组合成的群体。

2. 实践育人共同体

目前，在学术界，学者们仁者见仁、智者见智，众说纷纭、各抒己见。"实践育人共同体"尚未形成一个明确的概念。

通过查阅相关文献，总的概括来讲，实践育人共同体可以概述为，多个有着共同目标追求的育人主体，为了实现更好发展而组合成的一个团体。这个团体内部的各个成员达成共识，遵循一定的原则，整合各方资源，实现资源共享。同时，通过一定的方式、平台和载体，对其目标对象实施与理论教学相对应的多位一体的育人方式。即育人主体为了培育出集智慧和力量于一身、可堪大任、不负重托的时代新人，而和那些跟自己育人理念相同的主体联动起来，构成一个团体。这个团体内部的成员间资源共享、优势互补，遵循共同的原则，共同带领和动员受教育者将所学的知识付诸

---

① ［法］让·雅克·卢梭. 社会契约论 [M]. 北京：光明日报出版社，2009：88.
② ［美］杜威. 民主主义与教育 [M]. 王承绪，译. 北京：人民教育出版社，1990：98.
③ 中共中央马克思恩格斯列宁斯大林著作编译局. 马克思恩格斯文集（第 8 卷）[M]. 北京：人民出版社，2009：124.
④ 赵柳，李爱芳. 马克思社会共同体思想的当代意义 [J]. 决策探索（下），2021（02）：34-35.

实践，使其在学中做、做中学，在巩固已学知识的同时开阔眼界，学以致用，从而完成育人主体的育人目标。

3. 高校实践育人共同体的基本内涵

其基本内涵随着实践育人的类型和内容不同而相应变化，可以从宏观和微观两个方面丰富和有效整合实践载体，找准实践育人价值主体和价值客体的利益契合点。

（1）宏观实践育人共同体

宏观实践育人共同体主要由三类要素构成，即政府、学校为其组织要素，学生、企业为其参与要素，社会和家庭为其环境要素。其中，教育行政部门是实践育人共同体的政策制定者和推动者，如何进行顶层设计、加强政策扶持是构建实践育人共同体的首要任务。因此，教育行政部门要明确各方主体责任，确定实践育人目标，加强统筹规划和条件保障，探索育人主体应尽义务和参与协商机制，鼓励企业、社会和家庭共同制定参与和支持高校实践育人的具体措施，指导高校制定和完善实践育人的具体办法等。[①]此外，民政、人社等非教育政府部门，团委、妇联、残联、工会等群团组织，以及基层社区也是实践育人共同体的主要参与者，为大学生搭建实践平台，使学生贴近成长实际，增长才干。

高校是实践育人共同体的具体组织者和实施者，是学生参与实践的主要活动阵地，通过教育行政部门的政策支持，加强实践育人共同体建设，既要充分发挥人才、专业、学科、科研等资源优势，主动提供人才支撑、技术支撑、文化支撑等，又要在构建实践育人共同体过程中发挥先锋队和主力军作用，推动各实践育人队伍通力合作。学生和企事业单位等用人单位则是实践育人共同体的主要参与者和受益者。学生参加社会实践活动不仅体现了实践育人教育和思想政治教育的内在统一，也是全员、全过程、全方位育人工作格局的重要一环，学生从"被动参与"到"主动探求"，本身也是构建实践育人共同体的过程，从而进一步满足个性化成长与发展的需要。企事业单位等用人单位为学生提供实践平台和服务项目，引导学生在参与中学习和提升，进而培养符合企业需求的人才。

---

① 刘宏达，许亨洪. 我国高校实践育人共同体建设的内涵、问题及对策研究 [J]. 华中师范大学学报（人文社会科学版），2016（05）：176.

社会和家庭是实践育人共同体的直接影响者和推动者。实践育人共同体的建设离不开政府，更离不开社会公众[①]。社会公众对实践育人的自觉认同、自愿合作和积极参与，一定程度上影响实践育人共同体建设过程中人才培养的方向，在实践育人过程中发挥重要作用。此外，社会的快速发展和稳定是实践育人协同运行的良好外在条件，在稳定的社会秩序下学校的育人效果更为有效。

家庭是培养人才的关键环节，其中家庭劳动是同劳动相结合的实践，是人类各种实践活动中最重要的基础性实践。因此，家庭同样承担实践育人的重要职能。

（2）微观实践育人共同体

微观实践育人共同体是学校各个职能部门与各院系、各岗位人员共同组成的育人共同体。其中党团组织是实践育人的主要责任主体[②]，通过指导各类社团文体活动、志愿服务等社会实践活动以及各院系开展的实验、实训、实习等教学实践和各类文体活动，积极履行实践育人的职责，其人员构成包括党员干部、专任教师、辅导员、班主任等。由于实践育人所涉及的责任主体众多，应着重理顺两个方面的关系：一方面，要明确实践育人的多元主体职责，党团组织作为实践育人的主要责任主体发起实践活动，主导实践育人方向，拟定实践育人主体责任清单，其他育人主体根据专业和学科特点，系统梳理实践教育主题、类型和内容，进一步明确实践育人的责任，将实践育人资源进行多元化整合和一体化运作。另一方面，要加强多元育人队伍的有机协同，如高校辅导员、党政干部、共青团干部、专业教师、思想政治理论课教师、哲学社会科学教师等育人队伍，全程、全方位对学生参与社会实践和教学实践施加影响，形成多元立体的育人模式，对实践活动内容体系进行分层次、分类型规划，确保实践育人内容科学化、体系化和序列化，实现课堂内外的联动，增强实践育人效果。

① 俞可平. 法治与善治 [J]. 西南政法大学学报，2016（01）：6-8.
② 朱平. 高校"三全育人"体系协同与长效机制的建构——以全员育人为中心的考察 [J]. 思想理论教育，2019（02）：96-101.

（二）高校实践育人共同体的主体要素

高校实践育人共同体建设是一项系统的、复杂的铸魂育人工程。它的参与主体要素多元，包括政府、高校、社会、企业、家庭以及大学生自身。各主体要素之间的各司其职和通力协作是其良好运行的重要保证。因此，在确定它的主体要素之后，并对各要素进行定位分析至关重要。

1. 政府：高校实践育人共同体的政策引领者

在我国，作为国家公共权力执行机关的政府，是为人民服务型政府，权威性比较高，深得人民信服。通常对国家的大政方针起着上传下达的作用。同时，为保障某一政策顺利执行或某一活动的顺利开展，提供必要的资金支持和制度保障。

近年来，党和国家出台了很多相关文件，并作出了重大部署，倡导构建高校实践育人共同体。要想把这一重大方针政策具体实施到每一个学生身上并取得理想效果，绝非轻轻松松敲锣打鼓就能实现的，也绝非纸上谈兵、高谈阔论就能完成的事情。

首先，"重理论，轻实践"的传统教育观念已经在学生、教师及家长的心里打下深深的烙印。加强高校实践育人这项新政策与他们原有的观念相冲击，一时难以接受，更难以落实。这个时候就需要政府出面，加大对这一政策的宣传、解读和鼓励，逐步更新人们的思想观念，减少高校实践育人这一新政策实施的阻力。其次，高校实践育人活动得以顺利开展需要资金、平台的支撑。高校这一单一育人主体由于资金、技术、平台等的制约和限制，无法确保活动顺利开展。我国为人民服务型的政府为了大力落实政策的贯彻执行，会通过多种方式为高校实践育人提供资金和其他方面的支持，促使其有效进行。最后，要想把高校实践育人这一文件精神压实、夯实，需要政府出台相关的保障制度、法律法规，设置绩效考核评价体系等，并安排相关部门进行监督与考察，以此保障这项育人活动顺利开展。一分部署需要九分落实。要想事半功倍，实现弯道超车，将高校实践育人共同体这一美好蓝图变为现实，就需要政府积极参与其中，做好政策的引领者，为其架桥铺路、劈波斩浪。

2. 高校：高校实践育人共同体建设的主导力量

育人先育德，教人先教心，教化之本出于学校。高校是一个由专业人员对大学生进行有目的、有计划培养，组织严密、系统完备的学习场所，是大学生接受教育的主阵地，也是落实高校实践育人活动的主战场，肩负着落实"立德树人"根本任务的重担。在这个场所中，大学生会受到两种教育方式的熏陶和影响，即显性教育和隐性教育。显性教育是指由学校专业育人队伍对大学生进行的目的明确、系统完备的理论和实践学习。隐性教育是指学校的学风、校风等文化环境会对大学生进行感染教育。

首先，专业的高校实践育人队伍思想政治教育理论课教师、学校各主要职能部门以及专业的教育工作队伍，都在建设实践育人共同体的过程中发挥了各自的作用。其中，专业的教育团队是整个共同体运行的重要保障，是构建整个共同体的主要支撑力量。目前，各个学校开展实践育人工作，背后都有一个专门的师资队伍，主要由院系管理干部、专业课教师、辅导员等组成，他们分工明确，在各自的岗位上尽职尽责。举例来说，思想政治理论课教师开设思想政治教育实践课程，给大学生传授理论和实践相结合的重要性，并安排第二课堂，让大学生动起来，亲身实践，在实践中领悟和巩固所学的理论知识，将思想政治教育实践育人内化于大学生之心，外化于大学生之行，切实提升大学生的身心综合素质。学校的党政领导干部主要负责实践育人重要性的宣传工作，定期对思想政治理论课教师的实际行动进行考核，不定时举办与大学生实践育人相关的学术论坛和大会，鼓舞大学生勇于参与这项活动的士气和信心。学生工作处加强规章制度建设，将大学生参与实践育人纳入学生手册，并制定考核方式和标准，与大学生奖学金评定以及评优评先直接挂钩，从而调动大学生的积极性、主动性和创造性，让一切利于培养和激发大学生参与这项活动的兴趣的源泉竞相涌流。辅导员定期召集大学生召开实践育人的主题班会，让学生汇报自己一段时间内的所学所得以及遇到的问题，并给予学生以适当的帮助和鼓励。这些都是显性的思想政治教育实践育人方式。此外，学校的软文化，如学风、校风、教育理念、教育方式等都会无形中感染和影响大学生，这种隐性教育同样能启迪大学生心灵和陶冶他们的道德情操，营造出一种催人奋进的学习和生活氛围。

综上所述，高校认真做好实践育人工作，巩固其主导地位，对于构建高校实践育人共同体大有裨益。

3. 家庭：高校实践育人共同体的重要基础

家庭是社会的细胞，是孩子来到这个世上最先受到影响和教育的地方，是大学生接受世界观、人生观、价值观教育的摇篮。家庭环境对孩子个性的塑造和身心健康的发展有着直接的关系。父母是孩子人生中的第一任老师，他们的言行举止都会对孩子产生潜移默化的影响。每个孩子来到这个世上内心都是纯洁无瑕的，仿佛是一个心灵纯净的小天使。在他们心里，种下什么就会收获什么；让他们接触到什么，纯净的心灵上就容易晕染什么。大学生在接受学校教育之前，家庭成员之间的联系和互动已经沁润、内化为他们的思想，形成一定的思想道德品质。倘若经过优良家风的沐浴，他们的心田就会受到春风化雨般滋润，有助于形成良好的政治品格、价值追求及精神面貌。如若家风不正，在歪风邪气的大染缸里，经过时间的浸泡，他们自然会染上不良的习气。在进入校门之前学生的思想道德素质已经输在了起跑线上，不利于学生的成才和发展。

由此可见，家庭教育对于高校思想政治教育至关重要，是其中的一个重要环节。家庭教育与学校教育在大学生成长成才道路上的作用，堪比鸟之两翼、车之双轮。两者之间相辅相成，缺一不可。家庭教育和学校教育之间的一致性决定了教育的实际效果。如果两者之间没有了一致性，学校的教育就无法存在。同理可得，高校实践育人也离不开家庭教育的熏陶。只有家庭教育和学校教育实现同向同行，方能提升育人效果。因此，家庭应作为高校实践育人共同体中的一员，参与到这个共同体的构建中，并在其中占据基础性地位。

4. 社会：高校实践育人共同体的主要依托

任何事物的发展都不能与社会相脱离。和平、稳定、繁荣的社会环境是一切事物取得良好发展的大前提。高校实践育人共同体的构建与发展也不例外。

一方面，受传统"重理论、轻实践"观念的影响，许多高校大学生、家长等思想尚未转化过来。部分大学生认为学好各科课程，取得优异成绩，获得规定的学分，任务就已经完成，不愿意参加学校组织的社会实践活动，在心理上持排斥态度，积极性、主动性和创造性无法调动起来，一旦被迫参与其中，无法达到预期效果。部分家长对大学生参与其中的安全性、占用学习文化课时间等问题有所担忧，不赞同大学生参与实践育人活动。大学生在思想和经费上得不到家长的认可和支持，很难全身心投入活动，育人的效果就会大打折扣。如果全社会都能够大力宣传大学生参与这项育人活动的重要性，加快形成全社会崇尚实践育人的机制和理论与实践并重的大环境，让这种育人理念在全社会蔚然成风，那么大学生参与这种活动时就能得到全社会的支持和认可，改变部分大学生以及家长固有的观念，调动起他们的积极性，使他们乐于参与、勤于参与、敢于参与其中，高校实践育人活动就能顺利开展，并取得显著实效。

另一方面，高校实践育人需要借助许多育人资源、平台和载体才能实现。如红色教育基地，爱国主义教育基地等。如果仅靠高校单一主体来负责，囿于资源、平台等困境，不能为活动的开展提供充足的储备支持。同时，高校实践育人渠道单一、形式匮乏，难以调动大学生的积极性，进而影响育人效果。如果全社会参与其中，可以为这种活动提供育人基地、资金、舆论等支持，丰富育人资源，提供多样化的育人渠道和育人载体，提升大学生参与意愿和满足感。

综上所述，良好的社会环境和舆论支持成为高校实践育人共同体建设中的主要依托。因此，我们必须优化良好的社会大环境。

5. 企业：高校实践育人共同体的重要基地

高校实践育人活动的开展需要大量的资金、平台做支撑。因此，在构建这个共同体时，我们需要选择有能力提供大量资金和实践育人平台的育人主体。那么，企业就是一个不错的选择。

首先，企业可以为高校实践育人共同体建设提供大量实践平台。企业积极响应国家全员、全程、全方位育人的号召，投身于这个共同体的建设中，实行校企合作、产教融合模式，为其建设贡献力量。各种类型的企业有多种实践育人岗位可选，可以定向为不同专业的大学生提供实践平台，为他们将所学的理论知识转化为实践活动，检查自己的劳动成果，锻炼自己各方面的意志提供广阔的舞台。如机械、重工类的企业多参与理工科专业的大学生的培育，为他们提供与专业所学相符的实习岗位，激发他们的潜能，增强他们的自信和动手实践能力，提前为企业培育合格建设者和接班人。同时，开阔他们的视野和眼界，使他们懂得生活的艰辛与不易，明白幸福是奋斗出来的，任何美好的事物都需要通过自己的辛勤劳动才能换来，从而树立正确的劳动观和消费观，进一步达到高校实践育人的效果。

其次，企业可以为高校实践育人共同体建设提供资金支持。企业作为我国大型社会经济组织，有着强烈的社会担当和责任意识。在党和国家的号召下，在政府政策的支持下，企业作为育人主体之一，加入这个共同体建设队伍中，可投入大量资金，缓解建设过程中资金紧张的局面，确保建设顺利进行。

最后，企业文化浸润学生心灵，提升高校实践育人质量。企业文化丰富多样，有物质文化、制度文化以及精神文化之分。企业文化属于软实力，是一个企业所期盼的美好愿景和所坚持的经营理念的具体展现。[1]优秀的企业文化是企业的一面精神旗帜，对内助力于增强企业员工的创新力、凝聚力和归属感，对外致力于宣传企业形象，树立深得社会认可的口碑。在这样的企业中，员工兢兢业业、充满活力。大学生在这样的环境中实习，受到企业文化潜移默化的熏陶，在企业员工的带领下，感染其难能可贵的敬业精神，履行爱岗敬业的光荣使命，提升自身的道德素质，为将来走上工作岗位，树立良好的职业道德精神奠定基石。

6. 大学生：高校实践育人共同体的受益主体

大学生既是高校实践育人的客体，也是受益主体。"大学是这样一处所在，……一段特定的时光被专门腾出来尽最大可能地培养最清晰的自我意识。"[2]与社区思想政治教育等特定场域的育人实践活动有别，高校实践育人不仅有为党育才、为国育人的外部动力推动，而且大学生本身具有成长发展的基本素质和能动诉求。实现高校实践育人实效离不开大学生的能动参与，大学生作为重要一员，其主体地位并非昭如白日的自明性。毛泽东也曾告诫"企图用行政命令的方法，用强制的方法……不但没有效力，而且是有害的"[3]。高等教育围绕"立德树人"根本任务开展系列工作，无论是实质主体的政策前瞻导向，还是实践主体的实践推动，都共同作用和服务于高校大学生。相较于以往被动地接受，高校实践育人实效收获的关

① 孙琪. 全面发挥企业文化优势 履行中央企业社会责任 [N]. 中国民航报, 2020-07-23（005）.

② [德] 卡尔·雅斯贝尔斯. 大学之理念 [M]. 邱立波, 译. 上海：上海人民出版社, 2007：20.

③ 毛泽东文集（第7卷）[M]. 北京：人民出版社, 1999：209.

键取决于大学生是否融入育人实践。因而，无论从外部作用还是内生动力而言，高校实践育人共同体的受益主体就是大学生。

"人以一种全面的方式，就是说，作为一个完整的人，占有自己的全面的本质。"①实现大学生全面发展的素质拓展，给予了大学生重视、关怀、信任和肯定，使其从茫然无序到自我觉醒的身份认同，凸显了"以学生为中心"教育理念，突破了教育者与受教育者之间的鸿沟，架起了相互尊重、相互配合的协作桥梁。高校实践育人共同体受益主体主动的"自我实践""自我发展""自我突破"，真正融入共同体的实践探索，彰显了大学生丰满而完整的"人格"或"自我"，是大学生迈向全面发展的有益实践。高校实践育人共同体受益主体的提出，能给予大学生真实真切的感受，解决和确认大学生在实践育人中的存在和身份问题，助推主体意识的萌发和参与意识的形成。大学生在自主内化和自我教育中感知存在、收获真实、主体确认、责任框定、自觉融入，从而形成高校实践育人共同体受益主体的有效认同，这是高校实践育人获得实效的前提和保证。

（三）高校实践育人共同体的特征

"特征"是一事物区别于他事物的根本标志。俗话说"知己知彼，百战不殆"，要想使各育人主体之间默契配合，顺利地构建高校实践育人共同体，务必全面、透彻地了解其特征。通过研究，发现这个共同体具有整合性、多元性和包容性的特征。

1. 整合性

"整合"是与"分化"相对应的一个词语，是指采用系统优化的方式，把一些零散的、独立的要素有机结合起来，使它们扬长避短、分工协作，实现物尽其用，形成一个高效能、高价值的整体。高校实践育人共同体是由政府、高校、社会、企业和家庭五个主体组成的一个有机整体。通过整合有效的育人主体、教育资源和教育力量，它们达成目标一致、责任共担、资源共享的共识，朝着"立德树人"这个根本任务奋力迈进。

首先，各育人主体的相互配合。毛泽东曾说过，思想政治工作，各

---

① 中共中央马克思恩格斯列宁斯大林著作编译局. 马克思恩格斯文集（第1卷）[M]. 北京：人民出版社，2009：189.

个部门都要负责任。^①当然，搞好高校思想政治教育实践育人工作亦需如此。政府、高校、社会、企业以及家庭作为育人主体，彼此之间在相互合作、各司其职的同时，又相互配合，形成合力，致力于这项工作的开展。其次，育人资源需要有效整合。高校实践育人的教育资源主要是指育人主体在对大学生进行实践育人过程中可以有效利用，进而促进育人效果的要素。各教育主体在共同体内进行交流合作，相互之间取长补短、互通有无，实现资源的及时共享。最后，教育力量的融合。齐格蒙特·鲍曼（Zygmunt Bauman）曾经说过，共同体是一个温馨的"家"，家庭成员间能够相互信任、互相依赖。在高校思想政治教育实践育人共同体这个"大家庭"中，各个育人主体会产生归属感、依赖感和安全感。当前进道路上遇到坎坷时，他们会形成一种力量，相互扶持，激发起强烈的责任和担当意识，壮大教育力量。

2. 多元性

"物之不齐，物之情也。"世界上没有整齐划一的东西。高校实践育人共同体，这个由多主体构成的复合体也不例外。它的多元性主要体现在教育主体多元化、教育内容多元化、教育方式多元化。

首先，教育主体多元化。从宏观层面来看，高校实践育人共同体是由政府、高校、社会、家庭和企业多个主体组成的。从微观层面来看，政府主体层面含有政策研究者、政策制定者。高校主体层面有思想政治理论课教师队伍、专业课教师队伍、辅导员教师队伍以及党政干部队伍，这些队伍都担负着高校实践育人的重要职责。因此，他们均为育人主体。企业层面包括高校实践育人共同体相关政策的研究者、制定者和落实者。社会层面，主要是环境对高校实践育人的影响。这个环境涉及面很广，宏观层面，大社会风气，即社会主流思想。微观层面，大学生的同辈群体、左邻右舍等都会对高校实践育人的效果产生影响，都是高校实践育人共同体的育人主体。在家庭层面，父亲、母亲乃至爷爷奶奶等重要亲人的言行举止、生活习惯以及为人处世的方式，均对大学生的实践育人效果产生重要影响。因此，他们也都是这个共同体中的一分子。

① 毛泽东文集（第7卷）[M]. 北京：人民出版社，1999：226.

其次，教育内容多元化。教育内容是指高校实践育人共同体的教育主体为了取得理想效果，而按照教育目标对教育对象所进行指导与规划的内容和方式。每个育人主体都有自己所擅长的一面。因此，他们在对大学生进行实践育人时侧重点会有所不同。政府主要加强对育人政策的研究。高校主要负责加强育人队伍建设，动员、组织大学生参与这项活动。社会营造风清气正的社会环境，形成有利于活动开展的良好风尚。家庭主要负责搞好家风建设，为大学生参与这种活动提供思想支持。企业根据自己的企业文化，着重提供育人基地和平台，在力所能及的范围内提供一定的资金支持。

最后，教育方式多元化。教育方式由教育内容决定。教育内容多元化要求教育方式也需要多元化。如直接教育、间接教育、显性教育、隐形教育、线上教育、线下教育等多种教育方式。

3. 包容性

高校实践育人共同体是由政府、高校、社会、家庭和企业联合建立起来的一个育人整体，是打通高校实践育人最后一公里的重要渠道。在育人主体多元的情况下，各育人主体之间难免出现发展参差不齐、需求不同、培育目标不一致的现象，而这个共同体具有特有的包容性，促使其有序地运行。

以往传统的单一育人主体在设定育人的目标时，往往存在大量弊端。在政府主导下，育人目标通常偏向社会公共利益。政府的话语权较大，容易忽视其他育人主体的呼声和诉求。在企业主导下，育人目标往往以营利为目标，从企业自身发展的需求出发，提供资金和平台，培养利于企业发展的人才，容易忽视社会公众利益。在高校主导下，由于受政策、资金和平台等方面的限制，自主性不强，侧重于对学生思想政治素质的培养，与企业需要的实践型人才相差甚远；在家庭和社会主导下，价值目标相对中立性较强，符合各方的利益，但是权威性不够，不易服众。

当今，由政府、高校、社会、家庭、企业结合而成的高校实践育人共同体，能够在共同体理念的指引下，坚持和而不同、兼收并蓄，超越各主体之间的差异性，打造一种包容式的共同发展格局。在这种格局下，尊重个体差异的存在，以包容性的思维方式互相理解，打破"各行其是，一盘散沙"

的壁垒，加强彼此间的交流和沟通，并相互扶持，实现互利共赢，促进我国高等教育事业更好发展。在制定目标时，高校实践育人共同体会根据多方育人主体的需求以及共同体的愿景，寻求利益最大化。

四、高校实践育人共同体的价值追求

服务于社会建设和人的发展始终是思想政治教育的鲜明特征，高校实践育人共同体也不例外。从个体层面来讲，高校实践育人共同体始终关涉人的精神成长，力求推动个体的社会化进程，实现立德树人的根本任务，满足人的自由而全面发展。从社会层面来讲，高校实践育人共同体服务于新时代的改革深化，其目的在于提升高校思想政治工作质量，促进高等教育内涵式发展，维护社会秩序并推动发展。这两层六维的价值追求始终围绕着"人与社会"这两大逻辑点，呈现出层层递进、理想与现实交叉的基本形态。

（一）个体层面：以人的发展为逻辑起点

任何形式、任何事业的发展都离不开"人"这一最宝贵的因素，人的发展水平决定着社会发展的水平。因此，将人的发展确立为高校"三全育人共同体"价值追求的逻辑起点，既是社会进步的现实要求，也是思想政治教育发展的基本遵循。

1. 推动个体的社会化进程

个体社会化是人的发展的第一步，是指个体在不断的学习与交往过程中，通过知识、技能的积累和运用，逐步适应社会环境并被社会所接纳，由自然人向社会人转变的过程。对于个体而言，社会化是生存和发展的内在要求。个体只有在与他人、社会群体的互动过程中形成"自我—他我"的关系复合体，才能成为适应社会建设的独立性存在。对于社会而言，若没有那些具备与社会发展相适应的知识、能力和素养的个体，社会就不能成为社会，也无法维持正常的运行。当个体的自我期待与社会期待逐渐趋于一致时，个体的社会化程度就达到了一种理想化的状态，个体与社会的和谐关系能够最大化地促进彼此的发展、进步。

众所周知，每一个个体在成长的过程中都会出现与主流价值或道德规范相左甚至相悖离的思想、行为。思想政治教育作为促进个体社会化的重要手段和基本途径，正是依据社会发展的要求引导个体在一次次纠正和自我教育中实现个体的成长，促使个体亲近社会、融入社会。一般来讲，思想政治教育促进个体社会化主要是指在思想政治教育活动中，对社会个体的思想、精神施加影响，促使个体形成与社会发展相一致的价值观念、道德品质、思维方式和行为规范，成为具有一定社会性特质的社会人。作为提升高校思想政治工作质量的建设策略，实践育人共同体与思想政治教育具有内在的一致性和统一性。因此，促进个体社会化同样是实践育人共同体的重要职能和价值追求。

值得注意的是，高校内部个体的社会化不仅仅局限于青年学生，而是包括学员、教员、职员在内的全面、整体的社会化。对于学生群体而言，除了通过各种途径、采取各种方式获得社会生活所必需的知识、技巧和专业技能外，学生还需要具备一定的沟通能力、合作能力、自我调节能力以及面对挫折的能力等，才能够良好地适应社会生产活动。尤其是在纷繁复杂的社会思潮中引导青年学生如何抵御和防范错误思潮的影响，选择正确健康的价值观，增强其政治文化意识，是实践育人共同体应该关注的重点内容。对于高校内部的教职员工而言，虽然已经具备了一定的社会生活能力和社会地位，但是其社会化进程远远没有结束，而是需要在前期基础上继续学习、继续社会化。实践育人共同体作为全员育人的教育实践，同样需要关心和关注教职员工在面对自身生存现状、职业诉求和具体实践时的心理状态和情绪变化，及时进行相关引导和教育，促进其社会化的进一步"成熟"，使其能够更加明确育人责任，更好地完成育人工作。

2. 实现立德树人的根本任务

教育是不断引导社会个体认识事物、掌握规律并探索真理的实践活动。但是纯粹的知识集合并不能作为教育活动的逻辑起点，也不能作为个体发展的最终归宿。自古以来，人们常常以德论英雄，品德高尚的人为世人所称颂，美名远扬；品德低劣的人则被众人所唾弃，为人所不齿。可见，德性与智行往往相伴而生、互相影响。高尚的心性和品质不仅能够为行为活动保驾护航，更能够丰富和充盈个体的内心世界。同时，个体的道德水平对于社会的发展也至关重要。一个民族、一个国家，若多数成员具备较高水平的道德品质，社会矛盾与问题就会减少，人们的生活也更加和谐。正如习近平强调的："国无德不兴、人无德不立。"[①] "只要中华民族一代接着一代追求美好崇高的道德境界，我们的民族就永远充满希望。"[②] 对个体德性的培育归结到底就是要实现立德树人的教育目标。2016 年，习近平在全国高校思想政治工作会议上指出，"高校立身之本在于立德树人，要坚持把立德树人作为中心环节，把思想政治工作贯穿教育教学全过程，实现全程育人、全方位育人"[③]。党的十九大进一步强调要"落实立德树人的根本任务，培养德智体美劳全面发展的社会主义建设者和接班人"[④]。这一战略定位不仅科学地回答了我国社会主义教育事业"培养什么样的人、怎样培养人和为谁培养人"的根本问题，更是确立了新时代背景下高校加强和改进思想政治工作质量的根本任务。立德树人是我国传统教育思想中的核心理念，"立德"与"树人"二者互为条件，辩证统一。立德树人，以德为先，讲究的是以"立德"为条件，以"树人"为目的的教育思维。立德树人是当前高校教育工作质量和成效的根本标准，其不仅要求教育对象具备一定的道德知识，形成一定的道德情感，承担一定的道德责任，更需要理解和掌握社会主义思想道德的核心内容、作出正确的道德判断、坚定社会主义道德信仰、自发形成高尚的道德行为，引导教育对象在日常生活和学习工作中向往和追求讲道德、尊道德和守道德的生活。

3. 满足人的自由而全面发展

马克思强调人的自由而全面发展应是理想共同体（共产主义社会形式）的永恒主题和崇高理想，并且指出"每个人的自由发展是一切人的自由发展的条件"，这同我党我国在社会主义革命、改革和建设过程中始终将人民的利益放在首位是相一致的。思想政治教育作为根源于人的精神生产的实践活动，是个体的存在样态和活动方式，其在实现人的自由而全面发展过程中发挥着关键性的作用。高校实践育人共同体作为新时代思想政治教

① 习近平. 习近平谈治国理政 [M]. 北京：外文出版社，2014：168.

② 习近平. 习近平谈治国理政 [M]. 北京：外文出版社，2014：106.

③ 习近平在全国高校思想政治工作会议上强调：把思想政治工作贯穿教育教学全过程 开创我国高等教育事业发展新局面 [N]. 人民日报，2016-12-09.

④ 习近平. 决胜全面建成小康社会 夺取新时代中国特色社会主义伟大胜利——在中国共产党第十九次全国代表大会上的报告 [N]. 人民日报，2017-10-28.

育的新理念和新举措，聚焦于每一个内部个体自我价值的实现，遵循着"构建以人为本的现代思想政治教育"[①]的发展趋势。

人的自由而全面发展应该包含两个方面的内容。首先，自由而全面的发展是科学的发展、和谐的发展、可持续的发展。自由，代表着现代社会生活的理想状态和最高价值。马克思认为"自由"是人类个体生存实践的应然状态，是主体自我的充分展现，表现为一定的支配外部现实和内部自我的能力。简单来说，自由的发展是指个体在正确认识外部世界（自然界与社会）的基础上，能够合乎目的和理性地支配对象和自我的能力。在马克思看来，"全面"发展包括了身与心的全面发展、人的需要的全面满足、人的能力的全面发展、人与自然的和谐统一，涵盖了人与自然、人与社会、人与人及自我之间的方方面面。

但是，人的自由而全面发展并不是片面地、一味地强调个体主观意志，而是体现了人的发展与社会发展、物质发展和精神发展、个体外在价值和内在需求的辩证统一。人的发展是实现社会发展的前提条件，只有个体不断进步、蜕变，社会才能不断前进。反之，社会发展是实现个体发展的基本保障，社会营造着个体成长的生活环境，外部条件的提升必然有助于个体更加全面科学地成长。同时，人的自由而全面发展是随着人类在掌握客观真理、认识自我的进程中逐步得以实现的，是长期性目标和终极理想。以现阶段的不可实现性来否定人的自由而全面发展的合理性和科学性，是没有认识到人的发展与社会发展之间规律的偏见认知。

（二）社会层面：功能性作用的最大限度发挥

服务于中国特色社会主义国家建设和改革发展是教育现代化的现实要求。同样，高校实践育人共同体也必须发挥其社会功效和建设功能，才能充分体现思想政治教育作为党和国家生命线的重要作用。

1. 提升高校思想政治工作质量

为全面贯彻落实党的十九大精神和全国高校思政会议精神，中共教育部党组印发《高校思想政治工作质量提升工程实施纲要》（简称《实施纲要》），以当前高校思想政治工作领域中存在的短板弱项和不平衡不充

---

① 王学俭. 现代思想政治教育前沿问题研究 [M]. 北京：人民教育出版社，2008：106.

分问题为焦点，力图在高校构建以"十大育人"体系为基础的协同育人机制和一体化育人体系，切实打通"三全育人"最后一公里，提升高校思想政治工作质量。这是因为，高校思想政治工作质量直接反映出高校思想政治工作的性能水平、发展程度、价值彰显和预设目标的达成等，深刻影响着人才培养的质量层次和高校发展的基本方向。

提升高校思想政治工作质量是《实施纲要》的出发点和着力点，也是实践育人共同体价值追求的现实旨归。只有不断提升高校思想政治工作的质量水平，才能充分发挥思想政治教育在人才培养中的引领作用。长期以来，我国高校思想政治教育过于专注规模扩张和思想灌输，"多投低产"的育人思维和育人方式不仅降低和削弱了思想政治教育的质量和效果，打击了思想政治教育工作者的积极性，更是影响到了青年学生的思想道德素质和精神成长水平。新时代高校实践育人共同体要求坚持育人导向，突出价值引领，将思想政治教育与学生成长成才规律、教书育人规律有机结合，在着眼于思想政治工作"量"的积累的同时更加注重思想政治工作"质"的提升，要求以"优质""精良""高效"为追求，更加自觉地树立以人为本、以德为魂、服务发展、全面综合的科学质量观。①科学的质量观不仅有助于提升高校思想政治工作的实效性，更有助于提高人才培养质量，而人才培养质量的高低又直接影响着社会发展和建设的水平。社会个体在学习培养中成为人才，不仅需要具备专业的技能知识，更需要具备较高水准的思想道德素质，也就是说高校教育不仅需要智育，更需要德育。高校实践育人共同体这一新的教育理念和实践策略以满足学生成长成才的需求为前提，全面统筹高校各领域、各环节的育人资源和育人力量，推动实现知识传授、能力培养与理想信念、价值理念、道德教育的有机结合，是提升高校思想政治工作质量的必要手段。

2. 促进高等教育内涵式发展

党的十九大报告明确指出要"加快一流大学和一流学科建设，实现高等教育内涵式发展"。高等教育作为培育高素质社会人才的基本途径，肩负着人才培养、科学研究、社会服务和文化创新的多重任务。实现高等教

① 沈壮海，董祥宾. 论新时代高校思想政治工作质量的提升 [J]. 思想理论教育，2018（08）：11-15，101.

育内涵式发展是党中央、国务院在新时期为推动我国实现从高等教育大国到高等教育强国转变的重大举措，努力使我国高等教育走进世界一流的行列，成为教育领域的引导者和领军者。高校思想政治工作与高等教育工作紧密联系，二者互为表里，相互影响。高校思想政治工作渗透于高校教育工作的方方面面，是高校教育工作的重要组成部分，是引领教育对象形成科学的理想信念、价值理念和道德观念的主要手段。创新高校思想政治教育工作方法、优化教育内容供给、激活高校思想政治教育工作内生动力，对于高等教育内涵式发展具有极其重要的促进作用。高等教育内涵式发展也是提升高校思想政治工作质量的必要条件。高等教育在国家建设和民族发展的进程中占据着重要的地位，教育事业的科学化发展意味着教育资源配置的科学性、教育环境营造的合理性等，是滋养其他方面教育工作的优良土壤。

虽然高校实践育人共同体直接服务于提升高校思想政治工作质量的现实要求，但同时也间接服务于高等教育内涵式发展的基本目标。统筹推进"双一流"大学建设、实现高等教育内涵式发展离不开高校思想政治工作的全面助力，高校思想政治工作的质量提升也离不开高等教育内涵式发展的实施保障。只有不断促进高等教育科学化、合理化发展，才能始终在人才培养中占得先机，为国家建设和社会进步提供强有力的储备力量。

3. 维护社会秩序并推动进步

教育从来就不是孤立的活动，而是与社会经济、政治和文化发展紧密相连、相互作用的。教育对社会的影响不是即时性的，而是延时性的、渐变性的，这是因为人才培养的周期较长。思想政治教育作为培养社会人才的重要实践活动，其发展程度直接影响着社会建设的质量和水平。同样，"三全育人共同体"作为提升高校思想政治工作质量和促进高等教育内涵式发展的全新理念与育人格局，本身也服务于时代发展、社会建设和国家进步。从根本上来说，实践育人共同体从何种程度上满足社会发展的需要，不仅是其存在合理性和社会价值的体现，更是共同体的价值追求。

从整体来看，实践育人共同体价值追求的最高层次在于维护社会秩序与稳定、推动社会建设与发展，主要是通过培养德智体美劳全面发展的社会主义合格建设者和接班人、培养担当民族复兴大任的时代新人来实现的。

从经济建设角度来看，社会发展的根本动力在于生产力的发展，而生产力的发展又与人的发展紧密相连。换句话说，劳动者的素质在一定程度上决定了经济发展的质量和水平。高校实践育人共同体坚持以育人为导向，为社会主义建设输送具有高水平科学文化素养和劳动技能、思想道德素质和职业道德的综合性人才，积极调动其在社会建设中的积极性和责任感。从政治建设的角度来看，实践育人共同体的重要价值在于培育具有强烈社会主义政治意识和主人翁意识的接班人，鼓励青年人坚定共产主义信仰，积极参与到国家建设中去，成为社会主义合格建设者。同时还要引导青年学生在复杂的意识形态斗争中保持清醒的头脑，能够有辨别地接受先进思想、摈弃消极思想。从文化建设的角度来看，高校实践育人共同体秉承着高校教育的部分职能，在继承和弘扬传统文化中发挥着不可忽视的积极作用。在思想政治教育过程中，我们不仅要批判继承传统文化，还要传播和弘扬优秀文化，着眼于时代精神对文化发展进行创造性转化，从而使优秀的传统民族文化获得新的生机与活力。

第二章　整合资源构建高校实践
育人共同体理论基础

理论和实践有着密不可分的辩证统一关系，一方面，没有正确的实践活动就不会产生科学的理论，另一方面，没有科学理论指导的实践也不可能达到预期目的。如果说实践对认识、理论起着源泉、动力和检验标准等作用的话，理论则对实践起着引领、指导作用。理论的重要性在于，它一旦掌握群众，就会变成物质力量，理论掌握群众的途径便是理论本身的彻底性，所谓彻底就是这种理论能够满足一个国家、民族或群体的实际需要。任何一门学科都有其理论基础。学科范畴内的相关研究当然也需要本学科理论体系和相近学科的理论支撑。实践育人作为思想政治教育体系内的研究内容，以马克思主义科学理论体系作为理论依据是研究能否做到科学性、正确性的必然要求。本书以马克思主义实践观与认识论、教育与生产劳动相结合、关于人的全面发展学说、马克思共同体思想、中国共产党共同体理论作为理论指导，以思想政治教育基本原理为根本依据，关注不同学科间的对话和整合，跳出单一学科"视界"，博采众长、采撷合理内核，助推高校实践育人共同体构建。

一、马克思主义实践论相关理论论述

只有理解和掌握马克思主义实践教育的相关理论，大学生才能在思想上树立科学的育人理念，从社会发展与进步的高度理解实践育人的重大理论和现实意义，将相关研究引入科学轨道。关于实践教育，马克思、恩格斯及其继承者列宁、毛泽东等都有过经典论述。

（一）马克思主义实践论与认识论的经典论述

1. 马克思主义实践观是实践育人的基石

马克思主义实践观是唯物主义一元论世界观的核心和基础，它是在批判唯心主义和旧唯物主义实践观基础上确立起来的。马克思主义的实践观立足于实践，从实践角度揭示社会生活的所有领域，这也是马克思主义实践观区别于唯心主义和旧唯物主义的根本所在。在马克思主义看来，实践是人类全部历史运动，它既包括现实的、经验存在的生产活动，又包括思维和意识、认识和精神生产活动。马克思主义实践观从整体上贯穿了全部人类活动都是实践的观点，并且从主观与客观、主体与客体以及主体与主体的关系中把握实践范畴。基于此，应从涵盖主体—客体功能关系的实践构成要素、本质特征、基本形式着手科学把握其科学内涵。对于马克思主义实践观内涵的准确把握，有助于认识高校实践育人功能的内在规律，有针对性地优化实践育人过程，不断提升实践育人效果。

（1）实践的构成要素。实践作为物质运动的形态，也像机械运动、化学运动形态一样是由物质要素构成的动态结构。马克思在论述生产劳动构成时指出："劳动过程的简单要素是：有目的活动或劳动本身，劳动对象和劳动资料。"[①] 指出劳动过程"首先是人和自然之间……物质交换过程"[②]。正如生产劳动是最基本的实践活动形式一样，生产劳动构成的三项基本要素也是实践构成的基本要素。马克思主义实践观认为，"实践结构是由以人为主体，以物质……对象为客体和以中介手段作为工具的三大基本要素综合而成的动态物质结构体系"[③]。也就是说，主体、客体和工具是实践的三个构成要素。人是实践活动的承担着，在社会生活中，凡是从事物质和精神创造活动的人，以及处于一定社会历史关系中的人或群体都是实践的主体。从社会历史观的视角看，客体范畴是指产生于社会历史活动，纳入主体对象性活动，并同主体一起构成实践两极而发生主体—客体功能关系

[①] 中共中央马克思恩格斯列宁斯大林著作编译局. 马克思恩格斯全集（第23卷）[M]. 北京：人民出版社，1972：201.

[②] 中共中央马克思恩格斯列宁斯大林著作编译局. 马克思恩格斯全集（第23卷）[M]. 北京：人民出版社，1972：202.

[③] 聂世明. 马克思主义实践观新探 [M]. 北京：当代中国出版社，1994：123-124.

的事物和现象，实践客体只能是社会实践范畴。工具是指置于主体和客体之间的，作用于客体并实现主体目的的中介手段。

（2）实践的本质特征。实践的本质既不是片面的主体性，也不是片面的客体性，而是以科学的实践观为基础的主客体相统一的总体性。根据马克思关于实践的有关论述，可以把实践定义为主体能动地探索和改造客体的社会性的感性的客观物质活动，是人类社会得以存在的根据和现实基础，具有客观物质性、主观能动性、社会历史性、双向互动性等基本特征。第一，实践的客观物质性。马克思把人的实践活动称为"感性活动"，说明在实践中，作为主体的人同作为客体的外部对象及实践手段——工具都是现实的，而不是唯心主义者所理解的"现象的主体和想象的主体"。也就是说，实践的主体（人）、实践的对象（外部世界或人本身）、实践的手段（工具等）、实践的结果（变化了的事实）都是客观的。第二，实践的主观能动性。如果说客观物质性是实践的客体性的反映，那么主观能动性则是实践的主体性的显现。实践是客观活动，但不是一般的客观活动，而是与主观相联系的、包含着主观性的主观见之于客观的活动。人是有主体性的有意识的存在物，具有主观能动性，即人具有能动地认识世界和改造世界的能力。人要按照自己的需要和意志去改造自然，创造适应人类生存的环境，在客观世界打下自己主观的烙印。当然，主观能动性的发挥要受到客观物质条件和客观规律的制约，这就是所谓受动性。人的实践活动是主观性与客观性、能动性与受动性的统一。第三，实践的社会历史性。人的实践活动是在一定社会关系中的活动，并受到一定社会历史条件的制约。实践的主体是依赖于一定社会历史条件的现实的人，实践的客体和工具也是历史地发展着的，因而实践的能力和水平都受到一定社会历史条件的制约，并且随着历史的发展而发展。每一个时代的人都只能在继承前人实践成果的基础上开始自己的实践活动，并且把前人实践活动的成果纳入自己的活动之中，从而不断提高自己的能力和水平，这就决定了实践属于社会历史观范畴。第四，实践的双向互动性。马克思主义不但强调主体通过实践创造客观世界，而且强调在创造客观世界的同时也在创造主观世界。马克思说，"环境的改变和人的活动或自我改变的一致，只能被看作是并合理地理解为革命的实践"①，"个人怎样表现自己的生活，他们自己就是怎样。因此，他们是什么样的，这同他们的生产是一致的——既和他们生产什么一致，又和他们怎样生产一致"②。这里讲的"人的活动或自我改变的一致"以及"他们是什么样的同他们的生产是一致的"，就是指主体在创造客观世界的同时创造主观世界。

（3）实践的基本形式。生产实践、处理社会关系的实践、科学实验是实践的三种基本形式。其中，物质生产实践是基础，处理社会关系的实践与科学实验都是由物质生产实践派生出来的。物质生产实践是人类改造自然界的实践活动，包括物质生产、人自身生产和精神生产三个方面，是人的生命活动的最直接存在形式，其目的在于解决人同自然之间的矛盾。物质生产实践还是人类认识的最基本来源和人类认识发展的最根本动力。人们在改造自然界的物质生产实践中，不仅获得了对自然现象、本质、规律及人和自然的关系的认识，推动了自然科学的产生和发展，而且不断加深着与自然具有不可分割的联系的社会和思维的认识，促进了社会科学和思维科学的产生和发展。在物质生产实践的基础上人类其他各种形式的实践活动才得以进行和发展。精神生产实践最初就是直接与人们的物质生产实践交织在一起的，当物质生产实践发展到一定历史阶段后精神生产实践才分化出来，形成一种具有特殊类型、相对独立的实践形式；处理社会关系的实践是解决社会矛盾，维护和发展、调整或变革各种社会关系的实践活动，是在物质生产实践的基础上发生的。马克思主义不仅把物质生产实践作为人和人类社会生成、存在与发展的最基本、最原初的历史活动，而且揭示了人类物质生产实践的社会性，强调人们在生产过程中既要同自然界发生关系，形成生产力，又要产生与他们之间的相互关系，形成生产关系。生产关系是一切社会关系中最基本的关系，在此基础上形成其他社会关系，如政治关系、道德关系、法律关系或民族关系、家庭关系，等等。当一种社会关系非常稳定，相互适应时，人们需要对它进行维护和发展，而当社

---

① 中共中央马克思恩格斯列宁斯大林著作编译局. 马克思恩格斯选集（第1卷）[M]. 北京：人民出版社，1995：54.

② 中共中央马克思恩格斯列宁斯大林著作编译局. 马克思恩格斯选集（第1卷）[M]. 北京：人民出版社，1995：67.

会关系出现矛盾，不相适应的情况，就需要人们调整或变革它。这种维护和发展、调整和变革，即处理人与人之间的社会关系的实践活动显然也是实践的基本形式之一出现时。科学实验作为一种相对独立的实践活动出现较晚，它是同近代科学的产生与发展密切关联的。科学实验是学习性、尝试性、探索性和发现性的实践活动，是以获取科学知识为直接目的的一种实践形式，但它归根到底还是为物质生产实践和处理社会关系的实践，为改造自然和变革社会服务的。随着科技的进步和社会的发展，科学实验在整个社会生活中发挥着越来越大的作用，因而它也是一种基本的实践形式。生产实践、处理社会关系的实践、科学实验这三种基本实践形式各有其特殊的规定性和相对独立性，并在社会生活中执行着不同的功能，不能互相代替。但是，它们又是相互联系、相互促进的。生产实践是其他一切实践活动的基础，决定和制约着处理社会关系实践和科学实验的发展状况，处理社会关系实践对生产实践和科学实验有着重大影响，科学实验服务于生产实践和处理社会关系实践，并贯穿于这两种及其他实践活动之中。这三项实践的相互作用、共同发展对社会全面进步和人类认识水平的发展具有极其重要的意义。

在探讨实践的构成要素、本质特征和基本形式的基础上，有必要更深入地分析实践与人、人的存在之间的深层关系，从而进一步明确实践育人的重要性。《1844 年经济学哲学手稿》是马克思早期重要的经济学、哲学方面的经典著作。马克思在这一手稿中，用以下经典语句概述了劳动的重要作用。"对社会主义的人来说，整个所谓世界历史不外是人通过人的劳动而诞生的过程，是自然界对人来说的生成过程，所以关于他通过自身而诞生、关于他的形成过程，他有直观的、无可辩驳的证明。"[①] 可以看出，劳动或劳动观贯穿着手稿的整个内容。或者说，在这部极为重要的文献中马克思通过对劳动的分析，对人的存在、发展做出了全面、系统、科学的探讨，固然这种分析是从当时社会，即资本主义社会非人化的异化劳动的剖析或批判开始的。他说："劳动本身，不仅在目前的条件下，而且就其一般目的仅仅在于增加财富而言，在我看来是有害的、招致灾难的，这是从国民

① 马克思. 1844 年经济学哲学手稿 [M]. 北京：人民出版社，2000：92.

经济学家的阐述中得出的，尽管他并不知道这一点。"① 这就是说，劳动仅仅以增加财富为目的时，在资本主义社会条件下是极其有害的。这种有害性表现在劳动所得越多，资本积累程度越大，劳动者贫困化程度越大，这便是劳动者和劳动果实——产品的异化、劳动者和劳动活动之间的异化及劳动者和人的类本质自觉自愿的活动即劳动本身的异化现象，其结果必然是人与人之间的异化。这种异化是可怕的，但它的结果是可喜的，因为这种异化的极限化便是资本主义社会的灭亡和社会主义革命的胜利，社会主义、共产主义社会的实现。进一步说，劳动的一般目的仅仅在于增加财富时，也是有害的。劳动的目的不是为了通过劳动掌握人应具有的人的本质力量，并且通过劳动展示自我的本质力量，而仅仅是为了生存，这时的劳动与动物的生产活动没有任何区别。"劳动这种生命活动，这种生产生活本身对人来说不过是满足一种需要即维持肉体生存的需要的一种手段。"② 在这种劳动中，人的精神状况不是愉悦，而是痛苦，人的肉体得不到快感，而是苦难的降临。这就是说，并不是所有的劳动、所有的实践都给人们带来幸福，换句话说，并不是所有的实践活动都能育人，只有克服了异化现象的实践活动，劳动才能够做到正面育人，才能够发挥其正能量。这就要求教育者有组织地指导大学生开展社会实践，明确实践育人目标、内容和形式，展示大学生自我的本质力量。

马克思还阐述了人的劳动和动物劳动的根本区别。在他看来，"有意识的生命活动把人同动物的生命活动直接区别开来。正是由于这一点，人才是类存在物。但是异化劳动却把这种关系颠倒了过来。"③ 即人的有意识的生命活动不是真正意义上的人的活动，而是变成了动物学意义上的活动。那么，如何才能克服这种倒置的现象。对此他给予了如下回答："通过实践创造对象世界，改造无机界，人证明自己是有意识的类存在物，就是说是这样一种存在物，它把类看作是自己的本质，或者说把自身看作类存在物。动物只是在直接的肉体需要的支配下生产，而人甚至不受肉体需要的影响也进行生产，并且只有不受这种需要的影响才进行真正的生产；动物只生

---

① 马克思. 1844 年经济学哲学手稿 [M]. 北京：人民出版社，2000：13.

② 马克思. 1844 年经济学哲学手稿 [M]. 北京：人民出版社，2000：57.

③ 马克思. 1844 年经济学哲学手稿 [M]. 北京：人民出版社，2000：57.

产自身，而人再生产整个自然界；动物的产品直接属于它的肉体，而人则自由地面对自己的产品。动物只是按照它所属的那个种的尺度和需要来构造，而人懂得按照任何一个种的尺度来进行生产，并且懂得处处都把内在的尺度运用于对象；因此，人也按照美的规律来构造。"① 这句话有着极为深刻的含义，对此可以从以下几点加以分析：

第一，关于实践是人的对象性的存在。人能够通过实践活动创造对象世界，这种对象世界既可以是自然界，亦可以是人类世界。人们通过创造对象世界，从对象世界中直面自我。如人可以按照自然规律改造自然，创造青山绿水，从这种青山绿水中观感自己的本质力量；人也可以用自己的本质力量培养经济社会发展要求的合格人才，在引导他人思想政治品德的形成与发展中看到自己的本质力量。动物只生产自身，而人再生产整个自然界，所以这也说明实践育人的重要性，换句话说，大学生是受教育对象，但是也有必要通过实践环节，对其进行育人素质、能力和育人方法的教育，让他们在社会实践中、在人与人的关系中培育自己塑造他人的能力和素质。

第二，关于人的实践活动是全面的，人可以按照任何种的尺度进行生产，这是人和动物区别的重要特质的论述。动物也能生产，很多动物甚至还能利用工具。如燕子能搭窝，蚂蚁、蜜蜂能筑巢等；很多灵长类动物都会用石块打碎坚果，等等。但是动物的生产是片面的，让蚂蚁给蜜蜂筑个巢穴就不可能了，而人可以按照任何种的尺度进行生产，即人既可以给自己建造既有实用性，又有鉴赏性的楼宇、别墅，又可以给自己的爱猫、爱犬建造温暖且美观的"室舍"。这句话对大学生社会实践的启示是，要通过形式丰富多样的社会实践激发出大学生的无限潜能，全面提升综合素质。

第三，关于人不仅懂得按照任何一个种的尺度来进行生产，并且懂得处处都把内在的尺度运用于对象，因此人也按照美的规律来构造的阐述。人的内在尺度定会是真、善、美的尺度，人的实践活动，其目的就是为了发现真理，把真理变为人们认识世界和改造世界的锐利武器；人的实践活动，其目的就是为了创造善的世界，不仅要善待自己身边的人，而且要善待人类群体，构建和谐社会，也要善待自然；人的实践活动，其目的就是建造

———————————

① 马克思. 1844 年经济学哲学手稿 [M]. 北京：人民出版社，2000：58.

美的世界，使世界到处呈现出自然美和人造美。这都是实践育人中着重培育的重要内容。所以，在给大学生灌输正面的"应该做什么"的教育的同时，也应该灌输反面的"不应该做什么"的教育，加强正面引导，以便使他们在实践中正确把握"应该"与"不应该"。

第四，关于动物只是在直接的肉体需要的支配下生产，而人甚至不受肉体需要的影响也进行生产，并且只有不受这种需要的影响才进行真正的生产的论断。动物生产和人的生产有相同的一面，即都是为了肉体的生存，也为了下一代的繁殖与培育。但这种生产体现的恰恰是人与动物的自然属性，即两者的同类型。但人的生产高出动物生产的最主要标志之一是，人能够不受肉体需要的影响而进行生产，并且只有不受这种需要的影响才进行真正的生产。这种生产是属于人的生产，是人的生存需要完全得到满足前提下的精神的生产，这种生产中内在地包含着人的自由、全面发展的需要之满足和人们对真、善、美之需求的满足。所以这种生产是满足人们更高需求的生产，即精神上的生产。这也就为社会实践育人的目的在于形成和发展社会要求的思想政治品德提供了理论依据。

实践的本质特征决定了社会实践是大学生成长发展的必由之路。坚持马克思主义实践观，就是要求大学生正确认识理论与实践的辩证关系，自觉地用马克思主义实践观指导社会实践，在实践中加深和升华对马克思主义的认识；加深对理论联系实际重要性的认识，深化对课堂教学内容的理解，强化和掌握社会所要求的思想政治品德。本书研究的核心要义就在于准确理解马克思主义实践观的科学内涵，把握实践特征，运用实践的基本形式，挖掘实践各要素的作用，探究高校实践育人的有效路径，从而实现加强对大学生的马克思主义实践观教育，增强大学生的实践能力，形成和发展社会要求的思想政治品德。

2. 教育与生产劳动相结合理论

教育与生产劳动相结合，是马克思主义教育原理之一，是社会主义教育方针的基本要求，是实施素质教育、实现大学生全面发展、培养高素质人才、提高民族素质的重要途径，也是高校实践育人的重要理论基础。

生产实践是人类最基本的实践活动，它是人生产、存在和发展的前提和基础。而教育与生产实践的关系是密不可分的：一方面生产实践是教育的基础，是教育的源泉和归宿；另一方面教育推动和促进生产实践的不断发展。马克思在《资本论》中提出，"把教育同物质生产结合起来"的思想。认为，资本主义机器生产对人的全面发展提出了要求，并且为人的全面发展提供了物质前提。只有把生产劳动同智育、体育和综合技术教育结合起来，才能实现人的全面发展。列宁非常重视教育与生产劳动相结合，指出"没有年轻一代的教育和生产劳动相结合，未来社会的理想是不能想象的：无论是脱离生产劳动的教学和教育，或是没有同时进行教学和教育的生产劳动，都不能达到现代技术水平和科学知识现状所要求的高度"①。这就是说，教育必须和生产劳动相结合，只有把教育与生产劳动结合起来，才能更好地推动科学知识的增长和现代科技的发展。这些论述，对于高校实践育人具有重要的指导意义。

高校实践育人是一种以实践的方式实现高等学校教育目标的教育途径和形式，它无可否认地成为促进"教育发展与生产发展的必然联系""理论与实践的必然联系""脑力劳动与体力劳动的必然联系"的首选方式和基本途径。高校实践育人是教育与生产劳动相结合的具体形式，是解决大学生深层次思想问题，促进大学生的思想政治品德向着社会要求的方向发展的必然选择。

3. 马克思主义认识论是高校实践育人的指路明灯

认识论是马克思主义哲学的重要组成部分。它把科学的实践观引入认识论，把唯物辩证法运用于认识论，使认识论成为真正的科学。高校实践育人作为教育同生产劳动相结合的一种育人过程，"在社会实践中引导大学生接受教育，这不是一个主观命题，它具有科学的认识论基础"②。

第一，辩证唯物主义认识论的内涵。

马克思将实践与人的生活紧密联系起来，认为实践是人能动地改造物质世界的对象性活动，把人类的基本存在活动即物质生产活动归结为实践，通过实践实现客观世界和主观世界的统一。马克思指出，"全部社会生活在本质上是实践的。凡是把理论引向神秘主义的神秘东西，都能在人的实

① 中共中央马克思恩格斯列宁斯大林著作编译局. 列宁全集（第2卷）[M]. 北京：人民出版社，1984：461.

② 邱伟光. 大学生社会实践教育新论 [M]. 上海：复旦大学出版社，1994：14.

践中以及对这种实践的理解中得到合理的解决"①。只有通过实践，才能认识事物，才能解释历史发展的过程和规律。实践的观点是辩证唯物主义认识论首要的和基本的观点。这一观点的论述有四个著名论断，即实践是认识的源泉，实践是推动认识发展的动力，实践是检验真理的唯一标准，实践是认识最终的目的。

实践是推动认识发展的动力。认识需要在不断的实践中得到发展。在实践中，人们将自己不太成熟的认识运用到实践活动中，通过实践来验证其正确与否，并在实践中总结认识，完善认识，循环往复，推动认识的发展。社会实践对人不断提出新的需要、新的研究课题，推动认识的发展。人类通过实践活动提出的问题归根到底还需要依靠和通过实践来解决，同时实践创造出必要的物质条件和手段，使人的认识得以不断发展。认识的发展还有赖于认识能力的提高，人类认识产生后，这种认识不一定就是完善的，只有通过社会实践，才能慢慢发展思维能力，推动认识能力。

实践是检验真理的唯一标准。人认识的任务和目的都在于不断地完善对事物的认识，认识事物及其发展规律，即真理。可以说，人们对事物的认识转化为实践的过程，在一定程度上是通过实践发现真理的过程。在此基础上，将真理作用于实践以更好地改造世界。正如马克思所说："人的思维是否具有客观的真理性，这不是一个理论的问题，而是一个实践的问题。"②人们只有在实践中才能检验自己认识的真理性。真理是人们通过不断地实践，在循环往复的再认识中获得的，它使人们的主观思维尽可能充分准确地反映事物及其发展规律。

实践是认识的目的。认识的目的就是为了指导实践，能动地改造世界。认识是从实践中来的，但认识并不是最终目的。"马克思主义的哲学认为十分重要的问题，不在于懂得了客观世界的规律性，因而能够解释世界，而在于拿了这种对于客观规律性的认识去能动地改造世界。"③人们在实践

① 中共中央马克思恩格斯列宁斯大林著作编译局. 马克思恩格斯选集（第1卷）[M]. 北京：人民出版社，1995：56.
② 中共中央马克思恩格斯列宁斯大林著作编译局. 马克思恩格斯选集（第1卷）[M]. 北京：人民出版社，1995：55.
③ 毛泽东选集（第1卷）[M]. 北京：人民出版社，1991：292.

中之所以要取得对客观世界正确性的认识，目的是为了指导实践。因此，认识的目的，是认识的归宿。而认识最终是为了服务实践，为了改造客观世界。

实践是认识的基础和源泉。"人们的认识，不论对于自然界方面，对于社会方面，也都是一步又一步地由低级向高级发展，即由浅入深，由片面到更多的方面。"①认识从实践出发又回归于实践，能动地指导实践，这就决定了认识过程的基本矛盾。认识的发展过程也就是这对矛盾的辩证运动过程，实践和认识之间的相互作用和矛盾运动推动着人类的认识过程由低级向高级发展。

大学生在学校接受教育的过程，主要是系统地学习理论知识的过程，绝大部分大学生对国情、社会环境、生产方式、风土人情等知之甚少。因此，参加社会实践是青年学生理论联系实际，获取知识、认识社会，进而更好地完成社会化的重要途径，只有根植于社会实践，才能在不断学习专业知识的同时通过实践环节促进认识的巩固、转化和拓展。

第二，马克思主义认识论体现了唯物论和辩证法的统一。

马克思主义认识论是能动的反映论，突出实践在认识中的作用，提出人们的认识是由认识到实践，又从实践到认识，不断循环往复的辩证运动。毛泽东在《实践论》中全面、完整地论述了认识论的辩证法，既阐述了认识论的唯物论，也阐述了认识论的辩证法。指出，"认识开始于经验——这就是认识论的唯物论"②，"认识有待于深化，认识的感性阶段有待于发展到理性阶段——这就是认识论的辩证法"③。也就是说，认识的过程是从感性认识到理性认识，又从理性认识到新的实践，循环往复，不断发展的过程，是以实践为基础的认识的辩证运动过程，这就是唯物辩证法的认识论。

认识的辩证过程是"从生产的直观到抽象的思维，并从抽象的思维到实践"④。认识运动首先是实践到认识的过程。在这一过程中，人们直接获得了关于事物现象、事物的种种联系、事物的各个片面的感性认识，然后

---

① 毛泽东选集（第1卷）[M]. 北京：人民出版社，1991：283.
② 毛泽东选集（第1卷）[M]. 北京：人民出版社，1991：290.
③ 毛泽东选集（第1卷）[M]. 北京：人民出版社，1991：291.
④ 列宁. 哲学笔记[M]. 北京：人民出版社，1990：142.

达到对事物的全部和本质的认识，实现认识过程的质变，并逐步趋向理性认识接近客观真理。而理性认识反过来又促进感性认识，两者相互渗透，相互作用。从感性认识达到理性认识，形成理论体系，这不是认识的终结。完整的认识过程还包括理论回到实践中去，为群众所掌握，使认识变为现实，把精神力量转化为物质力量正确地指导实践，并在新的实践过程中修正、补充和发展理论知识，即从认识到实践。

认识的发生、发展都离不开实践，全部认识活动都是在实践的基础上进行的。组织大学生参加社会实践，使他们在实践中获取大量真实的感性认识，并为认识的发展奠定实践基础。大学生通过社会实践，还可以验证已获得的理论知识的真理性，利用实践的力量完善自己的知识结构，并为今后将理论知识实践化，即为实现"抽象的思维到实践"做准备。

第三，认识的过程是循环往复、无限发展的。

实践与认识的矛盾运动不是单向的，而是循环反复和无限发展的。"实践、认识、再实践、再认识，这种形式，循环往复以至无穷。"① 这就是认识的无限发展过程，使理论与实践、主观与客观达到具体的历史统一。"实践、认识、再实践、再认识"作为认识发展的总过程，不仅是实践到认识和认识到实践的叠加和综合，而且表现了认识过程的反复性和无限性。这就是说，认识过程既不是直线式的前进，也不是封闭式的循环，而是螺旋式的曲折上升的运动过程。这种认识到实践的循环往复，从内容上看，实践和认识的每一循环，都进到了高一级的阶段，而循环往复和无限发展，也体现了认识的本质和一般发展规律。

这就告诉我们，学习过程、知识掌握、认识发展是永无止境的。浩瀚的知识海洋需要人们认知和汲取，这是一个无止境的过程。另外，事物都不是静止的，而是不断发展变化的，认识它也需要循环往复的过程。社会实践中大学生认识理论、掌握知识、了解事物不是一蹴而就、一次一时一刻就能够完成的，社会环境等客观因素与大学生相联系，使大学生现有思想政治品德与社会要求的思想道德规范相互协调、相互平衡，促使大学生思想政治品德认识不断发展，而这种协调和平衡，随着认识的发展和环境

① 毛泽东选集（第1卷）[M]. 北京：人民出版社，1991：273.

等客观因素的变化不断被打破，再在社会实践基础上进入新的相互平衡、相互协调的辩证统一过程。社会实践育人过程就是遵循"认识、实践、再认识、再实践"的发展规律，循环往复，螺旋式上升的过程。

第四，马克思主义人的全面发展理论是社会实践教育的落脚点。

人的全面发展是马克思主义的落脚点或归宿，马克思主义的最终目标就是全人类的解放和人的全面自由的发展，即人们才能实现从必然王国向自由王国的过渡。这里所说的自由王国是特指概念，即指共产主义社会。在马克思看来，只有在共产主义社会，人们才能从必然王国过渡到自由王国，人们才能得到全面自由的发展。对马克思的观点，可以做如下解读：

首先，只有在共产主义社会人的异化现象才能得到完全的扬弃，人才能在真正意义上占有自己的本质力量。而人的本质的真正的占有是通过人，即通过人的实践活动，通过人的劳动而实现的；实现这种目标的宗旨是为了人，即为了人的全面解放和人的全面自由的发展；其结果必然是人的本质的真正的占有。

其次，所谓人的本质的真正的占有便是人向自身、向社会的即合乎人性的人的复归，这种复归便是人从异化了的"实然"状态，向人应具有的通过劳动实践占有自己本质力量，又通过劳动实践展示自我本质力量的合理的、理想社会的"应然"状态的过渡。这种过渡是完全的、自觉的，但是需要条件的。这种条件便是：它是在以往发展的全部财富的范围内生成的。这是人的解放和全面自由发展的第一个前提条件。同时，马克思多次谈到，人们还在为衣食住行之所需奔波的时候，绝不是真正意义上的人，而只是动物学意义上的人，这时候的劳动也只是满足低级层次上的生存需要而已，而绝非是高级层面的发展需要的劳动。用马克思的话来说便是："当人们还不能使自己的吃喝住穿在质和量方面得到充分保证的时候，人们就根本不能获得解放。'解放'是一种历史活动，不是思想活动，'解放'是由历史的关系，是由工业状况、商业状况、农业状况、交往状况促成的。"[①]因此，这种财富还包括精神财富，即人们认识水平和能力、素质的极大提升。人的解放和全面自由的发展既意味着人们的精神世界达到前所未有的提升，

---

① 中共中央马克思恩格斯列宁斯大林著作编译局. 马克思恩格斯选集（第1卷）[M]. 北京：人民出版社，1995：74.

也需要这种提升的完成。所以，认识水平的提升本身也是人的解放和全面自由的发展的前提条件。

再次，马克思说："这种共产主义，作为完成了的自然主义＝人道主义，而作为完成了的人道主义＝自然主义，它是人和自然界之间、人和人之间的矛盾的真正解决，是存在和本质、对象化和自我确证、自由和必然、个体和类之间的斗争的真正解决。"[①]"社会是人同自然界的完成了的本质的统一，是自然界的真正复活，是人的实现了的自然主义和自然界的实现了的人道主义。"[②]这里所说的社会，绝不是人与人的关系已经异化了的社会，而是共产主义的合理社会。在这种社会，人的存在便是人的本质的真正占有；人在对象化的劳动实践中也确证了人的独立个性和本质力量；在对自然规律、社会规律和人、思维发展规律这样一些必然的充分认识前提下，人也达到了自由的程度，或进入自由王国阶段；从而个体和类之间的斗争，或人与人、人与社会的矛盾也达到合理的解决。这就要求我们在促进大学生自由全面的发展过程中，要将理论知识与社会实践有机结合起来，组织大学生走进鲜活的现实生活中，走进火热的经济社会发展主战场，认识国情，感受国家发生的巨大变化，树立社会主义共同理想，坚定走中国特色社会主义的理论自信、道路自信、制度自信、文化自信，从而实现自身全面自由的发展。

人的自由而全面的发展是马克思最为关注的目标，在他看来，人本质上就是在一定社会关系中，通过劳动来实现其生存的需要、发挥其能力和表现其个性的存在体。但是，人的全面发展不是指人要成为无所不能的完人。在马克思的人的全面发展的思想中既包含着个体的普遍发展，也包含着人的个性的充分发展。也就是说，人的全面发展既不是个人的所有素质和能力都面面俱到地全面发展，也不是指人们都平衡地发展到了同一个水平，而是不应受到其他人和外力强加的限制，按照自己的意愿，自由地发展自己的能力和素质。社会实践是实现人的自由全面发展的基本途径，人的自由全面发展是一个实践过程，只能通过实践才能真正地体验、探索人的自由全面发展。

---

① 马克思. 1844 年经济学哲学手稿 [M]. 北京：人民出版社，2000：81.
② 马克思. 1844 年经济学哲学手稿 [M]. 北京：人民出版社，2000：83.

（二）中国共产党人对马克思主义经典论述的阐释与发展

实践是人的存在方式，也是实现人的发展的具体而现实的本体活动方式。教育引导大学生树立正确的实践观，需要他们从内心深处切实认识到实践作为社会和人的生存与发展方式的科学性、客观性、深邃性、真理性和价值性。毛泽东、邓小平、江泽民、胡锦涛、习近平等中国共产党人在中国的革命、建设和改革、发展的具体实践中，不断运用马克思主义基本理论，在继承中发展了马克思主义实践观和认识论，对教育与生产实践相结合理论、人的全面发展学说进行了进一步的阐释，形成了符合中国国情的理论创新和理论体系，为高校实践育人工作指明了方向。

1. 毛泽东有关实践育人的重要论述

毛泽东关于实践育人的思想内容丰富，主要包括知识分子与青年学生要走与工农相结合的道路、坚持教育与生产劳动相结合、培养德智体全面发展的人等思想，这些不仅是对马克思主义相关思想和论述的继承与发展，也为中国特色的实践育人理论奠定了基础。

"毛泽东提出知识分子必须与工农群众相结合，并非仅仅依据经验、现象的积累，而是使之上升到系统理论的高度，他在社会历史大背景下，从阶级分析入手，来勾画整个知识分子群体在革命中的思想行为倾向和可能的变化。"[1]1939 年 5 月 4 日，毛泽东在延安青年群众举行的五四运动20 周年纪念大会上发表演讲，指出："中国的知识青年们和学生青年们，一定要到工农群众中去，把占全国人口百分之九十的工农大众，动员起来，组织起来。"[2] 这其中，既有要求知识分子和青年学生走进工农做好思想工作的要求，也包含了走与工农相结合道路的希望。新中国成立后，他指出，"希望我国的知识分子继续前进，在自己的工作和学习的过程中，逐步树立共产主义的世界观，逐步地学习好马克思列宁主义，逐步地同工人农民打成一片，而不要中途停顿，更不要向后倒退，倒退是没有出路的"[3]。他根据知识分子特点，提出知识分子必须改造世界观，而解决这个问题，就必须到最艰苦的第一线去，到工农中去，虚心向工农学习。这是毛泽东重要的

① 　杨静云. 毛泽东思想政治教育理论研究 [M]. 北京：中共中央党校出版社，1995：90.

② 　毛泽东选集（第 2 卷）[M]. 北京：人民出版社，1991：565.

③ 　毛泽东著作选读（下册）[M]. 北京：人民出版社，1986：779-780.

实践育人思想。大学生在健康成长、改造主观世界的过程中，必须走出校门，走进社会，走到人民群众中去，向人民群众学习，而且这不是一个时期、一个阶段的事情，是伴随成长进步全过程的。

　　毛泽东一贯主张教育与生产劳动相结合，提倡理论联系实际，反对脱离实际。无论是在革命战争年代还是新中国成立之后，无论是对学校，还是对青年自身的要求，他都强调这一点。他希望在学习教育中把学到的东西用于生产实践当中去。他曾在《整顿党的作风》中说："一个人从那样的小学一直读到那样的大学，毕业了算是有知识了。但是他有的只是书本上的知识，还没有参加任何实际活动，还没有把自己学得的知识应用到生活的任何部门里去。像这样的人，……他的知识还不完全。"① 同时，他还认为劳动、实践是获得知识的主要路径和媒介，他强调："党的教育工作方针，是教育必须为无产阶级政治服务，必须同生产劳动相结合。"② 从而明确了学校教育要融入劳动教育，即将社会实践作为学校教育教学的重要组成部分。

　　毛泽东在继承中丰富了马克思主义人的全面发展学说。他认为，青年认识的过程必须经过反复的实践，在成功与失败两个方面的经验比较中提高认识，实现自由全面的发展。他指出，"我们的教育方针，应该使受教育者在德育、智育、体育几个方面得到发展，成为有社会主义觉悟的有文化的劳动者"③。从而对青年学生的全面发展从内容上提出明确要求，今天，这仍然是我国教育事业坚持和发展的原则和方针。同时，毛泽东还明确了德育、智育、体育全面发展的目标，就是政治上红和业务上专。毛泽东提出，"红与专、政治与业务的关系，是两个对立物的统一。一定要批判不问政治的倾向。一方面要反对空头政治家，另一方面要反对迷失方向的实际家"④。"又红又专"虽然是针对干部工作提出的，并指向政治工作和经济工作领域，但也是青年成长的核心要义，是青年工作的重要指导方针，是实践育人的指导思想。大学生在社会实践中当然要联系课堂理论知识提

① 毛泽东选集（第3卷）[M]. 北京：人民出版社，1991：816.

② 毛主席论教育革命 [M]. 北京：人民出版社，1967：11.

③ 毛泽东著作选读（下册）[M]. 北京：人民出版社，1986：780-781.

④ 毛泽东著作选读（下册）[M]. 北京：人民出版社，1986：803.

高能力与本领，学有一技之长，但决不能在实践中迷失方向，不能只做"实际家"，要在生动的实践中，坚定理想信念，磨炼意志品质。

　　2. 邓小平有关实践育人的重要论述

　　邓小平在继承马克思主义实践观的基础上，根据特定时代背景，恢复了党的"实事求是"的思想路线，突出人民群众在实践中的主体地位，针对在中国如何建设社会主义，确定了发展、改革的路线方针，从而发展了马克思主义实践观，创造性地提出了符合中国国情、具有中国特色的实践理论体系，并成为邓小平理论的核心内容。"教育要面向现代化，面向世界，面向未来"，是邓小平实践观在教育领域的集中反映。三个面向是"一个系统的整体，是邓小平同志关于教育工作一系列重要论述的高度概括和科学总结，体现了新时期党在教育工作上的根本要求"[1]。三个面向包含了教育的一切领域和方面，既有对教育工作、教育者的要求，也有对受教育者的期望。从教育"三个面向"对育人的总体要求来看，就是希望受教育者能够成长为适应国家经济社会建设和未来发展需求，具有国际化视野、国际竞争力的社会主义现代化建设的人才。显然，实践育人是其中的应有之意。

　　依据"三个面向"的教育思想，邓小平实践育人观主要体现在教育与生产劳动相结合的思想上。邓小平引用列宁的话说："无论是脱离生产劳动的教学和教育，或是没有同时进行教学和教育的生产劳动，都不能达到现代技术水平和科学知识现状所要求的高度。"[2]实际上这是对教育要面向现代化思想的进一步阐释，教育面向现代化就要培养面向现代化的人才，即能够适应现代化发展趋势的、运用现代化所需科学技术和生产资料的人。这就要求在教育中，引导受教育者接受教育过程与实际生产劳动相结合。关于如何结合的问题，邓小平指出，教育与生产劳动相结合最重要的是教育必须同经济社会发展实际相适应。他明确地说："各级各类学校对学生参加什么样的劳动，怎样下场下乡，花多少时间，怎样同教学密切结合，都要有恰当的安排。更重要的是整个教育事业必须同国民经济发展的要求相适应。不然，学生学的和将来要从事的职业不相适应，学生学非所用，

---

① 张健. 邓小平教育思想研究 [M]. 杭州：浙江教育出版社，1992：89-90.

② 邓小平. 邓小平文选（第 2 卷）[M]. 北京：人民出版社，1994：107.

用非所学，岂不是从根本上破坏了教育与生产劳动相结合的方针？"① 由此可见，邓小平论述的教育与生产劳动相结合的核心是，教育必须与现实经济建设、社会发展相适应；要求将劳动正式列入教学计划，作为学校教育的一部分补充进教学内容；强调到厂矿企业、农村乡镇生产生活一线的具体劳动中，从而培养具有较高科学文化知识和社会实践能力的劳动者。

在教育要面向现代化、面向世界、面向未来的思想体系中，不仅要培养劳动者，更要培养社会主义现代化事业的"四有"新人。邓小平说："我们在建设具有中国特色的社会主义社会时，一定要坚持发展物质文明和精神文明，坚持五讲四美三热爱，教育全国人民做到有理想、有道德、有文化、有纪律。"② 在这里，他突出强调了物质文明和精神文明，两手都要抓，两手都要硬。从物质层面看，就是要求受教育者通过理论联系实际，在实际生产生活中学习巩固科学文化知识，增长才干，做出贡献。而在精神文明层面上，还要通过教育并结合生产劳动，坚定正确的政治方向，坚定理想信念，完善中国特色社会主义事业所要求的道德品质和严明纪律。这也是邓小平实践育人思想的核心内容。

3. 江泽民有关实践育人的重要论述

依据"实事求是，与时俱进"的思想路线，针对发展中国特色社会主义的重大时代课题，江泽民提出"三个代表"重要思想。"三个代表"重要思想是对马克思主义实践观的继承与发展，更是改革开放伟大实践的产物。江泽民特别强调："理论创新的源泉在实践，实践的主体是人民群众。"③ 突出人民群众在实践中的主体地位的思想反映在包括教育在内的各领域各方面工作中。根据这一思想，江泽民围绕实践教育，尤其是大学生社会实践，发表了一系列重要论述，主要体现在关于教育和生产劳动相结合，促进人的全面发展的思想上。他强调教育要"全面贯彻党的教育方针，坚持教育为社会主义现代化建设服务，为人民服务，与生产劳动和社会实践相结合，培养德智体美全面发展的社会主义建设者和接班人"④，从而继承并丰富了

① 邓小平．邓小平文选（第2卷）[M]．北京：人民出版社，1994：107-108.

② 邓小平．邓小平文选（第3卷）[M]．北京：人民出版社，1993：110.

③ 江泽民论有中国特色社会主义（专题摘编）[M]．北京：中央文献出版社，2002：630.

④ 江泽民．江泽民文选（第3卷）[M]．北京：人民出版社，2006：560.

马克思主义教育与生产劳动相结合和促进人的全面发展理论。江泽民对马克思主义相关理论的发展主要体现在：一是拓展了教育与生产劳动相结合的路径，不仅大学生要从事生产劳动，还要参加各类社会实践；二是明确提出学习理论知识要与社会实践相统一，做到知行合一；三是强调青年学生到艰苦地区、经济社会发展相对落后的领域和基层锻炼品质、磨炼意志。

江泽民在《关于教育问题的谈话》中指出，"如果只是让学生关起门来读书，不参加劳动，不接触社会实践，不了解工人农民是怎样辛勤创造财富的，不培养劳动人民情感，是不利于他们健康成长和全面发展的。学生适当参加一些物质生产劳动，应该成为一门必修课，不是可有可无，这一点必须充分认识和高度重视"①，并对各级党政、教育主管部门、高校、社会有关机构提出具体要求。从这段重要论述可以看出，江泽民不仅重申了教育要为中国特色社会主义事业服务，要求青年学生参加与经济建设、社会建设相适应的生产劳动，还强调了学校要将其作为必修课组织青年学生参加社会实践，从而增强同人民群众的情感，开阔视野，增长社会经验，这样才能使他们实现全面发展。

明确大学生要知行合一，积极投身社会实践是江泽民实践育人思想的重要组成部分。在庆祝北京大学建校一百周年大会上，他对青年的全面成长提出"四个统一"的要求，即"坚持学习科学文化与加强思想修养的统一""坚持学习书本知识与投身社会实践的统一""坚持实现自身价值与服务祖国人民的统一""坚持树立远大理想与进行艰苦奋斗的统一"。②同时，又在清华大学建校九十周年大会上对青年学生提出五点希望："成为理想远大、热爱祖国的人"，"成为追求真理、勇于创新的人"，"成为德才兼备、全面发展的人"，"成为视野开阔、胸怀宽广的人"，"成为知行统一、脚踏实地的人"。③由"四个统一"到"五点希望"一脉相承，充分体现了江泽民对青年学生在实践中健康成长的重视程度。按照知行合一的要求，他认为，青年学生首先要掌握现代科学文化知识，这是成长成才的前提和基础。同时，实践是检验真理的试金石，在学习知识的同时，向社会学习、

① 江泽民. 江泽民文选（第1卷）[M]. 北京：人民出版社，2006：372-373.

② 江泽民. 江泽民文选（第2卷）[M]. 北京：人民出版社，2006：124-125.

③ 江泽民. 江泽民在庆祝清华大学建校九十周年大会上的讲话[N]. 光明日报，2001-04-30.

向实践学习，投身改革开放的伟大实践才能不断加强思想修养，树立远大理想，做到德才兼备，实现全面发展。

江泽民从培养中国特色社会主义事业接班人的角度，认为社会实践的最有效途径是到条件最艰苦、人民最需要的地方去。指出，"青年人要立志到祖国和人民最需要的地方去，到条件艰苦的地方去，磨炼意志，砥砺品格，把学到的知识用于社会实践，在实践中继续学习提高"①。这是对教育与生产劳动相结合理论在路径上的明确。针对一个时期以来大学生在社会实践中接触现实生活并不深入，了解社会并不透彻，解决现实困难的能力并不足，对经济社会发展重大问题缺乏关心和了解的状况，江泽民认为，要组织青年学生置身改革开放、经济建设主战场，让他们在现实的风浪中、艰苦的环境中经受锻炼和考验。他还从揭示教育规律、人的全面发展规律的高度，进一步阐释到，"古往今来，各种人才尤其是政治人才，大都是从社会基层开始，经过艰苦环境的锻炼和考验而成长起来、脱颖而出的。这可以说是人才成长的一般规律"②。

4. 胡锦涛有关实践育人的重要论述

科学发展观是马克思主义与我国社会主义事业发展实际情况相结合的重大理论成果，是对马克思主义的继承与发展。科学发展观突出强调在建设与发展中国特色社会主义事业中要"坚持以人为本，树立全面、协调、可持续的发展观，促进经济社会和人的全面发展"③。在科学发展观指导下，也形成了胡锦涛关于实践育人的思想。主要思想体现在人的全面科学发展、教育要"育人为本，德育为先"和"三贴近"理念和要求上，相关重要论述使党的实践育人思想和理论更趋完善。

科学发展观的核心是以人为本，强调要从人民群众的根本利益出发，实现人的全面发展，从而继承和发展了马克思主义人的全面发展学说，教育自然也是题中之义。胡锦涛关于青年学生全面科学发展思想集中体现在"四个新一代"和"三点希望"的论述中。2007年5月，在给中国青年群英会的信里，胡锦涛指出，青年一代肩负党和人民的重托，要以革命先辈

① 江泽民. 江泽民文选（第2卷）[M]. 北京：人民出版社，2006：124.

② 江泽民论有中国特色社会主义（专题摘编）[M]. 北京：中央文献出版社，2002：694.

③ 中共中央关于完善社会主义市场经济体制若干问题的决定 [N]. 人民日报，2003-10-22.

为榜样,自觉承当起党和国家赋予我们的时代责任,"努力成为理想远大、信念坚定的新一代,品德高尚、意志顽强的新一代,视野开阔、知识丰富的新一代,开拓进取、艰苦创业的新一代"①。"四个新一代"系统地阐述了青年所要努力的方向,是科学分析青年的实际情况,面对社会发展需要所提出来的关于青年的发展目标。在庆祝清华大学建校 100 周年大会上的讲话中,胡锦涛对全国青年提出了"把文化知识学习和思想品德修养紧密结合起来""把创新思维和社会实践紧密结合起来""把全面发展和个性发展紧密结合起来"的三点希望。这一诠释的基本逻辑揭示了青年的成长规律。这个规律就是在新的历史时期,立足于中国特色社会主义现代化建设,青年大学生要以立德、修身作为基本要求,以学习、知识的积累为保证,以创新、实践作为有效路径,以全面成才、干事创业为目标定位,从而成长为全面发展的人。这其中社会实践不仅是成长成才的途径,也是中介、桥梁、必由之路。胡锦涛希望青年学生积极投身社会实践,通过社会实践为走上社会、成就事业奠定坚实基础。为此他指出,"要促进学生全面发展,优化知识结构,丰富社会实践,加强劳动教育,着力提高学习能力、实践能力、创新能力,提高综合素质,加快改变学生创新能力培养不足状况"②。

　　胡锦涛高度重视大学生思想政治教育,其思想政治教育思想系统、全面、丰富,概括起来就是"育人为本,德育为先",并着重强调社会实践是思想政治教育的重要途径。胡锦涛指出:"全面实施素质教育,核心是要解决好培养什么人、怎样培养人的重大问题,这应该成为教育工作的主题。要坚持育人为本、德育为先,把立德树人作为教育的根本任务,努力培养德智体美全面发展的社会主义建设者和接班人。"③ 在纪念中国共青团成立九十周年大会上的讲话对青年提出的五点希望是"育人为本,德育为先"思想的集中体现。他希望青年坚持远大理想,坚持刻苦学习,坚持艰苦奋斗,坚持开拓创新,坚持高尚品格。④ 刻苦学习就要"深入了解国情,自觉到基层一线去,到艰苦环境中去,到祖国和人民最需要的地方去,在实践的熔

① 胡锦涛致中国青年群英会的信 [N]. 人民日报,2007-05-05.

② 胡锦涛. 胡锦涛文选 [M]. 北京:人民出版社,2016:421.

③ 胡锦涛在中央政治局第三十四次集体学习会议上的讲话 [N]. 人民日报,2006-08-31.

④ 胡锦涛. 胡锦涛文选 [M]. 北京:人民出版社,2016:587-590.

炉中增长见识、砥砺品质、强化本领，努力成为可堪大用、能负重任的栋梁之材"①。通过上述讲话我们可以看到胡锦涛非常明确地指出，必须经过社会实践实现大学生思想政治教育目标。

"三贴近"原则是胡锦涛实践育人思想的最直观、最生动的表现。在2003年12月召开的全国宣传思想工作会上胡锦涛强调："做好新形势下的宣传思想工作，必须坚持解放思想、实事求是、与时俱进，要坚持贴近实际、贴近生活、贴近群众，把宣传思想工作做实做活做深，更好的宣传动员群众，引导教育群众，帮助服务群众。"②把"三贴近"落实到教育工作尤其是思想政治教育工作的各个方面，就是努力提高思想政治教育的吸引力、亲和力、感染力和说服力。按照"三贴近"的原则，思想政治理论课、日常思想政治教育各类活动都需要创新教育教学方法，针对青年学生特点，有效地解决思想政治教育理论与实践的脱节问题，避免只讲大道理，不能解决具体问题的情况，将理论与具体现实合理有效地结合起来。大学生社会实践作为思想政治教育的重要形式，有组织地引导青年学生走进社会生活，走到人民大众当中，在实际生活中让大学生受教育、长才干，是"三贴近"原则的最生动、最鲜活的运用。

5. 习近平有关实践育人的重要论述

党的十八大以来，习近平总书记把握时代大趋势、回答实践新要求，顺应人民新期待，围绕改革发展稳定、内政外交国防、治党治国治军发表了一系列重要讲话，形成了习近平新时代中国特色社会主义思想，这是马克思主义中国化最新成果。其中，关于实践教育思想的核心就是，高等教育要坚持把立德树人作为中心环节，把思想政治工作贯穿教育教学全过程，实现全程育人、全方位育人；将社会实践作为遵循教育和学生成长规律的育人工作进行了明确；在实践中培育和养成正确的价值观；到祖国和人民最需要的地方实现知行合一，坚定理想信念、健康成长成才，从而继承并发展了马克思主义实践观、教育与生产劳动相结合理论、马克思主义人的全面发展学说，这也是新时代实践育人工作的指导思想。

① 胡锦涛．胡锦涛文选[M]．北京：人民出版社，2016：588．
② 胡锦涛：坚持用"三个代表"重要思想统领宣传思想工作，为全面建设小康社会提供科学理论指导和强大舆论力量[N]．人民日报，2003-12-18．

习近平从培养社会主义事业建设者和接班人的高度，指出高校"要坚持不懈传播马克思主义科学理论，……要坚持不懈培育和弘扬社会主义核心价值观，……要坚持不懈促进高校和谐稳定，坚持不懈培育优良校风学风，……思想政治工作从根本上说是做人的工作，必须围绕学生、关照学生、服务学生，不断提高学生思想水平、政治觉悟、道德品质、文化素养，让学生成为德才兼备、全面发展的人才"[①]。实践是认识产生的动力与源泉，正是在对高等教育事业实践和发展认识的基础上，习近平明确了高校思想政治工作的任务、目标。上述重要论述中，对大学生全面发展的内涵给予了抽象概括，那就是包括思想水平、政治觉悟、道德品质、文化素养在内的，以德才兼备为标准的全面发展。习近平将社会实践作为高校在新形势下加强和改进思想政治工作的重要途径，指出："做好高校思想政治工作，要因事而化、因时而进、因势而新。要遵循思想政治工作规律，遵循教书育人规律，遵循学生成长规律，……注重以文化人以文育人，……广泛开展各类社会实践。"[②]随后，中共中央国务院印发了《关于加强和改进新形势下高校思想政治工作的意见》，明确指出，要推进高校思想政治工作改革创新。"要强化社会实践育人，提高实践教学比重，组织师生参加社会实践活动。"[③]这是将社会实践作为遵循高校思想政治工作、教书育人和学生成长成才规律的教育活动首次进行了明确，这无疑给实践育人工作、大学生社会实践的深入开展提供了指导思想和有力的理论支撑，同时也是对青年学生在教育实践中的主体地位、作用的明确。

"三爱教育"的要求是习近平教育与生产劳动相结合思想的集中体现。2013年"六一"儿童节前夕，习近平向少年儿童提出了"要立志向、有梦想，爱学习、爱劳动、爱祖国，德智体美全面发展，长大后做对祖国建设有用的人才"[④]。"三爱教育"虽然是习近平针对少年儿童提出的，但同样符合

① 习近平在全国高校思想政治工作会议上强调：把思想政治工作贯穿教育教学全过程　开创我国高等教育事业发展新局面 [N]. 人民日报，2016-12-09.

② 习近平在全国高校思想政治工作会议上强调：把思想政治工作贯穿教育教学全过程　开创我国高等教育事业发展新局面 [N]. 人民日报，2016-12-09

③ 中共中央国务院印发《关于加强和改进新形势下高校思想政治工作的意见》[N]. 人民日报，2017-02-28.

④ 习近平：让孩子们成长得更好 [N]. 人民日报，2013-05-31.

青年大学生健康成长的需求。在新的历史条件下,在新的时代,学习、劳动、祖国的意义和含义有了新的变化,青年大学生的学习、劳动、爱国方式也发生着变化,因此"三爱教育"理所当然成为大学生思想政治教育的重要内容。

习近平在 2013 年五四青年节讲话中提到,"学习是成长进步的阶梯,实践是提高本领的途径"①。他勉励青年:"要有敢为人先的锐气,勇于解放思想、与时俱进,敢于上下求索、开拓进取,树立在继承前人的基础上超越前人的雄心壮志。"②这里他强调的是青年学生要有敢于实践的勇气。就如何实践,他说,广大青年"要牢记'空谈误国、实干兴邦',立足本职、埋头苦干,从自身做起、从点滴做起,用勤劳的双手、一流的业绩成就属于自己的人生精彩"③。这些重要论述就是要求青年脚踏实地、意志坚定地投身于中华民族伟大复兴"中国梦"的伟大实践中去,这样才能实现青春梦想。2016 年 4 月,在知识分子、劳动模范、青年代表座谈会上的讲话中,习近平再次指出,"广大青年要如饥似渴、孜孜不倦学习,既多读有字之书,也多读无字之书,注重学习人生经验和社会知识。'纸上得来终觉浅,绝知此事要躬行。'所有知识要转化为能力,都必须躬身实践。要坚持知行合一,注重在实践中学真知、悟真谛,加强磨练、增长本领"④。这是习近平对教育与生产劳动相结合思想的发展,也是"三爱教育"延展到青年中进行的具体要求。

习近平特别强调思想道德的养成和价值观的形成需要在实践中逐步实现。他指出:"一种价值观要真正发挥作用,必须融入社会生活,让人们在实践中感知它、领悟它。"⑤2014 年 5 月 4 日,在北京大学师生座谈会上习近平指出,当代青年的成长轨迹和规律,就是"勤学、修德、立业、奉献"。这四点要求是习近平关于价值观实践养成的生动诠释,强调"要

① 习近平. 习近平谈治国理政 [M]. 北京:外文出版社,2014:51.

② 习近平. 习近平谈治国理政 [M]. 北京:外文出版社,2014:51.

③ 习近平. 习近平谈治国理政 [M]. 北京:外文出版社,2014:53.

④ 习近平在同知识分子劳动模范青年代表座谈时强调:紧跟时代肩负使命锐意进取 为共同理想和目标团结奋斗 [N]. 人民日报,2016-04-30.

⑤ 习近平. 习近平谈治国理政 [M]. 北京:外文出版社,2014:165.

修德，加强道德修养，注重道德实践"。习近平既强调了"立大德者方能成大业"，也强调了"从小事，管好小节开始起步"。道德的力量在于实践、在于力行。"扎扎实实""踏踏实实"这八个字我们常说，但要做到，做一辈子，实在不容易。从而进一步明确指出，青年社会主义核心价观的培育和践行要"于实处用力，从知行合一上下功夫"。

习近平关于实践育人、知行合一的德育思想，指明了思想道德的最终落脚点体现在实践中，实践是提高青少年思想道德教育实效性的重要途径。实践对于青少年来说，就是一本无字之书。理论学习脱离了社会实践，脱离了祖国和人民的需要，青少年的思想道德教育就偏离了正确的方向。2013 年 12 月 5 日，习近平在给"本禹志愿服务队"回信中，勉励志愿者："希望你们弘扬奉献、友爱、互助、进步的志愿精神，坚持与祖国同行、为人民奉献，以青春梦想、用实际行动为实现中国梦作出新的更大贡献。"①时隔不到半年，在 2014 年五四青年节即将到来之际，习近平给河北保定学院西部支教毕业生群体代表回信，勉励青年人到基层和人民中去建功立业，在实现中国梦的伟大实践中书写别样精彩的人生。两次回信，不仅是对志愿服务活动的肯定，对青年学生甘于奉献精神的激励，更是对广大大学生积极参与社会实践活动的期望，希望青年到生产一线，到艰苦的地方，通过亲身实践，在奉献中成长。

二、马克思主义共同体思想

（一）马克思共同体思想

"共同体"（community）是一个论域广泛、意涵丰富的概念。在西方思想史上，从古希腊"三贤"（苏格拉底、柏拉图和亚里士多德）论述的"共产城邦""理想国""政治共同体"，到德国古典哲学家黑格尔论及的家庭、市民社会和国家三个不同阶段的"伦理性共同体"，再到费尔巴哈以类本质构筑的"爱的共同体"，为马克思共同体思想的形成根植了沃土，马克思在前人共同体思想的肩膀上看得更高、更远、更深刻。尽管在马克思和恩格斯的著作中并未明确论及"共同体"思想，但是对于资本主义虚假面

---

① 习近平给华中农业大学"本禹志愿服务队"回信 [N]. 人民日报，2013-12-06.

目的揭露，即通过对"虚假共同体"的批判扬弃，对"真正共同体"的推崇追求，展现了马克思共同体思想的发展理路。马克思共同体思想对于推动高校实践育人共同体构建的理论启迪主要体现在：

1. 明确了"真正的共同体"是走向自由全面发展的逻辑归宿

马克思关于共同体的相关论述散见于不同时期的著作中，自资本主义发展以降，人类社会原始共同体早已不复存在，取而代之的是资本主义生产方式的社会分工。在此背景下，异化劳动成为工人阶级被剥削和被压迫的现实困境，马克思面对现实的物质利益难题，转向开启社会现实批判研究。随之，马克思共同体思想应运而生。基于批判与构建的路向，马克思提出打破"虚假共同体"而迈向"真正的共同体"，凸显了个人对于自由全面发展的追求，希冀离不开"真正共同体"。马克思指出："只有当现实的个人把抽象的公民复归于自身，并且作为个人，在自己的实验生活、自己的个体劳动、自己的个体关系中间，成为类存在物的时候，只有当认识到自身固有的力量是社会力量，并把这种力量组织起来因而不再把社会力量以政治力量的形式同自身分离的时候，只有到了那个时候，人的解放才能完成。"①马克思共同体思想的要义体现在，发现了前资本主义自然共同体发展的不充分和局限性，揭露以私有制为基础的资本主义虚假共同体的真实面目，让等级压迫和剥削从虚假共同体中解放出来，摆脱物的奴役和资本的压榨，转向人性的复归，从而实现从虚假共同体的阶级对立，走向真正的共同体的自由全面发展的理想图景。

建立在自然经济基础之上，基于人的依赖而形成"自然共同体"样态，缺乏个体的独立和自主，以"肢体"的形式存在于共同体中。继而在商品经济发展条件下，维护不同利益群体的"虚幻共同体"应运而生，因其代表和维护的资产阶级的特殊利益以物的依赖形式而存在，成为资产阶级利益的拥趸，并未实际解决个人与共同体的利益冲突。随着历史的不断演进、世界历史的发展和普遍交往的推进，世界你中有我，我中有你，人类社会从人的依赖、物的依赖不断演进，进而推向个人全面发展的"自由人联合体"理想社会。"只有在共同体中，个人才能获得全面发展其才能的手段，

也就是说，只有在共同体中才可能有个人自由。"① 马克思明确了"真正的共同体"是走向自由全面发展的逻辑路线。

"每个人的自由发展是一切人自由发展的条件。"② 全面发展不仅是个体诉求，也是社会发展的内在要求。高校思想政治教育共同体构建的内在要义也体现了大学生的全面发展。高校实践育人共同体的提出，不仅主体明确、职责明朗，更显著的是激发了大学生主动融入和参与的积极性，为大学生积极主动地全面发展奠定了理论基础和实践基础。高校"许多人协作，许多力量结合为一个总的力量，用马克思的话来说，就造成'新的力量'，这种力量和它的单个力量的总和有本质的差别"③。"没有共同体的自由意味着疯狂，没有自由的共同体意味着奴役。"④ 高校实践育人共同体的提出并非放弃个人自由，自由抑或共同体，不是共同体就意味着对自由让渡，并非非此即彼的必然选择。恰恰相反，主体身份的确认推动了主体自觉，多元化主体共筑高校实践育人实效。因而从根本上来说，高校实践育人共同体充分尊重和保障了真正的自由，实现"自由的共同体"，奠定了大学生全面发展的机制保障。任何事物的发展都在相应的时空坐标中得以实现，高校实践育人实效也伴随"共同体"的系统构建才能实现。

2. 勾画了人类社会未来互动共生的理想图景

在马克思的哲学语境中描绘了人类社会发展从"人的依赖性"自然共同体发展阶段，到"物的依赖性"的虚假共同体发展阶段，再到人的自由全面发展的"真正的共同体"发展阶段，是对人的本质的科学预见，勾画了人类社会未来互动共生的理想图景。马克思揭露了资本主义"虚假共同体"的本质，彰显了对以往"虚假共同体"的批判扬弃，提出了对未来"真正的共同体"的价值追求，这是马克思描绘人类理想社会的主导性叙事，

---

① 中共中央马克思恩格斯列宁斯大林著作编译局. 马克思恩格斯文集（第1卷）[M]. 北京：人民出版社，2009：570.

② 中共中央马克思恩格斯列宁斯大林著作编译局. 马克思恩格斯文集（第2卷）[M]. 北京：人民出版社，2009：53.

③ 中共中央马克思恩格斯列宁斯大林著作编译局. 马克思恩格斯文集（第3卷）[M]. 北京：人民出版社，2009：133-134.

④ [英]齐格蒙特·鲍曼. 生活在碎片之中：论后现代道德[M]. 郁建兴，等，译. 上海：学林出版社，2002：142.

是人类发展的未来指向、基本形态和最高阶段。在"真正的共同体"中，"共同体"不是个体生活和发展的羁绊和枷锁，相反，个人的全面发展是其价值准则，个体的地位得以尊重，个性得以彰显，能力得以提高。在"真正的共同体"阶段人的全面发展得以实现，是马克思毕生的价值追求和人文情怀。

全球化背景下，西方资本主义利用政治、经济、文化的强大力量，企图实现意识形态领域的殖民扩张，妄想消除多元共存而实现"普世一体"。反观资本主义社会实际，资本主义虽然呈现了一些新的特点，但其赖以存续和运行的根基不曾根除与改变，人们获得了形式上的自由和实际上的不自由，表现为"无往不在枷锁之中"。正是基于这样的历史背景，为探寻和构筑人类社会理想，马克思共同体思想关于"真正的共同体"的基本思想成为学术界思考和探索的重要理论参照，因而相继出版了《重读马克思》《回到马克思》等理论研究成果，彰显了马克思对于"真正的共同体"的追求所勾画的人类社会未来互动共生的理想图景的理论魅力和现实张力。

3. 提供了关于"个体"与"共同体"的关系哲学思辨

在西方历史上存在两种相对应而存在的思想主张，一个是自由主义，一个是共同体主义（社群主义）。自由主义秉持"个人本位"（个人自由主义至上）的价值观，相应地遵循个人先于共同体，共同体的存在则是为了维护和确保个人的自由和权力。约翰·罗尔斯（John Bordley Rawls）的《正义论》将自由主义推向新自由主义阶段，无论自由主义还是新自由主义，其实质都是为资产阶级服务的意识形态。共同体主义因批判新自由主义而被人熟知，共同体主义主张共同体先于个人，希冀缓解现实社会的单向化和片面化。总的来看，共同体主义和自由主义都没有深入揭示资本主义固有的矛盾，而是就政治、社会和伦理维度进行了相关探索。"马克思的共同体思想贯穿马克思思想发展的全过程，集中体现了不同历史阶段随着所有制形式的更迭所表现的共同体样态。"[①]马克思超越了以往传统的价值局限，破解了"个体"与"共同体"的现实难题，其他思想所没有触及的资本主义生产方式和所有制矛盾，却成为马克思深刻把握的重点。正是基于

---

① 徐宁. 马克思共同体思想的哲学研究 [M]. 北京：光明日报出版社，2020：1.

对资本主义的批判，形成了马克思共同体思想，揭露并阐释了资本主义的弊端和未来人类社会的发展走向，提出了关于"个体"与"共同体"的关系哲学思辨，对于推动人类社会和谐稳定发展具有积极意义。"依据马克思'虚假的共同体'批判与'真正的共同体'构建的内在逻辑，在'个体'与'共同体'的共生关系中，个人需要通过共同体获得自我确证和自我实现的条件，因而需要维护共同体的整体性价值和地位；共同体也必须保证其中每个个体的主体地位和价值实现，这样才能使其自身成为一种真实性存在，共同体就是许多个人的社会联合。"①也即是说，"个体"是"共同体"建构的基础和保证，"个体"的存在发展构筑了"共同体"的阶段性呈现，"共同体"为"个体"的自由全面发展铺陈了生产发展力量，是"个体"融合发展的归宿和依靠。马克思描绘了未来"真正的共同体"是"个体"与"共同体"群己共在的现实存在。

马克思对于虚假共同体的批判以及对真正共同体的追求，揭示了人类社会发展的普遍规律。分析探讨马克思共同体思想，把握其精神实质，在不同文化交流中挖掘彼此间的共同诉求、共同精神、共同价值和归属意识，对于提高高校实践育人实效具有积极的理念导引和方法论启示，可以促进高校实践育人共同体多主体交互发展，为新时代高校立德树人，培养大学生的主体意识，为有效应对高校实践育人的现实困境提供了前瞻性的思维方式和价值导引。理解马克思共同体思想不能僵硬固化，而应以历史的、发展的视野来客观审视，透过人的一切社会关系异化与否来判定共同体的发展实质。"只有在共同体中，个人才能获得全面发展其才能的手段，也就是说，只有在共同体中才可能有个人的自由。"②马克思共同体思想为探讨高校实践育人共同体构建凝聚了主体力量，各构成主体群策群力付诸实践，确保高校实践育人实效。正是基于马克思共同体思想的理论启迪，高校实践育人共同体构建坚持以"现实的人"为逻辑与现实起点，明确了大学生的主体地位，以高校立德树人的共同利益为内在驱动力，营造多主体

---

① 赵坤，郭凤志. 马克思共同体思想对高校思想政治理论课价值引领的启示 [J]. 思想教育研究，2020（12）：105-106.

② 中共中央马克思恩格斯列宁斯大林著作编译局. 马克思恩格斯文集（第1卷）[M]. 北京：人民出版社，2009：571.

同向互构的有机体。

（二）中国共产党共同体思想

马克思共同体思想为中国共产党治国理政提供了宝贵的理论支撑、文化资源和认同心理。中国共产党引领中国人民认识和处理人与人、人与社会、人与自然、国家与国家之间的关系，推动了共同体思想的理论发展。20世纪中期，毛泽东提出了"中间地带"理论和"三个世界"理论，对于"两个地带"国家摒弃争端、搁置差异，从而构筑人类命运与共的统一战线。"三个世界"理论为中国准确定位，为推动和平外交奠定基础。1950年，周恩来在《中苏友好同盟互助条约》中表达了"和平共处五项原则"，并在1953年讨论西藏问题时融入了"互不侵犯"重要内容，中国开始以"和平共处五项原则"为外交原则对外开展外交活动。20世纪80年代，邓小平阐发了"和平与发展"思想，对于世界摒弃斗争、争取和平、实现发展具有重要指导意义。20世纪90年代，江泽民系统论述了"新安全观"。"新安全观"是中国探索维护国际安全的系统化、理论化认识，对于推动世界和平发展、维护国际安全具有重要意义。2005年，胡锦涛在雅加达亚非峰会上阐述了"和谐世界"理念，表达了中国和平外交政策。党的十七大提出"命运共同体"命题，强调"十三亿大陆同胞和两千三百万台湾同胞是血脉相连的命运共同体"[①]，表达了大陆和台湾"本是同根生"命运与共的共同体关系。尔后，这一命题逐渐推广运用于表达中国与其他国家之间的关系。党的十八大报告中提出"倡导人类命运共同体意识"。党的十八大以来，习近平发表了关于"共同体"的系列重要论述，是习近平新时代中国特色社会主义思想的重要组成部分。其中关于"人类命运共同体""中华民族共同体""生命共同体""中非命运共同体""海洋命运共同体""网络空间命运共同体""亚洲命运共同体"等重要论述，既是对马克思共同体思想和中华优秀传统和合文化的继承和发展，也是对当代人类社会发展问题的理论回响，为新时代贡献了与社会发展相适应和相协调的"和谐精神"，彰显了中国共产党在面对人类社会发展困境时的思想智慧和理论主张。相关价值主张对于高校实践育人共同体构建的启示主要体现在：

① 胡锦涛. 胡锦涛文选（第2卷）[M]. 北京：人民出版社，2016：648.

1. 强化合作共建，共享发展成果

党的十九大报告指出："我们呼吁，各国人民同心协力，构建人类命运共同体，建设持久和平、普遍安全、共同繁荣、开放包容、清洁美丽的世界。"①相较于西方的"乌托邦"，中国古代向往的理想社会是大同社会。大同社会遵循"天下为公"的基本准则，经济方面实行公有。人类命运共同体彰显了中国传统"天下大同"梦的当代实践，凸显了中华优秀传统文化的创造性转化与创新性发展。正因为一代又一代人的不懈努力，让梦想靠近现实，并终究成为现实。当下人类不仅共同面临着经济危机、生态危机、贫富分化、地区冲突、恐怖主义等传统威胁，与此同时也面临着气候变化、网络治理、疾病防疫等一系列新挑战。世界就是一个地球村，面对挑战任何国家都不能独善其身。鉴于世界面临的共同挑战，霸权主义、强权政治、零和博弈都不是人类社会和谐发展的解决路径，解决问题的关键不是排他而是合他。有鉴于此，现实困境呼唤人类命运共同体的提出，为人类认识自身打开了宽阔的认知视界。携手共进建设美好的"人类共同家园"，从而达成团结联合，才能共克困难、应对危机、化解矛盾，最终形成求同存异、互惠互利、共建共享的人类美好社会。

党和国家历来高度重视高校思想政治教育，高校思想政治教育实效的收获不是某一个部门的努力所能达到的。身份不同、责任有别，高校实践育人共同体各构成主体的身份确认是明确职责的前提，强化高校实践育人共同体各构成主体的合作共建，共享发展成果，符合高校思想政治教育规律，符合大学生成长成才规律，符合高校思想政治教育发展目标。高校实践育人共同体可以使各构成主体在面对高校育人实践时，明确责任与义务，搁置互相的差异，坚持求同存异原则，树立整体意识和合作意识，吸收借鉴有益经验，更新理念和方法，在享有高校实践育人发展成效的同时，从自身角色定位和职责划分强化归属意识、合作意识、共建意识，以强烈的使命感成为高校实践育人共同体价值倡导的践行者和拥护者，为高校实践育人贡献智慧和力量，让高校实践育人的实效得以彰显。

---

① 习近平. 习近平谈治国理政（第3卷）[M]. 北京：外文出版社，2020：46.

2. 凝聚共同价值，培育协同思维

共同价值作为一种价值理念，对人们的认识实践具有指引作用。"共同"，其中"共"在古汉语里即"同也"。在现代汉语中，"共同"作为形容词，表示"属于大家的，彼此都具有的"[①] 等含义。"价值"表达的是一种"关系性存在"，刻画了主体以客体的内在规定性为评判尺度。"共同价值"突出反映了不同主体基于共同目标，表征了有效认同、共同参与、价值共识的共同追求，其作为一种价值导向和社会规范，能够调节和评价秉持共同价值的相关社会关系。伴随人类社会历史的演进和实践的深化，指引人类社会发展的共同价值也在不断整合、更新、完善和发展中重塑。区别于西方立足于抽象人性论的"普世价值"，中国共产党立足于马克思主义人性论，创造性地提出了观照人类发展的"全人类共同价值"。2015 年，习近平在第七十届联合国大会上提出"和平、发展、公平、正义、民主、自由"[②] 六大共同价值，反映了全人类共同利益的价值愿景、凸显了国际社会外交关系的价值尺度，承载了人类社会和平发展的价值遵循。2018 年，在上海合作组织成员国元首理事会第十八次会议上，习近平指出，上海合作组织"以《上海合作组织宪章》《上海合作组织成员国长期睦邻友好合作条约》为遵循，构建起不结盟、不对抗、不针对第三方的建设性伙伴关系"[③]。正是基于"上海精神"共同价值基础，才能营造和谐、稳定、合作的人类命运共同体。中国共产党倡导构建人类命运共同体，凝练了人类发展的价值共鸣点，共同价值作为一种价值体系贯穿人类命运共同体构建始终，强化了共同价值的价值引领力，是铸牢人类命运共同体的价值基础。

社会转型历史背景下，多元价值分化、碰撞、交锋在所难免。任何领域，能否凝聚共同价值，培育协同思维，是能否维护稳定发展格局的重要因素。高校实践育人实效的收获，离不开高校实践育人共同体共同价值生成发展的内在动力。高校实践育人共同体共同价值，是指高校实践育人共同体基于立德树人价值目标形成的价值共识。基于共同的价值纽带，搭建彼此互通的桥梁，在增进"重叠"共识中弥合分歧，形成共同的精神意志，实现

① 现代汉语词典（第 7 版）[M]. 北京：商务印书馆，2020：458.
② 习近平. 习近平谈治国理政（第 2 卷）[M]. 北京：外文出版社，2017：522.
③ 习近平. 习近平谈治国理政（第 3 卷）[M]. 北京：外文出版社，2020：439.

高校实践育人的整体推进、现实关照、协同配合。唯有秉持高校实践育人共同体的共同价值，从高校实践育人共同体中获得精神供给的力量，基于共同价值诉求和价值愿景，高校实践育人共同体各构成主体才能在体悟、弘扬和践行高校实践育人共同体共同价值中聚合为一个有机整体，共筑高校实践育人共同体整体效能。

3. 增进主体意识，强化责任担当

2015 年，在气候变化巴黎大会开幕式上，习近平提及巴黎协议对于推动人类命运共同体建设的启示时指出，"我们应该创造一个各尽所能、合作共赢的未来"①。2016 年，在中共十八届中央政治局第三十一次集体学习时，习近平强调，在推动"一带一路"沿线建设时，"要加强同沿线国家在安全领域的合作，努力打造利益共同体、责任共同体、命运共同体"②。2017 年，习近平在中国共产党与世界政党高层对话中再次强调，"构建人类命运共同体，需要世界各国人民普遍参与"③。人类命运休戚与共，增进主体意识，强化责任与担当，是人类社会发展必须遵循的不二法门。人类社会的未来走向既不是亨廷顿（Huntington）的"文明冲突"，也不是海德格尔（Heidegger）预言的"无家可归"，而是以"文明和谐"超越了"文明冲突"，成为命运攸关的"和合共生"共同体。正是对马克思共同体思想的继承和发展，中国共产党创造性地传承和发展马克思共同体思想，强调人类命运与共的本质，点拨世界前景，化解人类共同面临的困境、忧患和焦虑，引领世界发展方向。世界应以非零和博弈思维取代零和博弈思维，以合作共赢取代对抗垄断，以多元主体取代单边霸权，不断增进主体意识，强化应对问题的主体责任与担当。

"共同体"在维护和保障各构成主体发展的进程中，也迫切需要共同体各构成主体充分融入。高校实践育人共同体各构成主体承担责任和义务，成为高校实践育人提质增效的共同承载者。高校实践育人的发展需要增进主体意识，建立责任共担、功能互补和发展共建的高校实践育人共同体。高校实践育人实效如何，在一定程度上受高校实践育人制度、环境等因素

① 习近平. 习近平谈治国理政（第 2 卷）[M]. 北京：外文出版社，2017：529.

② 习近平. 习近平谈治国理政（第 2 卷）[M]. 北京：外文出版社，2017：502.

③ 习近平. 习近平谈治国理政（第 3 卷）[M]. 北京：外文出版社，2020：435.

的影响，取决于各构成主体是否以主人翁的姿态融入实践，承担相应责任和履行相应的义务。只有充分认识到自身在推动高校实践育人中的主体责任，明确自身的责任和使命，才能积极面对、主动融入、敢于担当、实践自觉。可以说，主体的责任和义务是高校实践育人共同体各构成主体的内在融通点，能够激发高校实践育人共同体各构成主体的归属意识，明确各自的责任和义务，以确保共同体的存续和发展。高校实践育人共同体各构成主体角色各异、责任有别，唯有理论认同、情感共鸣、价值共识、实践共赴，才能形成高校实践育人共同体的强大凝聚力、感染力和影响力。

三、思想政治教育学相关理论

"思想政治教育学就是关于思想政治教育发展规律的学科。"[1] 思想政治教育学基本原理作为思想政治教育学特有的基本概念、基本理论，是高校实践育人相关研究的基本依据。思想政治教育基本原理中关于思想政治教育过程的理论、思想品德形成的规律将为本书的研究提供根本遵循，思想政治教育重要方法之实践锻炼法则是本书研究内容的方法论基础。

（一）思想政治教育过程理论

唯物辩证法认为，过程是现实事物或活动产生、发展、变化的连续性在世界和空间上的表现。"一个伟大的基本思想，即认为世界不是既成事物的集合体，而是过程的集合体，其中各个似乎稳定的事物同它们在我们头脑中的思想映像即概念一样都处在生成和灭亡的不断变化中，在这种变化中，尽管有种种暂时的倒退，前进的发展终究会实现。"[2] 这一关于"过程"基本思想的抽象概括告诉我们，社会实践对于大学生思想政治品德的形成具有重要作用，原因是在社会实践活动这个集合体中自然充满着各种变化，变化的运动推动着过程的发展，而它是具有规律可循的，这些规律反映出的就是社会实践育人机理。

高校实践育人作用的发挥主要体现在实践活动当中，而实践不论是渗

---

① 邱伟光，张耀灿. 思想政治教育学原理 [M]. 北京：高等教育出版社，1999：6.

② 中共中央马克思恩格斯列宁斯大林著作编译局. 马克思恩格斯选集（第4卷）[M]. 北京：人民出版社，2009：571.

透在社会生活中，还是课堂上的理论灌输、实践前的各项准备、计划方案的制定、后期的总结深化或是与实践活动相关的相对独立的其他形式的教育活动都是育人过程，具有一定的规律性。实践育人目标要通过实践育人过程来实现，其中的育人机理蕴含在这些过程当中，构建运行机制也要符合育人过程规律。社会实践本质上是对大学生进行思想政治教育的过程。因此，思想政治教育过程理论对于实践育人机理和运行机制的研究具有重要借鉴作用。

　　思想政治教育过程所研究的是教育者对受教育者施加教育影响以及受教育者接受教育影响的过程。所以，思想政治教育过程及其规律等相关理论是思想政治教育学的基本理论。"思想政治教育过程和规律的研究，重点是要研究思想政治教育过程的本质和特征，揭示思想政治教育过程的要素、结构和运行程序，分析思想政治教育过程的矛盾体系特别是基本矛盾，探索思想政治教育过程的基本规律和具体规律，为思想政治教育实践提供理论依据。"[①] 因为，大学生社会实践是思想政治教育的重要途径和形式，所以研究社会实践活动过程，有必要明确思想政治教育过程，准确厘定思想政治教育过程的内涵、构成要素以及运行环节、阶段等，这有助于社会实践过程的内涵、构成要素、阶段和环节以及内在矛盾等的准确把握。研究机理视角的明确，这也是研究实践育人机理、构建运行机制的逻辑起点。

　　（二）人的思想品德形成规律

　　"思想政治品德是指人在一定社会一定阶级的思想体系下，按照一定的言行规范行动时，集中表现在个体身上的相对稳定的心理特点、思想倾向和行为习惯的总和。"[②] 思想政治品德形成与发展过程的研究是思想政治教育研究的核心内容。"思想政治教育过程与人的思想品德形成过程是协同的、统一的。"[③] 因为人的思想政治品德形成与发展规律属于思想政治教育过程及其规律的范畴，所以讨论思想政治教育过程及其规律，尤其是讨论育人机理的问题，就不可避免地会涉及人的思想政治品德形成与发展规律。

①　骆郁廷. 思想政治教育原理与方法 [M]. 北京：高等教育出版社，2009：101.

②　邱伟光，张耀灿. 思想政治教育学原理 [M]. 北京：高等教育出版社，1999：92.

③　陈万柏，张耀灿. 思想政治教育学原理（第三版）[M]. 北京：高等教育出版社，2015：124.

"思想品德结构是一个以世界观为核心，由心理、思想和行为三个子系统及其具体要素按一定的方式构成的、具有稳定倾向性的多维立体结构"①，其中，认识、情感、意志、信念等构成了心理子系统，世界观、人生观、道德观、政治观、法治观等组成了思想子系统，而行为则是心理和思想的外显形式。人的思想政治品德形成与发展过程是外部制约和内在转化的辩证统一过程。在这一过程中，思想政治教育者对受教育者施加教育影响，使他们确立相应的认知、态度、情感，并产生相应的行为；同时，又通过一定的教育措施发展和巩固受教育者的认知、态度、情感、信念、行为，使受教育者养成社会所需要的思想品德、心理素质、综合能力等。坚持外部约束和内在转化的统一，是思想政治教育与一般知识传授教育相区别的重要特点。"人的思想品德的本质在于它的社会性。"②无论是人的思想、品德，还是在此基础上产生的行为等因素的形成与发展都不可能在真空中实现，而是在具体的生活氛围中，通过主客体之间的相互作用而逐渐发展起来的。思想政治教育内容本质上是实践的，思想品德在本质上也是实践的，学习和形成的动力同样依托于实践。"社会环境对人的思想政治品德的形成与发展具有决定性的影响，是以人们的社会实践为中介而实现的。"③因此，大学生只有在实践中才能形成正确的思想品德。

大学生作为重要的社会成员，思想政治品德的形成发展经历了一个由知，到情，到信，到意，最终到行的过程。这个过程从根本上说，是思想品德意识与思想品德实践互动的过程，同时也是社会占主导地位的意识形态和道德规范行为者所认同并具体化、个性化的结果。研究社会实践育人机理必须以受教育者思想政治品德形成与发展规律为依据，探讨在实践过程中大学生知、情、意、信心理变化和世界观、人生观、价值观、道德观等变化发展过程，从而揭示育人的原理。

（三）思想政治教育实践锻炼方法

实践锻炼法也叫实践教育法。社会实践是思想政治教育的重要形式，

---

① 陈万柏，张耀灿. 思想政治教育学原理（第三版）[M]. 北京：高等教育出版社，2015：125.

② 邱伟光，张耀灿. 思想政治教育学原理 [M]. 北京：高等教育出版社，1999：96.

③ 邱伟光，张耀灿. 思想政治教育学原理 [M]. 北京：高等教育出版社，1999：97.

也是思想政治教育的具体方法。从方法论的角度看，社会实践育人过程本质上是思想政治教育实践锻炼法的具体运用。因此，掌握实践锻炼法的功能、作用、特点、方式等对于揭示高校实践育人机理具有重要意义，同时大学生社会实践及其各种具体活动形式是实践锻炼法的鲜活运用，准确、灵活地掌握此方法，在具体实践中运用好此方法对于提升社会实践实效性具有重要参考价值。

　　所谓方法，就是人们在认识世界和改造世界的过程中，为达到预期目的所采用的手段和方式。人们要认识世界和改造世界，必须从事一系列思维和实践活动，这些活动所采用的各种方式，包括步骤、程序、格式等，通称为方法。方法是认识工具，是联系主体、客体和各种实体的关系因素、中介因素，是在活动中才存在的动态因素，活动停止，方法也就消失。① 在思想政治教育学科中，研究方法应包括思想政治教育方法和思想政治教育工作方法，两者不能混淆。实践锻炼法是思想政治教育的基本方法之一，就是"组织、引导人们积极参加多种实践活动，不断提高思想觉悟和认识能力的方法，即在改造客观世界的过程中同时改造自己主观世界的方法"②。实践锻炼不能盲目行事，必须有明确的目标要求。比如进行组织纪律观念教育，就要在实践中要求人们严格按照多项规章制度约束自己的行为，久而久之使他们形成良好的行为习惯。实践锻炼也不是一次所能完成的，同样的内容需要反复进行。在反复锻炼中不断提高认识，直至行为规范转化为内心信念，思想认识达到新的境界，觉悟得到提高。

　　实践锻炼法有助于受教育者通过亲身实践体验，明确真善美与假恶丑的标准；有助于受教育者在具体实践中将理论与实际结合起来，做到知行合一，形成和发展社会要求的思想政治品德，巩固社会普遍认可的行为习惯；有助于受教育者在社会交往中把已经掌握的理论知识进行验证，并转化为解决实际问题的立场、观念和方法，不断接近社会要求，适应社会生活，促进个体的社会化。

　　从主要方式上来看，社会实践育人中的实践锻炼法的方式是多种多样的。典型的包括：对所学理论知识进行检验，深化认识的实践活动，比如

① 郑永廷. 思想政治教育方法论 [M]. 北京：高等教育出版社，2010：2.

② 郑永廷. 思想政治教育方法论 [M]. 北京：高等教育出版社，2010：134.

社会调查、参观访问和社会考察等；在实际工作岗位进行实践，体验、见习岗位要求，接受能力、体力、思想认识上的锻炼，如生产实习、挂职锻炼、支教活动、社会服务等；参加生产劳动的实践，从而增进对劳动人民的情感，培育正确的劳动观念，这类活动主要包括生产劳动、勤工俭学、志愿服务和公益劳动等；组织受教育者按照法律、规章制度的约束进行实际锻炼的活动，如引导大学生遵守校规校纪、厂规厂纪、村规民约等，加强组织纪律性，使其养成遵纪守法的良好行为习惯等。虽然社会实践育人过程中运用的并非只有实践锻炼法，还有多种思想政治教育方法的综合运用，但是作为最直接、最显性的方法，明确实践锻炼法的重要作用、主要方式等对于认识实践中育人机理显然意义重大。

第三章　高校实践育人共同体建设的现状分析

　　近年来，在党中央的高度重视和号召下，多所高校积极联合其他育人主体在摸索和探究中构建了高校实践育人共同体。通过查阅《中国青年报》等相关教育期刊，不难发现在现阶段的构建中，有很多成功的案例。可见，高校实践育人共同体在建设过程中取得了一定的成就。但是，通过研究党中央下发的文件精神及国内权威性比较高的专家的讲话，我们又可以发现，它的构建尚处于不成熟的探索阶段，仍存在一些问题。路漫漫其修远兮，我们需要"把脉问诊"，认真分析其原因所在，进而继续对症下药、精准施策，为本书后面章节提出的实践路径做好铺垫。

一、高校实践育人共同体在建设中取得的成就

　　一个新事物的产生到发展总是需要经历一个过程。即新事物产生，进入少部分人的视野，产生一定的效果，但存在一定的问题，通过探析其存在的不足，找到完善和解决办法，使其更好发展，进而开始被大众接受。高校实践育人共同体作为一个新事物，其发展历程也不是一帆风顺的。它是近年来，在党和国家的指导下，政府、高校、家庭、社会、企业等多主体联合而组成的，经过整合多方资源、齐心协力，取得了一定的成就，具体表现为对其地位的认知受众面日益广泛、活动的质量有所提升。

（一）对高校实践育人共同体地位的认知受众面日益广泛

　　近年来，国家出台了一系列文件，强调要强化社会实践育人，提高实践教学比重。这些文件强调了实践育人的重要性以及如何加强实践育人等，为高校实践育人提供了理论指导和价值遵循。此外，随着整体性发展理念深入人心，党中央多次强调政府、高校等多育人主体要参与到高校实践育

人工作中去，并将实践育人共同体建设纳入十三五规划。这些足以证明在国家层面，对高校实践育人共同体地位的认知日益提高。通过调查，有多个省份、多所高校已经切实参与到高校实践育人共同体建设中。如天津市首批五个高校思想政治教育实践育人共同体正式挂牌。同时，天津大学已经在全国近30个省份建立起100个乡村实践基地，累计建立实践育人共同体基地326个。同时，陕西省榆林市建立了教育示范性综合实践基地。此外，河南理工大学马克思主义学院与博爱农场、焦作市中站区龙洞街道办事处等建立实践育人基地。

由此可见，在国家和高校层面，高校实践育人共同体已经被接纳和认可。多个省份、多所高校的首批实践育人共同体已经落地生成，这离不开广大师生的大力支持和积极参与，在某种意义上来说，高校部分教师和学生在思想上已经对其有所接触和认知。同时，通过搜集资料可以发现，关于高校实践育人共同体研究的相关研究成果逐年增加。以中国知网为例，如果以"高校实践育人"为主题进行搜索，截至2021年年底，可搜索到的相关文献高达3000多条。以"高校实践育人共同体"为主题进行搜索，截至，可搜索到的相关文献达70多条。以"思想政治教育实践育人"为主题进行搜索，截至目前，可搜索到的相关文献达600多条，第一篇学术成果见刊于1997年，第二篇学术成果见刊于1998年，第三篇见刊于2001年，继2005年之后，每年新增的数额逐年增多。尤其是2015年至今，以"思想政治教育实践育人共同体"为主题的相关学术成果有10多篇。基于对相关学术成果的数量及分布的年份的分析，我们不难得出学者们对思想政治教育实践育人共同体的重视度有所提高的结论。

由此足以证明，对高校实践育人共同体地位的认知，其受众面在逐步扩大，被越来越多的社会群体所接纳和认可。

（二）高校实践育人共同体活动的质量有所提升

对高校实践育人共同体地位的认知越来越高，这为其有序、有效建设高校实践育人共同体开通了快速通道。广大群体对其地位有了正确的认知后，其在建设过程中得到了社会各方的有力支持，遇到的阻力也随之减少了。并且，政府、高校、社会、企业、家庭等育人主体通力协作、互通有无、相互支持，整合各方资源，团结一致，致力于加强高校实践育人。因此，在高校实践育人共同体内，育人的渠道和方式增加了，主要表现为活动内容丰富多样，活动形式愈加多元。

一方面，高校实践育人内容丰富多样。突出表现在内容更加专业化。在由多个育人主体构成的高校实践育人共同体内，各育人主体之间优势互补，系统发力，以最大限度满足不同专业的大学生参与这一活动的资源需求，根据各专业学生的主客观条件以及现实社会发展需求，统筹兼顾大学生的思想认知与客观现实，因材施教、因势利导，制定不同的教育实践内容。

另一方面，高校实践育人活动形式愈加多元。在单主体主导下的活动中，因为受资金、平台等资源的限制，只能让部分大学生参与其中，活动形式大多以假期社会实践为主，较为典型的就是"三下乡"活动，大多数学校是由各学院组织班委、学生会干部参与，其他大学生根本没有机会加入。在构建了高校实践育人共同体后，各育人主体各司其职又统筹发力，更多的大学生有机会参与其中。大规模的育人主体和受教育者倒逼高校实践育人共同体改变以往单一的育人方式，开展丰富多彩的育人活动，调动起大学生参与其中的积极性，如线上和线下相结合，虚拟和现实相结合，使大学生的全面发展与个性化需求实现有机结合，进而优化活动的质量。

以南通为例，南通大学公共卫生学院利用暑期时间，以《"健康中国2030"规划纲要》为指导，组织来自"江海健康公益传播社"的师生到陕西省汉中市佛坪县进行"健康扶贫"。到访师生将所学的专业知识和实践技能与新媒体技术结合起来，开展了丰富多彩的实践育人活动，比如交流座谈会、走访调研、学术讲座等。通过此次内容丰富、形式多样的基层支援活动，到访师生认清了自己的专业能力以及社会需要，清楚怎样才能实现自己的人生价值。同时，学生思想政治觉悟有所提高，坚定了帮助他人、奉献社会的理想信念，达到了高校实践育人活动的目的。由此可见，高校实践育人共同体活动的质量有所提升，取得了显著的成绩。

二、高校实践育人共同体在建设中存在的问题

不可否认，近几年来，在建设高校实践育人共同体这一系统工程中取得了一定的成就。但是，在复杂的时代背景和社会环境的影响下，这一工程仍存在一定的短板和不足，亟须改善。如育人思维固化，主体职责的清晰度有待明确，作用发挥的协同性有待提高，目标实施的整体性有待提升等。

（一）高校实践育人共同体育人思维固化

习近平在"3·18"座谈会（学校思想政治理论课教师座谈会）上强调，广大思想政治理论课教师要做到"六要"，其中一点就是强调"思维要新"。思维方式决定了人们认识、分析和处理问题的基本观念和行为方式，人们的一切活动都与思维方式紧密相连。高校思想政治教育取得实效不仅需要高校思想政治理论课教师创新思维，而且也是高校实践育人共同体共同的价值追求。高校实践育人共同体秉持什么样的思维方式，也决定和影响着高校实践育人共同体协同育人实践。改革开放以来，伴随着社会环境的变化，社会分化、价值多元，高校思想政治教育存在的局限和问题也逐渐暴露出来。就高校内部而言，各行政管理部门、教师、辅导员等分工明确，育人理念和价值目标各异，条块分割、各自为政、"各管一摊"，相应地存在单一思维、分散思维和个体思维，不同程度地存在单一化、片面化、割裂化的偏差和不足，因而导致彼此间育人思维固化，缺乏系统思维、协同思维和共同体思维。高校实践育人共同体存在立德树人任务不明确、育人职责定位不清晰、协同育人意识不到位等状况，因而高校思想政治教育相应地存在选择性执行、差异性执行等问题。在高校思想政治教育领域出现的"解题低效"问题，因缺乏思维创新而因循守旧、止步不前、思想僵化，因而迫切需要思维方式的转变，规避思维方式"单一化""分散化"和"个体化"的弊病，突破思维固化的束缚藩篱。

（二）高校实践育人共同体主体职责的清晰度有待明确

要想开展好高校实践育人活动，需要完善的政策支持、充足的资金支撑、丰富的育人基地、风清气正的社会大环境、充满正能量的家风熏陶。俗话说，"因为专业，所以卓越"。在由政府、高校、企业、家庭、社会组成的多

主体高校实践育人共同体中，各育人主体社会地位不同，拥有的资源不同，所擅长的领域不同，能为高校实践育人所提供的支持和帮助也不尽相同。因此，在这个共同体中，各育人主体的分工是不同的，承担的职责也是不同的。政府做好政策的引领者；高校全力调动校内一切育人资源，组织发动学生参与其中；社会大力做好宣传，净化育人的大环境；家庭要上好学生的"人生第一课"，提供思想指导。总之，只有在各育人主体清醒地认识到自己在高校实践育人共同体中的主要责任及重要性，自觉承担作为共同体一员肩负的责任，主动履行共同体规定的义务，积极参与其中并付诸实际行动的情况下，这个共同体才能实现和谐运转。

在现阶段的运行中，高校实践育人共同体的各育人主体之间没有做到责任和义务的明确划分，各育人主体乃至主体内部的各部门之间权责不清晰，出现人员和部门重叠的状况，遇到问题时，相互推卸责任，拖而不决，延误解决问题的最佳时机。其次，育人主体对自己重要性的定位认知不够。部分育人主体错误地认为主要任务承担者是高校和政府，自己在其中处于配角地位，可有可无。因此，在开展活动时，家庭、企业和社会的积极性不高，企业投入资金和育人平台的力度不够，社会上不太重视实践育人，育人基地得不到有效开发，高校实践育人思潮不能得到大力宣传，家庭缺少鼓励大学生参与实践育人活动的家庭教育观念。

总之，"欲知平直，则必准绳；欲知方圆，则必规矩"。高校实践育人共同体必须用成文的规章制度，清晰明了地规定各育人主体的责任和义务。各育人主体主动担当、有所作为，把自己分内的事情做好，才能有效促进这个共同体向好的方向发展，才能真正落实育人目标。然而，当前由于各育人主体之间职责界限模糊，明显影响了育人效果，阻碍了这个共同体的发展。

（三）高校实践育人共同体作用发挥的协同性有待提高

高校实践育人共同体具有多元性、整合性和包容性的特征。它的良好运行需要各育人主体之间相互配合、相互包容。然而，在过去几年的实施过程中，这个共同体作用发挥的协同性明显不高。具体体现在以下几个方面：

首先，高校实践育人是一项系统工程，需要多个育人主体全力配合、不断实践、不断探索才能实现"完美竣工"。然而,一些家庭、企业和社会组织认为高校实践育人是学校和政府的主要责任。因此,在实际过程中,他们的主动参与性不高。各育人主体之间不能协调一致、通力合作,影响了共同体作用的发挥。

其次,高校实践育人共同体协调作用的发挥,需要各育人主体之间相互沟通交流、出谋划策,实现资源共享、共同建构。然而,由于各育人主体的认知能力、思维模式以及优质资源等存在差异,它们之间的分工和协作不同。在实际情况中,各育人主体缺少交流和沟通,出现"各自为政""各地为营"的局面,产生信息不对称和意见分歧,无形中构筑起了阻碍共同体协同性作用发挥的壁垒。

最后,高校实践育人共同体协调作用的发挥,需要各育人主体各司其职,做好自己分内的事情,而且它们之间的任务可能出现一环套一环的情况。然而,由于各育人主体"各自为营",导致信息闭塞,其他主体不能及时了解上一环节及整个共同体的进展情况,出现某个育人主体擅自改变它所在环节的计划,其他育人主体无法及时了解详情而未能做出相应改变的情况,从而影响其他育人主体育人工作的开展乃至整个共同体育人计划的实施。

(四)高校实践育人共同体目标实施的整体性有待提升

高校实践育人共同体的目标,就是高校实践育人共同体的目标指向或价值取向,即多个育人主体联合起来通过实践的培育方式来教育、引导大学生实现某种品格的目标或价值取向。高校实践育人的目标不是一成不变的,它会随着时代的更替和社会发展需求的变化而变化。因此,高校实践育人共同体的目标也是与时俱进、革故鼎新、推陈出新的。当各成员达成一致的育人目标时,各育人主体之间便有了最原始的动力。总目标促使各育人主体之间取长补短、通力协作及互相激励,形成一种和谐、一致的自然状态。

高校实践育人共同体在实施的近几年中遇到的较为明显的问题就是,共同体目标实施的整体性不高。陈宝生在2019年全国教育大会上提到,德育要朝着体系化方向努力。目前,在德育教育中,仍存在"软、浮、虚、乱、散"问题,其中的"散"主要是指政府、学校、社会各方面力量不够集中,没有形成育人合力。^①可见,由政府、高校、企业、家庭和社会组成的高校实践育人共同体在对大学生进行实践育人培育时,受惯有的思维定式和教育方式及育人观念的束缚,容易偏离共同体制定的育人目标的"航线"。

各育人主体在实施的过程中,由于站位不同,思想高度不同,在育人理念上出现偏差,在发力时坚持己见,从自身角度出发考虑问题,忽略了大局意识。各育人主体侧重点不同,结果也会随之出现差异。如企业多从自身利益考虑,培育利于企业发展的职业性人才,而忽略对大学生思想道德等方面的培养。高校认为学生的专业素质最重要,直接与学校的综合评估相挂钩,因此多把实践育人活动安排在专业课方面的实习和演练上,实践育人活动的开展多为要求大学生在寒暑假过后上交一篇社会实践活动报告,大学生是否真正参与其中,是否真正有所收获,思想道德水平是否得到切实提高,这一切我们不得而知。"积土成山、聚沙成塔",各育人主体目标实施的一点"小偏离"致使"堤溃蚁孔",最终与高校实践育人共同体内部设定的共同目标相差甚远。

三、高校实践育人共同体建设中存在问题的归因剖析

只有经过理性分析,透过现象看本质,精准把握高校实践育人共同体在实施过程中存在问题的原因,才能切中要害,找到突破口,进而制定出高校实践育人共同体良好发展的针对性政策,指导各育人主体在实现"最大利益公约数"的前提下,打通高校思想政治教育实践育人"最后一公里"的绿色通道,动员一切育人资源和力量,投身于落实"立德树人"根本任务中去。

(一)高校实践育人共同体价值追求得以实现的影响因素

影响高校实践育人共同体价值追求得以实现的现实因素是复杂的,不仅包括现代性社会生态、高等教育发展状况,同时还受到思想政治教育内

① 陈宝生在2019年全国教育工作会议上的讲话_中华人民共和国教育部政府门户网站 [EB/OL].(2019-01-29) [2022-05-24] http://www.moe.gov.cn/s78/A11/s6353/201901/t20190129_368518. html.

部矛盾的影响。笔者从以上三个方面详细梳理了实现该共同体价值追求的现实困境，以便对症下药，提出具有可行性的建设性路径。

1. 现代性社会生态阻碍了共同体价值追求的再构

现代性社会生态同现代化社会进程相伴而生，是从农业文明走向工业文明过程中社会生态的总体趋势，其一方面表现着生产力飞速发展带来的社会经济、政治和文化等领域的制度变迁或改革，另一方面又呈现着社会精神价值、文化生态和伦理道德等的不断解构与重塑。这一宏阔的现实境域于高校实践育人共同体及其价值追求的实现来说，是无法回避且不容忽视的。

（1）关系网络的扩大化削弱了社会个体的责任感

马克思表示："人的本质是一切社会关系的总和。"[①] 所谓关系，一般意义上是指人与人之间所具有的某种性质的联系，这种联系是建立在人的实践活动和交往行为上的。它区别于具有较强中国特色的社会性和文化性含义的"关系"，是一个中间性概念。在长期的历史发展过程中，人与人之间的互动交往形成了一个复杂且庞大的关系网络，所有的要素都处于这个关系网络当中。从某一方面讲，不同共同体实质上就是不同关系网络的聚合。例如血缘关系共同体、地缘关系共同体和业缘关系共同体等，都是基于不同的关系特征和关系强度形成的共同体形式。

随着生产力水平的不断提高，人们不仅促成了不同关系的链接，还实现了关系网络的扩张。各种各样的关系共同体不断涌现，例如互联网交互时代的网络关系共同体。关系网络的持续扩大一方面为个体的发展创造了更多的条件和可能性，另一方面也导致了人与人之间关系强度的弱化，直接降低了个体与共同体的紧密性，削弱了社会个体的责任感。因为在扩大化的关系网络中，人们既没有强烈地感受到集体公共资源对自身需求的满足，也没有意识到社会活动的公共性品质，人们甚至不会估计或担忧自身的行为可能对他人的生活产生的影响，缺乏融入共同体的积极性和为共同体的发展贡献自我的责任感。

现代性社会生态的这一特征对实践育人共同体价值追求实现的影响是

---

① 中共中央马克思恩格斯列宁斯大林著作编译局. 马克思恩格斯选集（第1卷）[M]. 北京：人民出版社，2012：135.

明显的，直接表现为共同体内部育人主体身份认同模糊。现代高校多采取跨区域、跨领域的合作办学模式，呈现出一种"半开放式"的发展状态。部分处于"中间层"或"边缘区"的高校教职员工认为提升学生的思想道德素质与自身无关，不关心也不关注，育人主动性不高，责任意识淡薄。这是因为多数教职员工没有认识到自身处于实践育人共同体的关系网络之中，没有认清自身与共同体之间的关系，将自己置于育人工作之外。同时也存在部分"中心区"的教职员工认为育人工作是思想政治理论课教师或辅导员、班主任的责任和义务，导致部分教育主体与共同体价值追求之间的共鸣程度不高，难以从理论层面和精神层面认识到实践育人共同体价值追求的重大意义，在服从价值目标、参与集体行动等方面缺乏主动性和一致性。

（2）"价值流动"的速失性降低了社会主流价值的认同度

社会主义主流价值是思想政治教育的重要内容和主要支撑，然而现代社会的多元不确定性在一定程度上降低了主流价值的认同度，影响了思想政治教育的实际效果。这是因为，传统社会向现代社会转变是一个社会结构逐步异质化、多元化的过程。异质、多元的现代社会结构塑造了利益分化、多元的价值主体，引发了社会价值观的多元化景观。[①] 个体在社会生产实践活动中承担着不同的职能且形成了不同的生活需求、情感体验和价值理念等。这一转型过程虽然有助于人们在日渐自由化的社会环境中作出价值选择并实现个体价值，但同时也面临着"价值流动"带来的危机，即现有的任何价值基准和规定都被视为临时性基准，都不会被看成是最终的和不可变更的基准，个体的价值参照标准变得不确定。

这种由现代社会分工和自由化发展带来的"价值流动"是充满风险的，乌尔里奇·贝克（Ulrich Beck）在其《风险社会》里曾描述过这种迅速全球化和个性化社会生活中的理念危机。他认为在现代社会中，任何可控的、确定的和安全的理念或价值都已经接近崩溃或已经崩溃，并且比任何时候都崩溃得还要激烈、彻底。在我们栖息的这个新世界中，人与人之间的界

---

① 叶方兴. 社会分化与价值引导：思想政治教育社会学的基本问题论析 [J]. 思想教育研究，2015（05）：8-11.

限不明、社会管控不足等导致失范问题频发。①大都市的流动性必然会模糊人的理念，破坏人的道德，这是现代性社会发展带来的消极体验。过分的个人主义化和自我中心化一味批判任何带有价值共识表征的现象，社会个体对主流价值如"善""美德"等共同理念持冷漠甚至反对态度，认为其剥削并压制了个体的利益和自由。共同道德和行为准则的消逝又反过来巩固了具有排他性的个人主义行为方式，形成了一种恶性循环。

现代社会的"价值流动"对思想政治教育的影响是必然的，主要体现在降低了对马克思列宁主义、毛泽东思想、中国特色社会主义理论体系以及习近平新时代中国特色社会主义思想的认同度。以往，人们在意识形态较为封闭、单一的情况下价值取向和价值选择也较为明确，但是随着意识形态领域多样文化和多元价值的发展趋势，教育对象的思想和行为也日渐趋向多样化和多元化，这无疑增加了思想政治工作在纷繁复杂的社会思潮中对人们进行价值引导的难度。与此同时，价值多元与价值选择的自由性也影响了人们对于主流价值的认知度和认可度，从而直接影响到了思想政治教育的育人效果。

（3）市场资本的逐利性遮蔽了人文价值的重要性

马克思曾论述："资产阶级在它已经取得了统治的地方把一切封建的、宗法的和田园诗般的关系都破坏了。它无情地斩断了把人们束缚于天然尊长的形形色色的封建羁绊，它使人和人之间除了赤裸裸的利害关系，除了冷酷无情的'现金交易'，就再也没有任何别的联系了。"②马克思对资本主义经济中人与人、社会、自然关系的深刻剖析，揭露了资本主义经济关系的利益本质和市场规则的逐利性。

在市场经济规则下，科学技术的发展前景及其创造的经济效益让人们认识到知识传授和技能培训的重要性，教育因其承担的人才培养功能而受到前所未有的重视。物质文明成果的充分显现和张扬造成了"知识价值"高于"人的发展"的价值倾向，教育逐渐成为个体实现个人利益、攫取他人利益的手段和途径。相对而言，以"人的发展"为核心的教育理念和精

---

① ［德］乌尔里奇·贝克. 风险社会［M］. 何博文，译. 北京：译林出版社，2004：29.

② 中共中央马克思恩格斯列宁斯大林著作编译局译. 马克思恩格斯选集（第1卷）［M］. 北京：人民出版社，1995：274.

神性内容被不断挤压、遮蔽，教育逐渐失去了它原本的人文色彩和个体关怀，走向了功利主义和实用主义。这一社会生态对现代教育和思想政治教育的影响是深刻的。为了适应知识经济时代人才培养的速成，过去乃至现在，思想政治教育常以"通约式"的命题、"知识性"的灌输、"常识性"的记忆为表征，不断向教育对象施压，加剧了理论的"空洞化"、知识的"单一化"。同时，"工具化"的实践模式、"实用性"的功利取向，又进一步遮蔽（弱化）了思想政治教育的价值理性，使之很大程度上成为一种知性教育。①

教育领域的知识论倾向不限于思想政治教育，其他教育领域和学科研究也深受影响。从学科选择、专业择取到未来职业生涯规划，专业技术教育与人文教育之间的矛盾随处可见，还有与之伴随的工具理性和实用主义。人们在思考问题时，往往以"是否有用"作为衡量事物或活动价值的唯一标准。不可否认，工具理性思维在多数情况下能够协助个体权衡利弊，作出利益最大化的选择。然而，并不是任何问题的高效解决都能完全依靠理性思维的判断。于是，在理性思维不能发挥其功能或效果不理想时，个体就会陷入自我怀疑或是自我否定的泥沼，容易出现非此即彼的极端思维或行为。高校教育的工具性倾向还体现在价值评估的功利性和分散性上。如为了进一步提高人才培养的质量，部分高校采用量化标准加以评判，"分数""证书"等成为衡量人才质量的唯一标准，导致部分高校在人才培养上只注重考试技能和专业知识的灌输与掌握，缺乏对教育对象内心世界的关注。

2. 高等教育的发展困境阻碍共同体价值追求的共进

高校实践育人共同的价值追求作为具有共识性和指向性的实践目标，需要在整个高等教育的大环境中受到"滋养"，才能够得到完全支持并充分实现。然而从现实情况来看，高等教育的发展面临着重重困境，而这些困境又进一步影响了集体性价值理想的培育和传播，增加了实现共同体价值追求的难度。

---

① 任小艳. 简论思想政治教育价值论的回归——对现代思想政治教育知识论倾向的反思 [J]. 东南大学学报（哲学社会科学版），2014（02）：22-26，134.

（1）教育资源配置不平衡导致价值追求难以同效

众所周知，人之所以建立各种形式的联合，是因为生存、发展的需要。集体性资源的加持不仅可以促进个体成长，还可以提升成员获得感、归属感，并增强成员之间的凝聚力。然而，由于社会整体教育资源的有限性和教育资源优化配置的取舍，高校之间的发展差距是真实且长期存在的。改革开放以来，国家为了促进高等教育的创新发展，设置了一批优先发展"名单"和工程项目，在政策和资金上给予部分高校和学科一定倾斜式的支持，很大程度上推动了这些"排头军"向世界一流水平高校和一流学科发展并靠拢，也为社会主义建设培育了一大批专业化的高素质人才。倾斜式的资源配置虽然产生了良好的社会效益，但也造成了一些消极影响，即高校之间发展差距的持续性扩大。资源配置的不平衡扩大了高校发展之间的差距，而高校之间的发展差距又进一步固化了这种不合理的资源分配方式，形成了一种非良性循环。这一局面的破解需要社会发展思维的转变和国家战略政策的调整，本书不在这里多作论述。

总体来看，高校之间的发展差距不仅阻碍了高等教育的公平化和科学化发展，也对实践育人共同体价值追求的实现产生了消极影响，即造成共同体价值追求的实现难以同效。需要注意，笔者在这里所讲的"同效"并不是育人效果的完全同效，而是相对同效，即教育资源投入与人才产出质量之比的差距。

纵向而言，部分"前列梯度"的高校因为教育资源相对充足以及师资力量的保证，其在人才培养过程中对各类育人活动的投入总量相对较多、覆盖面更广，更容易开展相关工作，取得一定的育人成效。然而对于"后列梯度"的高校而言，常常因为教育资源如教学设施、图书资源、师资力量等方面的紧张，无法有效满足青年学生群体的多样化需求和个性化发展，在育人活动的开展上时常处于"被动地位"，育人成效提升困难。当然，这种差距也体现在横向同水平高校之间。在创新发展过程中，部分高校会依据自身状况和发展定位，在实际育人活动中调整教育资源的分配，同样也会造成育人成效上的差距。如对于理工类高校而言，学校在教育资源尤其是资金分配上往往会倾斜于优势领域或主打学科。这一倾斜对高校内部哲学社会科学的课程创新和教师培育必然是不利的，而哲学社会科学课程与教师是高校思想政治工作的重要渠道和关键主体，其成熟程度直接影响着青年学生群体价值观培育和思想道德塑造的质量和水平。

（2）学科分化发展走向增加价值追求的共感壁垒

当前，我国高校学科建设与发展呈现着"分化—整合—分化"的总体趋势，这一现象是社会发展和改革深化带来的必然结果。学科分化是指由于社会分工细化和实践专门化，学科在发展过程中开展分门别类的研究而不断产生新的分支学科的过程。马克思曾论述"一个民族的生产力发展水平，最明显地表现于该民族分工的发展程度。任何新的生产力，只要它不是迄今为止的生产力单纯的量的扩大，都会引起社会分工的进一步发展"[1]。虽说学科分化或学科再整合是社会生产力发展的必然趋势，推动了理论繁荣和实践创新，但也在一定程度上增加了集体性价值追求的共感壁垒，主要体现在以下几个方面：

首先，从跨领域学科之间来看，如自然科学和哲学社会科学。作为三大科学领域之二，自然科学主担科技创新，专攻重大科学问题，服务于建成世界科技强国的发展目标；而哲学社会科学主责思想理论创新，紧扣时代脉搏，构建中国理论体系，为促进时代发展建言献策。两者由于研究对象、研究手段和研究方法的较大差异，在发展和建设过程中往往"交集"有限，在一定程度上缺乏对共同育人追求的共情基础。同时，自然科学专业课本身意识形态性较低或没有意识形态性，加之专业课教师育人意识不强、育人方式不当、理论素养不够等问题，影响了其实现共同体价值追求的主动性，育人成效并不是十分理想。

其次，从同领域学科之间来看，如哲学社会科学中的马克思主义理论、哲学、教育学、社会学和考古学等。虽然绝大部分学科具有一定的或鲜明的意识形态特征，能够积极响应甚至主动践行高校实践育人共同体的价值追求，且因为研究方法互通和研究内容交叉的特点，其对于共同体价值追求的共感度和认同度较高，但部分学科在学科分化的推进中也存在思想政治教育优势被逐渐弱化的问题，如在教学目标上轻视育人的重要性、在教学内容上淡化人文关怀、在价值追求上走向功利主义等。同时，部分学科

---

① 中共中央马克思恩格斯列宁斯大林著作编译局. 马克思恩格斯选集（第1卷）[M]. 北京：人民出版社，1995：68.

在成立之初，为了谋求独立发展的环境和条件，常常关起门来搞改革、搞研究，与其他学科之间的交流、互动匮乏，表现出消极的育人态度和施教行为。

3. 思想政治教育内部矛盾减损了价值追求的内生

高校实践育人共同体及其价值追求的实现与思想政治教育的发展态势息息相关，其中理论研究与实践工作之间的隔膜、育人队伍建设不到位和话语体系建构相对不成熟等问题，在一定程度上减损了共同体价值追求的内生。

（1）理论研究与实践工作之间隔膜难消

理论研究和实践工作是思想政治教育的两大基本领域，两者的契合发展不仅可以助推思想政治教育学科建设，还有助于提升思想政治教育育人实效。然而由于活动方式、人员配置和资本投入等方面的差异，两者之间的矛盾长期存在于思想政治教育产生、形成和发展的各个阶段中，不仅阻碍了思想政治教育的科学化发展，还造成了一定程度的内耗，影响了人才培养质量。

对于实践育人共同体的价值追求而言，思想政治教育理论研究发挥着关键性和基础性的作用，能够为价值追求奠定理论基础，增强学理性和说服力。但是当前部分理论研究者常常囿于学科地位、价值意义等合理性问题的论证，缺乏问题意识和宏观视野，难以多角度、多层次地深刻分析共同体在建构和发展上面临的现实问题。还有部分学者忽视思想政治教育的发展规律和本质特征，为创新而创新，将其他学科中并不适用于思想政治教育创新发展的规律或理念引入理论探索中去，导致某些理论问题越来越难以理解，实践方案越来越难以具体操作。

思想政治教育实践工作与实践育人共同体价值追求之间的关系同样密切，一方面，共同体的价值追求是实践工作的目标指引和评价标准，另一方面，实践工作的开展效果又可以反过来调整和完善共同体的价值目标。但是，就目前的现实状况来看，思想政治教育实践工作面临着问题复杂多变、工作量繁重等多重困难，严重影响到价值目标的实现。同时，晦涩理论与现实问题的不对接又常常让实践工作者"拒绝"理论支持，盲目探索浪费了大量的人力物力资源，部分成功经验也因为缺乏理论基础而难以上升为一般性行动方案，成果转化率不高。

（2）育人队伍建设不足导致内聚性不强

一般来说，强大的组织团队对于实现集体性目标事半功倍。对于高校思想政治工作而言，育人主体之间的高效合作和良性互动不仅能够提高育人实效，还能够推动学科建设。但是，当前高校思想政治工作队伍存在责任不明、专业素养不够等问题，极大地影响了育人工作的针对性和实效性。

首先，思想政治教育专职队伍责任不明，缺乏合作意识。高校思想政治教育专职队伍是指专门或主要从事思想政治教育工作的教职员工，一般包括学校党政干部、思想政治理论课教师、辅导员、班主任和学生工作中的专职人员等。思想政治教育专职队伍是育人队伍的核心和骨干，在育人活动中发挥着主导作用。然而在现实工作中，由于育人活动的复杂性和工作侧重点的不同，教师往往更加注重理论研究与课堂教学，而辅导员和学生工作者更加专注于学生日常教育与管理等工作，这就容易出现管理、教学和服务等各领域"条块分割，各自为战"的尴尬情况。加之工作岗位待遇偏低、地位不高、工作成果难获认同等现实问题，思想政治教育专职队伍职业归属感不强，或者部分专职人员局限于自我职能范围内的育人工作，缺乏协同创新、互帮互助的合作意识。

其次，思想政治教育非专业队伍专业素养不够，育人效果不强。思想政治教育非专业队伍是指思想政治教育专职队伍之外的高校育人队伍，包括其他学科专业课教师与研究员、行政管理人员、教学辅助人员和后勤服务人员等。思想政治教育非专业队伍是育人队伍的补充，同样承担着非常重要的育人作用。然而，受到各方面条件的限制，思想政治教育非专业队伍往往并不具备扎实的理论知识基础，如思想政治教育学科知识、心理学和教育学知识等，业务技能匮乏，在教育教学、学生工作和服务工作中不能及时把握与学生良好互动的时机开展有效的育人工作，常常力不从心。同时，部分专业课教师还存在育人认识不高、育人信念不牢、育人责任不担等问题，没有与思想政治教育专业队伍形成良好的交流互动、融合对接的工作格局。

3. 话语体系建构不成熟减弱影响力

思想政治教育是一门年轻的学科，其学科理论、思维方式、实践方法、价值范式等正处于建构、发展和转型阶段，尚未在思想政治教育共同体内部达成完全共识。加之其发展建设离不开对教育学、政治学、社会学和心理学等学科理论的借鉴，因而学科标志性概念、范畴和表述打造相对困难。思想政治教育话语体系作为中国特色社会主义理论话语体系的重要组成部分，由于相对滞后于社会主义建设速度和学生个性诉求，其在人才培养上发挥的作用往往不尽如人意。

首先，思想政治教育话语内容混淆不清。作为一门具有较强意识形态性的理论和实践学科，思想政治教育始终保持着与中国特色社会主义建设的高度一致性。然而，这种高度一致性在一定程度上混淆了中国特色社会主义话语体系与思想政治教育话语体系之间的关系，思想政治教育工作者常常把本来应该放在指导地位的政治话语直接套用到青年群体身上，缺少针对话语对象的有力解释和有效转化[1]，致使思想政治教育的核心理论和价值理念缺乏亲和力和针对性，无法满足学生的个性化成长需求和发展期待。同时，由于经济发展和社会建设的巨大变化，青年学生群体的话语交流出现国际化、网络化和草根化等趋势，传统的思想政治教育话语体系并没有完全适应教育对象思维模式和表达方式的转变，影响了育人目标的充分实现。

其次，思想政治教育话语空间多元博弈。随着信息技术革命的推动和学生多元化需求的发展，高校思想政治教育话语空间扩大、细化，呈现现实空间和虚拟空间相互交融共生的态势，且虚拟空间的流变性较高，一定程度上削弱了思想政治教育话语的影响力。同时，微博、微信、ＱＱ、网络直播、短视频等，不同形式的交往方式又极大地分割了主体的时间和精力。为了在不同的话语空间占领制高点、掌握话语权，部分高校没有重点和针对性地追着学生跑，不仅加重了思想政治教育工作者的任务量，也不利于个体精神世界的构建和价值观的建设，极大地减损了思想政治教育的整体实效。

---

① 胡永嘉，张真理. 高校思想政治教育话语体系改进研究 [J]. 中国青年社会科学，2017（05）：81-85.

（二）高校实践育人共同体建设中存在问题的原因

1. 高校实践育人共同体建设原则性不强

政府、高校、社会、企业、家庭作为不同的育人主体在构建共同体时，只有坚持共同体固有的原则，方能激发内生动力，坚守初心、砥砺前行，这个共同体才能稳中求进、行稳致远，谋求更好发展。然而，细观当前共同体在运行中存在的问题，我们可以发现其中大部分问题都是由于违背了共同体固有的原则所致的。随着西方不良社会思潮的传入和渗透，功利主义、形式主义、投机取巧等歪风邪气对构建高校实践育人共同体产生了一定的影响。

首先，在由政府、高校、企业、社会、家庭组成的高校实践育人共同体内，有些育人主体存在功利主义的倾向。尤其是企业和社会组织在与高校的合作育人中坚持"利益最大化原则"，企业为高校实践育人提供的岗位多为"跑腿打杂"的零散活，大学生看似在其中忙忙碌碌，实则没有学到什么实质性的东西，实践育人的效果也没有体现出来。企业与高校在合作过程中发现自己获益和支出不对等时，就会减少投入。

其次，形式主义在高校实践育人共同体内存在蔓延的迹象。政府制定相关政策，要求企业、社会、家庭配合高校实践育人活动。然而，所谓"上有政策，下有对策"的局面随之出现。就部分高校来说，存在两种情况。一种就是"换汤不换药"。在开展实践育人活动时，沿用历年的旧形式，毫无创新，忽略了做好高校实践育人工作需要跟随时代发展的步伐，与时俱进、有所创新的要求。忽略了做好高校实践育人工作需要树立"以人为本"的理念，遵循大学生身心健康发展的规律，而惯用旧方式，如通过拍几张照片、写几篇新闻稿等方式，做好"面子工程"，向上级部门"应付交差"。另一种是只注重形式多样。由于当前高校实践育人共同体尚处在探索阶段，很多环节还不太成熟，纷繁多样、形式各异的实践育人主题活动之间缺少完整性的宏观规划，各项活动间鲜有系统的连贯性，无法形成整体脉络，降低了高校实践育人活动的效果。

最后，部分高校实践育人主体滋生投机取巧、"搭便车"、推卸责任的思想。在一个团队里面，成员之间只有各司其职，尽心尽力履行好自己的职责和应尽的义务，同时又通力协作、相互协助、相辅相成、相得益彰，才能实现从相加阶段迈向相融阶段，取得实质性的进展。在高校实践育人共同体内同样如此，方能切中肯綮，实现内涵式发展。然而，从当前的现实情况来看，高校实践育人共同体内部的一些育人主体出现投机取巧、"搭便车"的不良势头。在"高校自主建设"理念偏差的引导下，尽管高校与其他育人主体之间共同签署机制共建、资源共享、责任共担等相关协议，育人主体之间仍存在敷衍应对的心理，政府、企业投入力度小、社会不够重视的现象频有出现，育人主体之间投机取巧构建一批"有基地无建设""有牌子无活动"等形式化"工程"，搞华而不实、劳民伤财的"政绩工程"，在开展高校实践育人活动过程中，一旦出现问题，成员之间相互推诿，敷衍塞责，致使共同体达不到预期培养人才的目标。

2. 系统内部要素疏离分散

梳理高校实践育人共同体育人所存在的现实问题不难发现，高校实践育人共同体系统内部要素的疏离分散是其主观原因。高校实践育人共同体作为一个系统性存在，其系统内含的各要素，如高校实践育人共同体主体、理念和环境等，其有机衔接、相互协作、互相配合才能共筑高校实践育人实效。反观高校实践育人共同体育人实践不难发现，各相关要素之间存在彼此脱节分离的现象，并未以"共同体"的形式作用于高校育人实践，割裂了高校实践育人共同体的统一性，所以相应地存在高校实践育人实效不佳的现实困境。高校实践育人共同体系统内部各要素的同向融合是提升高校实践育人实效的重要途径，也是实现高校立德树人根本任务的重要载体。当前高校实践育人系统内部要素存在疏离分散的情况，不利于高校实践育人共同体形成正确价值定位和践行同心同向的实践举措。概括而言，产生这些问题的原因主要有以下几点。

首先，高校实践育人共同体育人主体的分散。提高高校实践育人实效离不开实质主体、实践主体和受益主体的同向合作，无论是顺应高校立德树人根本任务的发展导向，还是观照高校实践育人实效的实践推进，都离不开高校实践育人共同体各主体的职责明确、相互配合。然而当前高校实践育人共同体育人主体之间却存在不同程度的分离和分散，例如在高校育人实践中，存在忽视除了高校思想政治理论课教师以外的育人力量，忽视高校全体总动员同向育人的可能，忽视大学生作为受益主体的主体地位等情况，高校各职能部门的实践育人元素的挖掘不到位，高校实践育人共同体育人主体并未实现全员调动，这一系列情况都不利于高校育人主体的聚合，凝聚育人合力。各主体责任有别、分工悬殊、业务各异，但同向实现立德树人根本任务的目标归属是一致的，因而高校一体化育人体系还有待加强。

其次，高校实践育人共同体育人理念的差异。价值理念是行动的先导，只有高校实践育人共同体育人理念更新，才会有高校实践育人共同体育人实践的跟进。然而反观高校思想政治教育实践，高校实践育人共同体育人实践却不尽如人意。在这里强调育人理念主要指的是高校实践育人共同体实践主体之间的理念差异。高校实践育人共同体理念内蕴的整体、协同和融合要义并未被深刻理解和把握。高校实践育人共同体实践主体立足于自身的"一亩三分地"完成岗位工作，忽视相互之间的系统融合，同向协作的理念不强，协作育人积极性不高，育人实效不佳。此外，在大数据、人工智能等新一轮技术革命驱动下，人们身不由己地置身于多感知通道传播的场景时代，缺乏互联网时代协同育人理念，线上线下育人载体的耦合还不到位，观念落后、方法陈旧、实效不佳，无法实现以新技术观教育促协作、谋发展。

最后，高校实践育人共同体育人环境的局限。当前，高校实践育人共同体育人实效有待提升，除了理念有待更新、主体有待协同以外，还需要环境营造作用的发挥。教育的实质是营造"环境"，通过环境培育人才。[①]环境是育人的载体，高校实践育人共同体是社会大系统中一个相对独立的子系统，关涉高校思想政治教育的相关环境都会影响高校实践育人共同体功能和作用的发挥。其中国际国内的经济、文化和政治环境都影响和作用于人的思想和行为。网络环境也空前复杂，大学生无人不网、无处不网、无时不网，网络环境俨然已经成为与经济、社会、文化、家庭等环境影响要素相关的重要因子，成为影响大学生成长发展的重要场域。然而网络环境参差不齐，线上线下融合不佳，校园网络监管、舆情掌握、网络平台建设、网络队伍建设等略显不足，各方面环境并未形成同向同行的育人格局。

---

① 涂宏斌. 关于"环境"育人的探讨 [J]. 理论月刊，2014（08）：142-146.

此外，校园文化育人环境作为高校文化育人的重要载体，在文化环境建设、明确校园文化育人目标、发挥校园文化潜移默化的熏陶作用，从而在更好地践行校园文化育人使命等方面都有不断加强和改进的空间和可能。

3. 西方话语霸权的现实挤压

苏联的建立标志着世界"一球两制"格局的形成。至此以美国为首的西方国家，从未停止"话语武器"在意识形态领域的渗透和攻击，妄想建构西方意识形态，成为世界各民族膜拜的"文化图腾"。世界话语格局"西强东弱"的情况未曾改变，西方发达国家秉持西方中心主义霸权思维，掌握议题设置、话语资源和话语裁判，操控话语生产、传播和销售，以"和平演变"的方式打压异己，设置思想陷阱推波助澜，使苏联和东欧破防，走上了改旗易帜的不归路。回溯这段历史可知，形成鲜明对比的是，一方重视意识形态话语建构，夹杂和裹挟文明傲慢和意识形态偏见，另一方则弱化和放弃了话语建构和传播，亦步亦趋自毁长城地把社会主义的发展"拱手让人"。"一定的意识形态总是以一定的语言为载体的。也就是说，既不存在无语言载体的意识形态，也不存在无意识形态导向的空洞的语言形式。"[1]西方话语霸权的现实挤压，是导致社会主义国家亡党亡国的幕后推手。总结经验教训，值得反思的是，中国必须强化国家意识形态话语建构的理论研究和实践推动，应避免"被动应付"，采取"主动出击"，以构建新时代中国特色社会主义话语体系，锻造抵御西方各种意识形态渗透的话语武器。

与西方种种制度危机形成鲜明对比的是，当下，中国特色社会主义进入新时代，中国在经济建设、核心技术、基础设施、制度建设、民生工程等方面实现了跨越式发展，展现了"风景独好"的发展势头，强有力地论证了并非只有西方模式才是通往现代化的出路。中国成为西方发达国家觊觎和掣肘的对象，西方发达国家未放弃以隐蔽的话语"叙事"、新闻"叙事"冠冕堂皇植入其价值观念，"强权即公理"成为西方某些国家的座右铭。西方强势话语对中国的国际舆论传播、对外交流合作等形成干扰和阻碍，制造"中国威胁论""修昔底德陷阱""中国崩溃论""历史终结论"

---

① 俞吾金. 意识形态论 [M]. 上海：上海人民出版社，2014：2.

等不实言论，抢占话语霸权的制高点，暴露其全球化战略的欲望和动机。新自由主义、历史虚无主义、普世价值和宪政民主思潮等社会思潮沉渣泛起，打着自由、平等和民主的幌子"传经布道"，俨然以欺骗伎俩为资产阶级利益攫取"开道护航"。不遗余力地篡改历史、抹杀记忆、漠视功绩、兜售民主、标榜人权，指鹿为马制造迷障以妖魔化党的领导和社会主义制度，动摇人心、弱化制度，企图扼杀中国对抗可能性，实现真正的"不战而胜"，瓦解马克思主义意识形态指导地位，进而达到颠覆政权，实现西方资产阶级垄断利益的价值归宿。

　　"西方话语霸权是历史的产物，有其内在的形成机理：西方的发展优势借助学术包装，转化为话语优势；西方的话语优势借助越界本能，转化为话语空间优势；西方话语的空间优势借助资本逻辑和国家力量，转化为道路和制度的同质化过程。西方话语霸权，其终极目的在于塑造一元话语世界和现实世界。哪里有霸权，哪里就有反抗。"①在全球化背景下，话语霸权一直是西方意识形态渗透的重要支撑力量，全球化话语中的各种社会思潮，正逐渐渗透、解构和威胁作为国家意识形态的马克思主义思想政治教育话语权。高校思想政治教育者传播主流意识形态的主体地位呈现"去中心化"趋势，教育的主体和权威受到威胁和挑战，企图推进西方文化价值观的优越化、扩张化和普适化，从而牢牢占据人类社会精神生产的制高点，掌控世界话语的权威性和解释权，其文化霸权主义行径显露无遗。如果任由西方国家话语霸权"大行其道"，全媒体视域下，各种海量信息良莠不齐、交错混杂，干扰和影响着大学生形成正确的思想认识和价值判断。西方国家话语霸权的现实挤压则可能造成大学生落入西方话语霸权的"文化侵略""思想殖民"圈套，大学生极易成为"被迷惑""被煽动""被蛊惑"的"策反"对象。各种错误的意识和情感不断地膨胀和涌现，盲目崇拜西方价值和文化，追捧"舶来"节日和文化，则会造成对于主流意识形态的消解和弱化，致使大学生陷入思想混乱、理想模糊、信仰迷茫、价值无序和精神失落的困境，加大了高校思想政治教育的难度。

　　高校思想政治教育是传播国家主流意识形态的主渠道和主阵地，客观

① 陈曙光. 政治话语的西方霸权：生成与解构[J]. 政治学研究，2020（06）：37-45，126.

认识和正确对待西方话语霸权的现实挤压是有效应对客观形势挑战，并切实应战的前提和基础。网络的开放性为各种社会思潮的涌现和渗透提供了一个广阔的空间。各种各样的社会思潮、"主义"充斥于校园互联网上，在很大程度上削弱了马克思主义在高校意识形态中的主导地位。西方所谓的"意识形态的终结""非意识形态""去意识形态化"等论述都是掩盖事实的谎言，都是横亘在国家发展面前不可忽视的大山。世界上任何一个国家无一例外的是，伴随经济化浪潮而面临异质文化的交流与碰撞，在这个过程中毫无意外的就是，西方发达国家以其经济优势和科技地位，以高势位文化优势掌握着话语主导权，通过各种形式兜售和实现其意识形态输出，展现了不平等"输出"与"输入"关系。此种不平等情况同样存在我国，所以也有学者提出"警惕殖民文化"的危机。因思想文化领域多元文化和价值观念的激烈碰撞，这也势必带来高校思想政治教育领域主导权等挑战问题。此外，"数字化生存"和"网络化生存"犹如硬币两面性，既拓宽了学习的途径和方式，无论何时何地，只要网络在线，学生学习成长就可实现。但是，毫无疑问，问题与困境同在。网络信息发展既可以赋能高校思想政治教育，推动高校思想政治教育协同育人，同时亦可成为高校思想政治教育发展的阻力，给高校思想政治教育目标的实现带来严峻的挑战。

4. 全媒体化传播的潜匿挑战

全媒体时代信息传播媒介多元化，西方话语霸权和意识形态渗透也逐渐"外溢"延伸至互联网空间。习近平总书记在主持中共中央政治局第十二次集体学习时指出："推动媒体融合发展、建设全媒体成为我们面临的一项紧迫课题。"① 伴随着互联网技术的迭代发展，大数据、人工智能、5G互联、区块链和云计算等新技术如雨后春笋，锐不可当，社会发展逐渐进入了传统媒体与新媒体融合发展的全媒体时代。当下，一个开放多元、虚实交错的全媒体时代，是高校开展思想政治教育实践无法回避的客观背景。分析全媒体时代信息传播的潜匿挑战，是提高高校思想政治教育实效性的探索和思考。中国特色社会主义进入新时代，我国社会主要矛盾发生了变化，而在传播领域，传播受众的诉求也发生了深刻的变化，传统的传

---

① 习近平. 习近平谈治国理政（第3卷）[M]. 北京：外文出版社，2020：317.

播媒介"供给侧"已经无法满足大众的"需求侧"。大众对精神文化的诉求也倒逼全媒体传播的发展，实现了文字、图片和视频传播的有机融合。

全媒体时代信息传播呈现如下特征，其一，传播主体多元性。全媒体时代信息传播"去中心化"明显，打破了信息传播的"垄断"，颠覆了传播主体到传播受众单向传播模式，从以往传播主体和传播受众泾渭分明到交互主体传播，呈现传播受众主体化发展态势，走向了信息传播的平等化、大众化和平民化路向。如今人人都是"麦克风"，人人都是"操盘手"，人人都是"传播器"，每个人都可以运用媒体进行信息的输入和输出，既是信息传播的发布者，也是信息传播的反馈者，传播主体和传播受众成为传播的交互主体。在传播进程中不断互换角色，信息传播由一元主体走向全员参与，呈现传播主体多元化的特点。其二，传播过程超时空性。传统的信息传播表现为传播主体有计划、有目的、有意识的单维聚向传播。而全媒体时代形成了单向推进与双向交互式的传播发展模式。由于人人都可发声，传播主体跨越地域和文化差异，实现超链接、超文本信息传播的传送和接收，传播受众在碎片化的时间里就可以根据自己的诉求，灵活、便捷、即时地搜索、筛选、获取和反馈信息。"全媒体、沉浸式的传播让万物皆媒、万众皆媒成为可能，媒体已达到了无时不在、无处不在、无所不及、无人不用的境界，它消弭了时间和空间，使信息处于随时可以触达的状态。"[1]信息传播趋向生活化，不受时间、空间和场域的限制即时发声，凸显了信息传播超越了时间和空间限制，彰显了传播发生的超时空特性。其三，传播载体广泛性。伴随着全媒体时代的到来，信息传播不再局限于报刊、电视和广播等载体，互联网技术推进了传统媒体与新媒体整合发展，呈现数字化媒体传播样态。数字化的期刊、电影电视等应接不暇，智能手机各种 App 应用彻底地改变了人们获取资讯的方式。微博、微信、各种短视频 App，特别是直播载体，形式多样的网络自媒体和运营组织高歌猛进，凸显了个性、便捷、即时、海量和可视的多维度全方位信息智能传播效果，易于传播受众的接受、共鸣和传播。全媒体时代，供给需求决定了传播受众的诉求，倒逼和推动了传播载体的广泛性。其四，传播内容开放性。全

---

① 沈正赋. "四全媒体"框架下新闻生产与传播机制的重构 [J]. 现代传播，2019（03）：9.

媒体时代，信息传播低门槛、即时性和过滤少，海量的信息传播跨越时空和地域文化差异，无中心和语言障碍的传播形式并存。"信息传播过程的即时性和自媒体的'人人效应'也为教育信息增加了开放度与透明度。"[①]从某种程度来说，互联网虽是一个虚拟的平台空间，但信息内容一旦上传到传播载体，信息的内容可以实现分享、解读和消费的同步化，信息传播呈现传播内容开放性特点。与此同时，借助于大数据技术可以获取网络使用痕迹的关联信息和数据，传播内容智能化的生产、推送、获取和反馈大大增强了传播受众的"现实感"和"在场感"，传播内容的开放性可见一斑。

全媒体时代，信息传播极大地改变了思想政治教育实践活动的发展状态，给思想政治教育发展带来新的机遇。与此同时，全媒体信息传播彻底改变了人们的思维方式、生产方式和生活方式，进而引发了全社会各个生存领域的深刻革命，网络社会交往方式的复杂化、虚拟化是现代网络社会生活的基本形态之一，如何有效应对是高校实践育人共同体潜匿的挑战。全媒体时代信息传播打破了意识形态封锁和时空边界，海量信息涌入，各种不良文化沉渣泛起，加之西方资本主义文化的扩张，世界范围内各种文化存在渗透、碰撞、交融和整合的发展态势，各种不良社会思潮打着科学和进步的名义蜂拥而至、乘虚而入，遮蔽了意识形态领域的暗战，加大了高校思想政治教育的难度。世界范围内信息传播不受时空限制、信息传播速度之快、海量信息之广、传播形式的多样化都给高校思想政治教育带来巨大的冲击，传统武力斗争转向信息交锋。如何规避网络舆情失控现象，净化网络思想政治教育阵地，给高校思想政治教育提出了更高的要求。

大学生借助于各种传播媒介，既是网络信息传播的发布者，也是信息传递的受众，置身网络信息化浪潮中的大学生难以在波峰浪谷间明确价值取向。网络信息传播极易带来"课上十年功，不如课后一分钟"的错误认识，如此一来，需客观认识和有效应对网络信息传播对高校思想政治教育实效性的消解，关注热传播与冷思考，杜绝网络信息传播带来的负面"蝴蝶效应"。全媒体以无处不在、无所不及、无人不用的融场域优势，贯穿高校思想政

① 封莎、郭勇. 网络传播下思想政治教育信息传播的特点及样态[J]. 思想教育研究，2016（01）：69.

治教育"教、学、践、评、建"全过程。"①要深刻认识高校实践育人共同体有效传播的重要价值，让高校实践育人育共同体意识真正的内化于心，形成高校实践育人共同体同心同向的舆论场，并成为引领和推动高校实践育人共同体协同发力的自觉实践。要守住高校思想政治教育传播舆论生态，实现高校思想政治教育实效性的跃迁和升华。自媒体带来了"话语平权"与"话语主导权"以及"中心话语解构"与"主导话语建构"之间的矛盾冲突，自媒体场域开始成为各种意识形态争夺的重要战场。"②立足于当下全媒体环境，能否客观认清和有效应对全媒体时代高校实践育人共同体有效传播的风险和挑战，关系到高校能否牢牢把握网络思想政治教育、守住高校思想政治教育网络生态、传播主流意识形态的重要议题。

①　杨仲迎. 全媒体融场域下高校思想政治教育协同育人体系构建研究 [J]. 学校党建与思想教育，2021（02）：75-77.

②　张林. 自媒体"舆论圆桌"的意识形态负效应及其治理 [J]. 理论导刊，2020（12）：82-89.

第四章　整合与优化高校实践育人内容体系

高校实践育人内容丰富、形式多样。整合与优化高校实践育人的内容体系，主要是明确高校实践育人应该贯穿于高校教育教学的全过程，充分发挥各育人主体的协同作用，具体通过开展专业实践活动、综合类实践活动两大类实践活动，提升大学生的实践能力，培养其家国情怀、创新精神等。

本章首先阐述新时代高校实践育人内容体系的构建，然后探讨该内容体系中的社团活动与志愿服务。

一、新时代高校实践育人内容体系的构建

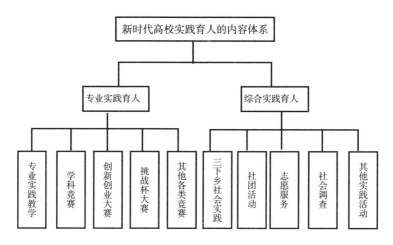

在高校实践育人工作开展过程中以及高校实践育人体系的构建中，实践和育人始终是紧密联系在一起的，不能顾此失彼。构建新时代高校实践育人内容体系以及开展实践育人活动，必须在考虑学生专业发展的基础上，牢记实践育人的思想政治教育功能。此外，高校开展实践育人工作的主要

目的和落脚点是育人，因此要发挥好实践育人在大学生思想政治教育中不可替代的作用。

（一）专业实践育人

专业实践育人包括专业实践教学、学科竞赛、创新创业大赛、挑战杯竞赛以及其他各类与专业相关的竞赛活动。

1. 专业实践教学

一般认为，专业实践教学就是培养学生的专业实践能力，但忽视了专业实践教学的"育人"功能，也就是说，忽视了专业实践的思想政治教育功能。在专业实践教学中，不同的专业、不同的课程应根据课程思政的要求，积极开展思想政治教育。实践教学活动，是指与高校教学工作和大学生专业知识密切相关的各种实践活动，如毕业实习、毕业设计、课程实践、专业实验等实践活动。[1] 尽管不同层次、不同类型的高校教学实践活动的设置不尽相同，理工科类课程、人文社科类课程等各种不同课程对教学实践环节的体现也不尽相同，但都应该根据人才成长规律和教育基本规律，对教学实践活动进行合理的安排。实践教学活动是高等院校教学工作的重要组成部分，是大学生巩固专业理论和提高专业技能的重要手段，有助于高等院校培育目标和大学生成长成才的实现。[2]

抓好实践教学活动、强化实践教学环节能更好地实现高等教育人才培养的目标。一方面，大学生通过参加实践教学活动，能加深对理论的理解和体验，有效地巩固所学理论知识，进一步巩固专业知识学习的成果，实现学生对所学知识的融会贯通和综合运用，培养大学生理论联系实际的学习习惯。同时，大学生在实践活动中能进一步强化专业技能和专业素质，增强自身对所学专业知识和理论知识的实践体会，进一步激发大学生对专业知识的热情，激发大学生的学习兴趣。另一方面，大学生参与生动丰富的实践教学活动的过程，是发现问题、解决问题的过程，也是迎接困难、解决困难的过程，能激发学生的创新意识，培养学生解决实际问题的实践

---

[1] 甘霖. 高校实践育人研究 [D]. 武汉：武汉大学，2014：129.

[2] 教育部等部门关于进一步加强高校实践育人工作的若干意见 _ 中华人民共和国教育部政府门户网站[EB/OL]. （2012-01-20）[2022-08-11] http://www.moe.gov.cn/srcsite/A12/moe_1407/s6870/201201/t20120110_142870.html.

能力和抗压抗挫能力，调动大学生进一步学习创造和科学研究的积极性，培养大学生良好的科研习惯和科研精神，实现全面提升大学生综合素质的育人目标。

2. 学科竞赛

学科竞赛是指根据不同学科组织的具有浓厚学科色彩的各类竞赛活动，学科竞赛是展示大学生学科水平、创新实践能力的平台，对参赛者的知识量、思维灵敏度等方面有较高的要求，能够极大地调动大学生参与竞赛的积极性。参加学科竞赛，有助于锻炼学生的思维灵敏度和耐力，培养参赛者独立思考和独立解决问题的能力。从学科竞赛的组织形式看，一般以团队的形式组织开展，能够培养参与竞赛的学生的团队意识、协作意识。从学科竞赛的目的看，优胜劣汰的竞赛机制，能够激发参与竞赛学生的进取精神、开拓精神。

3. 挑战杯竞赛

"挑战杯"系列竞赛是我国大学生关注度极高的全国性竞赛，也是一项最具代表性、权威性、导向性的全国性大学生竞赛赛事。目前，全国近2000所高校组织学生参加，挑战杯竞赛的影响力和号召力在广大青年学生中日益显著。挑战杯竞赛对参赛者有较高的要求，挑战杯竞赛也被喻为促进青年人才脱颖而出的创新摇篮。新时代下，挑战杯竞赛已经成为引导高校学生推动现代化建设的重要渠道、深化高校素质教育的实践课堂和展示全体中华学子创新风采的靓丽舞台，与我国人才培养的目标和时代发展要求是十分契合的。作为学生创新实践活动的新渠道，努力为国家培养创新性、科技型人才，在推动我国新时代高校实践育人工作方面发挥出越来越积极的作用。

4. 创新创业大赛

创新创业大赛，是鼓励学生在创新的基础上进行创业活动。大学生创业是一种教育性实践活动，是大学生结合当前时代背景，根据自身和社会发展的需求，通过自身所学知识、技能和国家政策以及市场发展趋势，突破传统思维观念创新性地运用、整合各类资源要素，研发某种新产品或者提供新型服务等，取得社会认可并产生经济效益的实践行为。2015年2月10日，李克强总理提出"大众创业、万众创新"，引导大学生创新创业实践活动迈上新的高度。进入新世纪后，大学生创新创业活动是大学生实践活动的一道亮丽的风景，不仅各高校为大学生创新创业提供了相关支持，各级地方政府也建立了大学生创新创业基地。大学生创新创业活动不仅能够带动他们将专业知识转化为实践能力和物质产品，更能培养大学生创新意识、创业意识、劳动意识、奋斗精神。创新创业实践活动中蕴含着思想政治教育的育人功能，是当前大学生进行思想政治教育的又一途径。不仅有助于大学生提升创新能力、实践能力和综合素养，而且有助于大学生缓解就业压力，提高自身的竞争力。因此，应当开发利用好创新创业平台，充分释放其育人潜力。

随着我国高等院校不断扩招，我国高校毕业生人数逐年递增。但是，社会能够提供或者吸纳的大学毕业生却是有限的，这就导致招聘岗位数量和大学毕业生人数之间的裂缝越来越大。大学生就业难的问题日益突出，而且是"毕业季没有最难只有更难"，对部分大学毕业生来说毕业就等于失业。大学生创新创业活动，是鼓励大学生利用自身优势、发挥聪明才智投身到创新创业队伍。这不仅仅锻炼培养了大学生的创新精神、创新能力、实践能力等综合能力，而且吸纳了一部分高校毕业生，甚至为他人提供更多的工作岗位，有效缓解所有人面临的就业压力。

5. 军事训练

军事训练简称军训，即根据《中华人民共和国兵役法》和《中华人民共和国国防教育法》等法律法规，在一定实践阶段内对大学生集中进行包括国防教育、队列训练、战术训练、内务训练等一系列军事化训练的活动总称。国防建设和国防教育是国家安全和社会团结、稳定的基础。接受国防教育、增强国防意识是每个社会公民应该承担的责任。大学生参加军事训练是大学生接受国防教育、参与国防建设的重要途径和手段。《中华人民共和国国防教育法》[1]规定："国防教育是建设和巩固国防的基础，是增强民族凝聚力、提高全民素质的重要途径。"依法普及和加强国防教育是每个公民的权利和义务。军事训练是对大学生进行国防教育，强化大学生国防意识、民族忧患意识和担当意识的重要途径，是培养国防后备力量、

---

[1] 《中华人民共和国国防教育法》，第九届全国人大常委会第21次会议于2001年4月28日通过。

加强国防建设的重要手段。党和国家一直高度重视大学生军事训练工作，特别是 1985 年以来，更是以法律的形式对大学生军事训练工作进行了强调和部署。《中华人民共和国兵役法》①规定："高等院校的学生在就学期间，必须接受基本军事训练。"2007 年教育部、总参谋部、总政治部联合下发《学生军事训练工作规定》，对高等学校学生参加军事训练的组织领导、开展实施、训练内容、训练保障和奖惩制度等进行了规定。②组织学生进行军事训练，是实现人才培养目标不可缺少的重要环节。③大学生参加军事训练，是高等学校人才培养工作的基本内容，是对学生进行国防教育和国家安全教育的基本途径，也是高校实践育人的重要形式，能提升大学生的综合素质。

首先，军事训练能增强大学生的国防意识。和平与发展是当今世界的主题，是世界发展的大势所趋，也是全世界人民的共同需求，我国整体上面临着和平稳定的、有利于实现快速发展的国内国际环境。但是，影响我国和平稳定环境的复杂因素依然存在，这都对我国的国家安全和社会和谐稳定的大局构成威胁。因此加强国防教育显得十分迫切。大学生是未来国家竞争的主体，是国防力量的后备军，加强对他们的国家安全教育、国防意识教育十分必要。军事训练能让大学生进一步认清复杂的国际形势，认清国家安全面临的潜在威胁，增强大学生的忧患意识和国防意识，进一步明确时代赋予他们的历史使命，帮助大学生树立正确的世界观、人生观、价值观，培养大学生的爱国精神，增强大学生维护国家领土主权完整、维护国家安全的决心、信心和自觉性，坚定大学生建设社会主义现代化强国、实现中华民族伟大复兴的理想信念。

其次，军事训练能提升大学生的思想道德素质。通过开展军事训练，大学生与人民解放军军人同生活、同训练，能让大学生进一步感受、了解和学习中国人民解放军的"听党指挥、能打胜仗、作风优良"的强军目标，

---

① 《中华人民共和国兵役法》，第六届全国人大常委会第 2 次会议于 1984 年 5 月 31 日通过，2011 年 10 月 29 日修订。

② 教育部 总参谋部 总政治部关于印发《学生军事训练工作规定》的通知 [EB/OL].（2007-04-20）[2021-12-15]. http://www.gov.cn/zwgk/2007-04/20/content_589391.htm.

③ 教育部等部门关于进一步加强高校实践育人工作的若干意见 – 中华人民共和国教育部政府门户网站 [EB/OL].（2012-01-10）[2021-12-20]. http://www.moe.gov.cn/srcsite/A12/moe_1407/s6870/201201/t20120110_142870.html.

培养不怕吃苦、敢于牺牲的革命英雄主义情怀，从而加强对大学生爱国主义和革命英雄主义教育。通过严格标准的军事训练，能帮助大学生学习人民解放军官兵艰苦奋斗、不畏艰难的坚强意志品质，帮助大学生树立"流血、流汗、不流泪，掉皮、掉肉、不掉队"的顽强意志，帮助大学生克服贪图享受、不思进取等懒散情绪和懈怠思想，帮助大学生养成吃苦耐劳、不怕困难、乐于奉献、积极进取的坚强意志和精神品质。

再次，军事训练能培养大学生的团队意识和纪律观念。军事训练中，各种训练任务的完成需要全体参训学员的相互配合和通力合作，需要参训学员具备良好的大局观念和服从意识。通过各种高强度的队列训练，举办阅兵式、分列式等训练成果比赛，并以此为导向对大学生的训练过程和训练成果进行统一的要求和标准化管理，能提升大学生的团队意识、集体意识和合作意识，培养大学生的团结协作精神。同时，军事训练以军人的标准对待大学生，要求服从命令、令行禁止，坚决服从组织纪律，坚决服从大局安排，能帮助大学生改变以自我为中心的主观倾向，改掉大学生自我化的不良习惯，从而强化大学生的纪律意识、自律意识和大局意识。

最后，军事训练能提升大学生的身心素质。军事训练中，大学生按照军人的标准参与高强度、高体力的训练活动，在军事化的管理方式中接受风吹雨淋、阳光曝晒，能帮助大学生强健体魄，增强大学生的忍耐力和承受力，培养大学生吃苦耐劳的优良品德和坚忍不拔的意志品质，从而实现大学生身体素质和心理素质的协调发展。此外，通过为期半个月至一个月的军训，能帮助大学生养成科学合理的作息时间，强化大学生参与体育活动的意识，引导大学生养成积极参与锻炼活动的良好习惯，提高大学生的身心素质。

6. 主题教育活动

主题教育活动是围绕某一特定的教育主题，通过实践活动的开展，将思想政治教育的目标和要求加以贯彻、强化，进而达到教育效果的实践活动。大学生参加的主题教育活动一般由相关的上级组织、团学组织等作为主导，根据教育环境和大学生的发展和成长特点等进行设计、策划，进而形成特定的主题，并围绕这一主题开展一系列相关教育活动。主题教育实践活动已经成为大学生思想政治教育和高校人才培养工作的重要手段和内容。教育部等部门在《关于进一步加强高校实践育人工作的若干意见》中规定:"要抓住重大活动、重大事件、重要节庆日等契机和暑假、寒假时期,紧密围绕一个主题、集中一个时段,广泛开展特色鲜明的主题实践活动。"①主题教育活动是实践育人的主要形式,通过组织大学生参与系列活动,实现对大学生教育引导和塑造熏陶的目的,在大学生思想政治教育中发挥着不可替代的作用。

主题教育活动具有鲜明的特点。

首先,主题教育活动的针对性强。针对性强是主题教育活动的突出特点和基本特征,是主题教育活动在育人工作中最独特的优势所在。主题教育活动能根据特定的教育任务和特定的教育对象选取特定的教育手段和途径,并进行针对性的情境设计和谋划,能最大限度地强化育人活动的效果。一方面,主题教育实践活动的主题具有针对性。活动中,高校主题实践活动的组织者和实施者,能在充分把握基本规律的前提下,根据教育形势的基本情况和育人目标的基本要求,结合本单位开展育人工作的实际,选择针对性强、适应教育形势发展并能满足教育目标基本要求的主题活动,达到增强育人活动效果的目的。另一方面,主题教育活动的受教育对象具有很强的针对性。主题实践教育活动的组织者能充分考虑受教育对象的专业知识背景、学习阶段特征、年龄阶段特征、生理心理特点等一系列情况,进行针对性的活动规划和设计,从而更好地适应受教育对象的基本特征,增强实效性。同时,主题教育活动中,教育活动的组织者在确定教育主题和教育对象的基础上,能进一步选择并优化教育活动的实施方案,选择适合活动主题的、受教育对象乐于接受的开展方式,最大限度地实现主题教育的育人功能,从而达到因地制宜、有的放矢的效果,增强大学生思想政治教育工作的针对性和实效性。

其次,主题教育活动的灵活性强。在传统的教育活动中,因为教学内容固定化、教学过程式化,形式枯燥、内容单调,不适合大学生学习阶段的特点。大学生对这种教育方式的认可度非常有限,因而越来越受到大

① 教育部等部门关于进一步加强高校实践育人工作的若干意见_中华人民共和国教育部政府门户网站 [EB/OL].(2012-01-10)[2022-09-04]. http://www.moe.gov.cn/srcsite/A12/moe_1407/s6870/201201/t20120110_142870.html.

学生的排斥，教育效果往往较差，而主题教育灵活性强的特点则能很好地弥补传统教育活动的弊端。一方面，主题教育活动的主题选择是灵活多样、丰富多彩的。主题教育活动的组织者可以根据不同阶段教育对象的现实需求和心理特点，灵活自由地选择主题教育开展的内容和时机，并根据实际情况和受教育对象需求状况的变化以及社会的现实需求等，及时调整主题教育活动的内容安排和实施形式，增强主题教育活动的吸引力，激发大学生参加主题教育活动的积极性和主动性。另一方面，主题教育活动的形式和载体是灵活多样的。在活动的开展中，活动组织者结合不同时间段的具体任务，结合一定时期内重大历史事件等，以具体的活动为载体，根据教育目标和教育对象的不同，创新主题教育的载体，丰富主题教育的形式，灵活地选择座谈会议、专题讲座、团组织生活会、文体活动、参观考察等多种形式中的一种或者几种，从而增强教育活动的效果。

最后，主题教育活动的实践性强。所有的主题教育活动最终都要通过实践的形式付诸实施，因而实践性也是主题教育活动最主要的特征之一。实践是认识的来源，是理论积累的最终目标和检验手段，是大学生获得全面发展的基本途径。大学生在实践活动中，能掌握、巩固所学理论知识，并运用相关的理论知识为社会服务，进而更好地发挥自己的聪明才智，实现自身的价值。主题教育活动是实现理论与实践相结合的重要形式。主题教育活动一般都是围绕一定的主题，设定教育目标，设计、提供一定的情景模式，通过受教育者对活动的参与，真正实现理论学习与实践参与的统一，加强受教育者对各种理论的深刻理解和感悟，引导学生在实践锻炼中实现自我、发展自我，从而达到强化教育效果的目的。

7. 其他专业实践

高校本科人才培养对应社会行业需求，不同的专业为了适应不同行业需要，保障毕业生顺利就业，开展了各种各样的专业实践，这些专业实践活动中均蕴含着丰富的实践育人资源。如医学专业的临床实践活动，可以培养医学生仁者医术、关爱生命的意识；师范专业学生的专业技能训练可以提升师范类学生的教学技能，培养师范生献身教育事业、关爱学生的仁爱精神，等等。总之，不同的专业有着不同的专业实践内容、专业实践方式、专业实践要求。但是，不管是哪一种专业实践都不能与"育人"相脱离，特别不能忽视的是在专业实践中开展"育人"活动，应当利用好在不同专业的专业实践中凝结的育人要素，即把专业实践与思想政治教育有机结合。

（二）其他实践育人

除了专业实践育人外，新时代高校还有着其他丰富多彩的实践育人活动，这些实践活动能够起到丰富学生认知、锻炼学生能力、养成学生自律、健全学生品格的作用。

1. "三下乡"社会实践活动

文化、科技、卫生"三下乡"实践活动是一项旨在帮助大学生认识社会、认识自我、服务社会，提高大学生综合素质的社会实践活动。该实践活动作为全国性的大学生社会实践活动起始于1997年，国家10余个部门高度重视、予以支持，在20多年的实践活动中，对大学生的教育产生了深远而广泛的影响。但是，在具体的"三下乡"活动实施中，部分高校以"放羊"的方式进行，缺乏有效的组织，导致活动成效大打折扣。作为一项具有思想政治教育明显效果、上级有关部门明确要求的大学生社会实践活动，应当引起新时代所有高校的高度重视，将其作为新时代大学生培养不可或缺的环节予以落实。

2. 大学生社团活动

大学生社团组织是由具有共同兴趣爱好的大学生，按照一定的宗旨和章程，自愿组织并相对独立开展活动的学生群众性组织，其作用主要体现在提升大学生的自我认知与自主性、人际交往能力、沟通与表达能力、团队合作能力、组织管理能力、创新能力、创业能力等方面，均具有专业课程学习与实习所不可替代的重要作用。[①] 作为学生群众性组织，要促使其健康发展并发挥其应有的育人功能，新时代高校各级组织应当积极营造学生社团活动氛围，积极搭建学生社团活动平台，认真选配学生社团活动指导教师，使大学生社团真正成为展示学生才能的舞台、传递思想政治教育的第二课堂。

3. 志愿服务活动

"大学生志愿服务活动，是高校开展思想政治教育的重要路径，也是

---

① 胡三嫚. 大学生社团参与质量的实证研究 [J], 高教探索, 2012（01）: 128.

大学生践行社会主义核心价值观的重要路径。"① 新时代大学生是一个充满爱心的群体，不少大学生利用课余闲暇时间开展爱心服务活动，其开展方式多样，有单一个体的活动，也有团队组织的活动。总的来说，大学生自愿服务活动大多处于自发阶段，由高校组织的团队和活动并不多，参与者也仅仅为大学生中的少数。可以说，志愿服务活动从高校来讲还是一个"盲区"，或者说是一个薄弱环节。因此，针对这一问题，新时代高等院校要把自愿服务活动及时纳入实践育人体系，加强宣传和发动，加强组织和引导。目的在于将大学生志愿服务这一单一的个体性实践活动上升为一种有组织的集体性活动，不仅能够帮助高校实践育人活动拓展新途径，丰富当前高校实践育人活动的开展形式，还有助于大学生践行社会主义核心价值观，培养大学生的奉献精神、强化大学生社会责任意识以及提升办事能力。

4. 社会调查。社会调查是新时代大学生认识社会、了解社会的重要途径，也是新时代大学生认识自我、增强社会责任的重要途径。中国特色社会主义建设事业所取得的举世瞩目的成就是加强和改进新时代大学生思想政治教育的鲜活教材，加强大学生思想政治教育就要用好这一鲜活教材。大学生的思想政治教育如果仅仅局限在大学校园里，那么将难以收到理想效果。古人云："读万卷书，行万里路"，强调的就是要把书本知识和认知社会有机结合，才能深化对所学知识的认识和理解。近些年来，不少高校高度重视大学生社会调查，不仅组织有力，而且支持力度较大，但也有部分高校对大学生社会调查缺乏必要的重视和支持。有效地组织和开展大学生社会调查活动，对大学生全面成才具有极大的促进作用，特别是对大学生的思想政治教育具有不可替代的作用。

大学生专业实践和其他社会实践活动共同构成新时代高校实践育人体系中的内容体系，这些实践活动都是新时代高校开展实践育人工作的有效载体，与各育人要素相互联系、相互作用，形成聚合效应，服务于新时代大学生的全面发展，因此，在构建新时代高校实践育人共同体时，要将它们有机融入人才培养的各环节，形成联系紧密的新时代高校实践育人共同体中的内容体系。

① 郝学武. 创新大学生志愿服务活动思想政治教育方法研究 [J], 学校党建与思想政治教育研究，2020（04）：64.

二、大学生志愿服务的实践育人功能及典型案例

党的十八大以来，习近平总书记多次回信青年志愿者，勉励他们以身作则，弘扬志愿精神，肯定他们在服务他人和奉献社会中取得的成绩、为实现中华民族伟大复兴中国梦做出的贡献。志愿服务因其独特优势使其具有强大的育人功能，成为高校实现立德树人目标和开展实践育人工作的重要载体，也是青年学生促进自身健康可持续发展、实现社会参与的重要形式。

（一）大学生志愿服务的类型

经过多年探索和经验积累，我国大学生志愿服务涉及教育、社区、环保、医疗等众多领域，本书主要从志愿服务内容和志愿服务组织将大学生志愿服务分为三种类型。

1. 专项性志愿服务

"专项性志愿服务是指志愿服务的发起、组织与实施、评估的过程均围绕专门的项目或目标展开，当该服务项目完成或者服务目标实现后，此项志愿活动即宣告结束。"[①] 此项志愿服务活动涉及领域广泛，社会反响强烈，如"大学生志愿服务西部计划"，文化、科技、卫生"三下乡"活动等都是社会反响强烈的专项性志愿服务活动。由中国青年志愿者协会、团中央等多部门组织实施的"大学生志愿服务西部计划"，自2003年开始实施现已持续二十余年，每年定期招募一定数量的普通高等学校应届毕业生或在读研究生，开展为期1~3年的志愿服务，主要从事支教、支医、支农、扶贫等一系列专项志愿服务活动。"大学生志愿服务西部计划"吸引了一大批青年志愿者投身西部建设，鼓励青年志愿者在基层广阔天地里建功立业。文化、科技、卫生"三下乡"活动是高校暑期志愿服务活动的主要形式，是指高校共青团依托社团组织集中或分散开展志愿服务活动，开展扫盲和文化、科技、卫生服务的专项性活动。"三下乡"活动自1997年开始实施现已持续二十余年，对基层地区教育事业、医疗事业的发展产生重要影响。

2. 公益性志愿服务

公益性志愿服务是中国青年志愿服务活动中最具代表性、影响力的志

---

① 沈杰. 志愿行动：中国社会的探索与践行 [M]. 北京：人民出版社，2009：31.

愿服务之一，是指大学生志愿者为政府所举办的国际会议、赛事、庆典提供大规模公益服务的志愿活动。随着改革开放的不断深入，中国的国际地位不断提高，20世纪90年代开始由中国举办或由中国承办的赛事、国际会议逐渐增多，如亚运会、奥运会、中国国际进口博览会等，这些赛事和会议的成功举办离不开青年志愿者们的默默付出。自20世纪90年代起，中国青年志愿者为大型公益性志愿服务活动提供了数百万人次的优质高效服务，向世界展现了当代青年志愿者的风采。同时，这些会议、赛事的成功举办也扩大了中国青年志愿服务的社会影响和国际影响，为青年志愿者参与大型国际赛事、会议提供更高水平的服务积累了经验。

3. 社区性志愿服务

社区性志愿服务是一种民间性志愿服务，其本质在于提供服务的主体为公民个人或非政府组织。社区性志愿服务是指以社区为主要服务范围，志愿者依托街道委员会和村民委员会开展的使社区成员直接参与或直接受益的服务活动，如文体辅导、法律援助、敬老助残等社区性服务活动。1994年年初，北京学子为邰三喜烈士子女免费补习功课这一举动，拉开了青年志愿者走进社区的序幕。伴随着改革的深入和人口流动步伐的加快，社区性志愿服务成为高校青年学子开展志愿服务活动、感恩社会的重要形式。大学生志愿者充分利用课余时间走进社区，参与扶贫帮困、敬老助残、文体辅导、法律援助等社区性志愿服务，其中"青年志愿者助残行动""爱心助成长"等活动成为具有代表性的志愿服务。2013年12月，中国志愿服务联合会发布的"邻里守望"活动，为广大青年志愿者参与社区服务提供了平台。通过社区志愿服务，社区成员增强对社区的认同感和归属感，成员之间形成和睦的邻里关系，促进社区和谐发展,提高社区居民整体素质。

（二）大学生志愿服务的实践育人功能

大学生志愿服务活动作为高校实现立德树人目标的重要载体，具有丰富的育人价值。为了有效发挥志愿服务的育人功能，高校青年志愿者以志愿服务为载体深化价值理解，凝聚精神动力，加强思想道德建设，激励自我成长，做新时代合格青年。

1. 道德塑造功能

志愿服务作为一种体验式教育活动，有助于青年志愿者培养良好的道德品质。大学生志愿者以志愿服务活动为载体实现道德发展由内化到外化的关键性转变，促进其形成良好的道德品行。

（1）个人品德

形式多样的志愿服务活动推动大学生志愿者由浅及深逐渐深化道德认知，强化道德信念，提升道德判断能力和道德评价能力，促进大学生志愿者将内在道德规范外化为具体道德行为，从而形成良好的个人品德。

在事物发展过程中，内因起决定作用，外因发挥加速或延缓作用。志愿服务在大学生道德发展中发挥重要作用，主要通过强化道德认知、深化情感体验和陶冶道德情操帮助青年学生培养良好的道德品质。首先，志愿服务深化道德认知，形成正确道德判断。志愿服务作为高校加强和改进思想政治教育的重要载体，旨在以实践活动为载体深化大学生已有道德认知，实现对社会现象的理性判断，并进行正确的道德选择。例如，在敬老助老服务中，大学生志愿者在为老人们提供帮助的同时反思当前社会中存在的一些赡养问题，对一些不合理的赡养方式进行思考，并为解决当前存在的赡养问题提供有价值的建议。其次，志愿服务强化道德情感体验。道德情感是一种非智力因素，是大学生志愿者将道德认知外化为道德行为的催化剂。基于志愿服务实践性、移情性、教育性等特点，高校学生在参与志愿服务中收获荣誉感、集体感、使命感等道德情感，这些非智力情感激励大学生志愿者再次投身志愿服务事业，在服务中强化情感体验，完善自我道德。大学生志愿者以志愿服务为载体进一步强化幸福、满足、感激、自豪等情感体验，实现情感体验由"文本"向"现实"的转变，促进大学生在实践中追求更高层次的思想境界。再次，志愿服务陶冶道德情操。志愿服务代表社会正面价值取向，是社会文明进步的基础，旨在通过调节人与人之间的利益关系缓解社会矛盾，解决社会基层治理中的问题。在志愿服务过程中，大学生志愿者以身作则，积极发挥青年榜样力量，向大众传递"真、善、美"的价值观念，引导人们树立正确的价值观。通过志愿服务活动，大学生志愿者以行动重获自我肯定、重拾自我价值，在奉献中培养爱国情感、民族认同感，在服务中陶冶道德情操，提升道德修养和精神境界。

（2）社会公德

"社会公德是指全体公民在社会交往和公共生活中应该遵循的行为准则。"[①] 社会公德以其独有形式展现社会发展的精神面貌，体现公民的思想境界和道德修养，是维护社会公共秩序的思想基础，也是社会主义精神文明建设的表现形式。

良好的社会公德是维持公共秩序的基础，是彰显社会道德风尚的重要标志，现已成为现代公民的基本要求。首先，志愿服务作为实践性体验活动，能够实现思想育人和实践育人的双重效果，促使青年学生形成良好的社会公德。一方面，大学生志愿者在服务中深化基本道德知识，形成正确的道德判断标准，形成符合时代发展要求的系统的道德认知体系，从而激励青年学生再次投身志愿服务事业。另一方面，大学生志愿者以身作则，践行社会公德，向社会成员传递正能量，营造互帮互助、无私奉献的志愿文化。同时，在志愿文化育人环境的熏陶下，青年志愿者坚定服务他人、奉献社会的青春理想，以实际行动践行崇高理想，提升思想境界。其次，志愿服务作为社会实践活动，将社会公德的基本要求和大学生全面发展有机结合。大学生志愿服务蕴含社会基本道德，以其特有形式展现社会公德的基本要求，使青年志愿者在服务中充实精神境界，强化情感熏陶，完善自我道德，遵守社会公德。此外，通过志愿服务活动，大学生志愿者在服务中明确自我定位，在奉献中实现自我价值，将社会基本道德内化为自我道德认知体系的有机部分，实现道德品质全新洗礼。

2. 思想塑造功能

中国青年志愿服务活动弘扬和传递主流价值观念，旨在强化青年学生的公民意识、社会责任感和奉献精神，注重思想塑造，提升青年志愿者的思想境界和整体素质。

（1）公民意识

公民意识是现代公民必备的品质之一，也是实现社会主义政治文明的重要因素，是指"公民对自己在国家和社会中的地位、责任和权利的思想

---

① 陈万柏，张耀灿. 思想政治教育学原理 [M]. 北京：高等教育出版社，2015：194.

认识、情感体验和价值观念，是与现代法治社会相对应的社会意识形态。"①
公民意识表现在以下三个层面：公共精神，主要包括公民基本道德意识、
公共参与意识、政治取向等；公共理性，包括主体性精神、权利意识、义
务观念等；新文化精神，表现为在民族特色与全球化之间探寻合理的价值
取向，从而丰富公民意识的内涵。

大学生志愿服务作为一种体验式教育活动，是大学生培养公民意识的
重要载体。公民意识就其本质而言是公民积极行使所享有的权利，以主人
翁的角色积极参与公共事务，从而实现公民身份认同和政治认同。公民意
识作为国家意识形态的重要表现形式，具有明确的政治性和目的性，传统
理论教学难以使大学生群体真正理解公民意识的本质内涵。不同于传统理
论教学，大学生志愿服务这种体验式教育活动促使青年学生走出课堂，侧
重在社会情景中提高参与者对社会事务的认知，注重参与者的主动性和主
体性。大学生通过参与形式多样的志愿服务活动在轻松愉悦的氛围中深化
对公民教育内容的理解，实现公民理论的自我内化，在服务中明确权利意
识和义务观念，在积极行使权利、履行义务的过程中参与社会治理，彰显
新时代青年的环保意识、参与意识、权责意识，进一步助力社会主义精神
文明建设。基于志愿服务活动的实践体验，青年学生积极发挥主人翁的作用，
自觉践行公益事业的践行者、合格公民的示范者、文明理念的传递者等多
重身份，发挥青年的示范和带头作用，在奉献中增强爱国情感和集体意识，
强化政治认同和国家意识，成为具备现代公民意识的合格青年。

（2）奉献精神

"奉献"是一个崇高的字眼，是人类所特有的精神品质。大学生志愿
服务具有自愿性、公益性、教育性等特征，这些特征的精髓就是大学生志
愿服务的文化内核——奉献精神。奉献精神就其本质而言是指个体或团体
彰显善意，无偿为他人提供帮助，从而促进社会进一步发展。大学生志愿
服务活动作为链接高校课堂教学的新兴阵地，成为青年学子健康成长的重
要载体。高校以志愿服务活动为载体，以合理调节和构建良好的社会关系
为出发点，以帮助弱小、服务社会为宗旨，传递主流价值，弘扬奉献精神，

助力社会和谐发展。在社会主义核心价值观的指引下，大学生志愿者秉承服务理念，发挥青年榜样的示范作用，积极开展社区服务、支教助学、帮扶助残等活动，以身作则弘扬奉献精神，在帮助弱小中感受互帮互助的良性社会关系和服务社会的幸福，在奉献中明确自我角色定位，在追求"人人为我，我为人人"的崇高目标中实现自我价值和社会价值的有机结合，实现自我全面发展。志愿服务发挥育人功能，使青年学生在服务中培养奉献精神，凝聚崇高理想，传递社会正能量，在各项服务中有所收获，成长成才。

（3）社会责任感

责任感作为衡量青年学生发展状况的重要标准之一，是指"表现在具有独立人格的社会个体应该对他人、家庭、集体、社会、国家所承担的义务、职责、使命持什么样的态度"[①]。强烈的社会责任感是大学生成长成才的内在要求，也是青年一代勇担时代使命的重要表现。

志愿服务活动作为一项体验式教育活动，因其独有的特性成为青年学生培养社会责任感的重要载体。作为高校课堂教学的延伸，高校志愿服务与社会责任感存在价值趋同，又以独特优势拓展青年学生培养社会责任感的途径，检验高校思想政治教育效果。首先，志愿服务与青年学生培养社会责任感都以促进青年学生健康成长为目的。高校志愿服务活动旨在提升青年学生成长成才所需的能力和素质，如奉献精神、吃苦耐劳精神、社会责任感、沟通能力等，促进青年学生健康可持续发展，同时进一步促使大学生志愿者积极发挥主人翁作用，以身作则践行服务理念，推动社会文明进步。强烈的社会责任感作为高校立德树人教育目标的重要体现，是指青年志愿者以志愿服务为载体培养对他人、家庭、集体、社会、国家的责任，在逐渐深化不同层次责任的基础上培养高度的社会责任感，肩负起国家赋予青年学生的时代重任。其次，志愿服务拓展高校学生培养社会责任感的途径。高校志愿服务涉及专项性、公益性和社区性服务活动，主题鲜明，形式多样，有助于调动志愿者的积极性，发挥志愿者的自觉性和主体性，使青年志愿者明确自我价值定位和志愿服务的教育价值，将参与志愿服务活动的被动状态升华为基于主体需要的主动自觉状态，在多样化服务中培

---

① 宋敏，周明星. 当代大学生社会责任感培养研究 [J]. 教育评论，2014（12）：92.

养高度的社会责任感。再次，志愿服务检验大学生培养社会责任感的效果。大学生培养社会责任感是一个对他人、家庭、集体、社会、国家责任逐渐深化、层层递进、由感性到理性逐渐升华的过程。随着大学生参与志愿服务活动次数的增加，青年志愿者能够清楚认识到自己对社会、国家的责任，在服务、奉献中感悟承担责任的幸福，逐渐强化对他人、家庭、集体、社会、国家的责任，成为具有高度社会责任感的现代公民。

3. 激励导向功能

在价值激励和榜样激励的双重作用下，高校青年志愿者在服务中与榜样同行，与感动相伴，在实践中以身作则传递奉献精神，在活动中完善自我，促使其适应社会化进程。

（1）价值激励

价值激励是青年学生投身志愿服务活动的思想动力，是指在主流价值观、知行统一理论和道德发展规律的影响下，青年学生以志愿服务为载体践行服务理念，传递奉献精神，激励自我健康可持续发展。

首先，志愿服务激励大学生树立奉献性与公益性相统一的主流价值观。"奉献"与"公益"二者在价值层面具有一致性，都倡导个体行为的无偿性，强调为国家发展和社会进步所做出的积极贡献。作为社会发展的重要力量，高校志愿服务以志愿精神和社会主义核心价值观为价值导向，旨在使大学生在活动中践行公益理念，在服务中传递奉献精神，传递奉献性与公益性相统一的主流观念，推动社会和谐发展。其次，志愿服务激励大学生志愿者践行实践性与科学性相统一的认知方法。志愿服务作为高校提升思想政治教育实效性的实践载体，旨在帮助大学生深化理论知识，提升思想觉悟，促进高校实现实践育人目标。基于已有理论基础和经验积累，高校志愿者通过志愿服务活动进一步深化和检验已有理论知识，实现认识发展由认识—实践—认识的转变，实现科学性与实践性的有机统一。再次，志愿服务激励大学生志愿者实现道德发展由他律性向自律性的关键转变。基于志愿服务参与动机多样性的特点，大学生在多种因素的作用下被动参与志愿服务活动，而非基于主体自愿性参与服务活动。随着参与志愿服务活动次数的增加，大学生志愿者明确志愿服务在自我健康成长中的价值定位，主动将志愿服务活动视为满足自我需求、促进自我发展的载体。此外，大学生志愿者在服务中所收获的同伴情、幸福感、成就感等非智力因素进一步激励其主动投身志愿服务事业。正是在思想激励和实践强化的双重作用下，大学生志愿者实现道德发展向自律的转变。

（2）榜样激励

榜样示范法是高校开展思想政治教育常用的一种教育方法，旨在通过榜样的示范作用，将抽象枯燥的故事变成鲜活的例子，引起学生的情感共鸣，从而促使青年学生积极模仿榜样言行，向榜样看齐。榜样激励是有效发挥志愿服务育人功能的重要动力，旨在使青年学生在优秀志愿者的示范下，以榜样为参照，与榜样同行，践行榜样事迹，投身志愿服务事业，在服务奉献中实现自我价值。榜样激励大学生志愿者实现他教育向自我教育的转变，有效发挥志愿服务的育人功能。榜样来自人们的现实生活，能够得到大学生群体的普遍认同和接受。榜样具有带动作用和示范效应，有效调动大学生参与志愿服务的积极性、主动性，实现向榜样学习、向榜样靠拢的心理期待。榜样人物的示范产生强大的感染力和说服力，能够抓住大学生志愿者内心最柔软的地方，实现情感共鸣，达到最佳的教育效果和育人价值。徐本禹是本禹志愿服务队的灵魂人物，他以小人物的角色定位在服务中实现自我价值，为社会和谐发展做出努力。在他的影响下，无数青年学子投身志愿服务事业，服务偏远基层，推动基层地区发展。习近平总书记在给本禹志愿服务队全体人员的回信中指出："坚持高扬理想、脚踏实地、甘于奉献，在服务他人、奉献社会中收获了成长和进步。"[1] 正是在优秀榜样的影响下，一批又一批的青年用他们的事迹撰写青年志愿服务典型案例，弘扬扎根基层的榜样精神，传递奉献精神和服务意识，激励一代又一代青年学子投身志愿服务。

4. 精神凝聚功能

志愿服务作为一种特殊的黏合剂，能够团结不同地区、不同年龄阶段的志愿者，使其在爱国主义精神、志愿精神、理想信念的引领下实现目标凝聚、情感凝聚和文化凝聚，为社会发展提供不竭动力。

---

[1] 习近平. 勉励青年志愿者以青春梦想　用实际行动为实现中国梦作出新的更大贡献[N]. 人民日报，2013-12-06.

（1）目标凝聚

大学生志愿服务作为高校开展理想信念教育的活动载体，旨在帮助大学生树立与时代发展要求相一致的理想信念，同时促使青年学生以服务活动为载体坚定崇高理想，激发青春活力，为实现崇高理想凝聚强大力量。基于崇高理想信念形成的目标为实现伟大中国梦凝聚精神力量，也是激励新时代青年肩负时代使命的精神鞭策。新时代青年志愿者要树立崇高的理想目标，练就过硬本领，勇担时代赋予青年一代的历史使命，为实现民族复兴而不懈奋斗。当青年志愿者树立崇高的理想信念和追求高层次的思想境界时，就会自然而然产生巨大的凝聚力和影响力，进而影响、带动社会成员为实现中国梦不懈努力。随着改革开放的不断深化和各种社会思潮的双重影响，作为时代发展晴雨表的新时代青年学生必须保持清醒头脑，坚定政治立场，明确各种社会思潮的本质，用马克思主义理论和中国特色社会主义理论武装头脑，坚定中华民族伟大复兴的崇高理想，发挥共同理想的凝聚作用。在崇高理想的目标指引下，青年学生通过志愿服务激发青春潜力，提升综合能力和专业技能，勇担时代责任，做新时代的奋斗者。

（2）情感凝聚

情感作为非智力因素，在大学生志愿服务中发挥催化剂的作用。基于爱国主义情感和集体主义意识的情感驱动，青年学生以锻炼自我、服务他人、奉献社会为目的参与志愿服务活动，提高政治素养和道德修养，促进社会和谐进步。

爱国主义情感和集体主义精神具有强大的凝聚作用，是个体发展、民族团结、国家富强的精神支柱。大学生志愿服务作为"让广大青少年培养爱国之情、砥砺强国之志、实践报国之行"[①]的重要载体，是高校开展爱国主义教育和强化集体意识的实践课程，旨在使大学生志愿者在奉献中培养爱国情感和集体意识，在服务中提升民族自信心和自豪感，在实践中培养高度的社会责任感。在爱国主义情感的驱动下，无数青年学子投身志愿服务活动，如助老服务、支教服务、扶贫活动、会议服务等。青年学子在志愿服务中展现青春风貌，以身作则向大众传递爱国主义精神的真谛，提升

---

① 习近平. 大力弘扬伟大爱国主义精神 为实现中国梦提供精神支柱 [N]. 人民日报，2015-12-31.

服务对象和自身的爱国情怀和爱国情感。此外，大学生志愿服务有助于培养大学生的团队精神和合作意识，使大学生志愿者在做好本职工作的同时积极帮助他人，从而形成团队服务合力，高效完成志愿服务工作。大学生志愿者基于团队精神明确自己在团队中的职责，明确集体与个体发展之间的辩证关系，从而树立正确的集体观念。基于爱国主义情感和集体主义意识的激励作用，大学生积极发挥非智力因素的情感催化作用，以志愿服务活动为载体深化爱国情感和集体观念，以身作则，践行社会主义核心价值观，促进社会和谐有序发展。

（3）文化凝聚

我国大学生志愿服务旨在传承中华民族优秀传统文化和志愿文化，营造"人人为我，我为人人"的和谐氛围，推动社会文化良性发展，同时积极发挥优秀文化的凝聚作用，为社会发展凝聚精神动力。

大学生志愿服务作为优秀文化发挥影响力和感召力的重要载体，进一步促进文化传承。首先，大学生志愿服务助力中华民族优秀传统文化与时俱进。中华民族优秀传统文化博大精深，蕴含丰富的文化凝聚资源，是促进民族团结、提高民族自豪感和自信心的精神支柱，也是推动社会发展的思想积淀。大学生志愿服务源于中华民族优秀传统文化，蕴含中华美德，彰显仁爱思想和高尚道德情操，展现人与人之间和谐互助、友好平等的精神状态。大学生志愿者以志愿服务活动为载体传承中华优秀传统文化，以行动践行传统美德，将中华民族优秀传统文化推向新的发展高度，促进中华民族优秀传统文化时代化、时尚化发展。其次，高校志愿服务推动志愿文化良性发展。作为现代文明进程中社会资本的重要形式，以志愿服务为载体的志愿文化有助于建立和谐的社会信任关系，营造良善的社会氛围。高校积极开展志愿服务活动，有助于发挥志愿文化的教化功能，普及志愿服务理念，弘扬奉献精神，提高社会公众对志愿服务的认可度和认同度，激励社会成员积极参与志愿服务活动。基于志愿精神和社会主义核心价值观的价值引导，大学生志愿者积极投身志愿服务，在志愿服务中以身作则传递和谐文化的内涵，推动形成大众参与型志愿文化。

5. 价值引导功能

正确的价值引导是高校志愿服务发挥育人功能的思想基础。在社会主义核心价值观、慈善精神和志愿精神的思想引导下，高校志愿者以志愿服务为载体践行服务理念，传递主流价值，实现自我健康可持续发展。

（1）志愿精神

志愿精神具有强大的凝聚力和感召力，能够激励社会成员积极投身志愿服务事业，促进社会主义精神文明建设。高校学生以志愿服务活动为载体传递志愿精神，提高思想觉悟，完善自我道德修养，实现健康可持续发展。

"奉献""友爱""互助""进步"四个词语分别具有不同的内涵。"奉献"是志愿精神的核心，强调志愿者以身作则践行服务行为，推动社会发展、人类进步。"友爱"作为中华传统美德的精髓，强调志愿者以志愿服务为载体践行中华传统美德，在社会氛围内建立平等友爱、相互尊重、和谐互助的良好关系。"互助"强调志愿者以行动帮扶服务对象，促进服务对象实现助人自助，重拾对生活的希望和自信。"进步"强调志愿者在服务中提升才能，在奉献中实现生命价值，推动社会进步。以这四个词语为核心的志愿精神蕴含丰富的育人资源，从道德、实践和价值三个层面引导高校青年学子健康成长，做合格青年。在道德层面上，志愿精神是社会对其成员的基本道德要求，是社会成员必备的一种德性精神。在实践层面上，志愿服务是志愿精神的实践体现，是社会成员德性精神在现实生活的反映，是社会成员强化道德实践体验的重要方式。从价值层面而言，志愿精神是对他人生命的价值关怀以及实现自我生命价值的合理安排，是人生价值诉求的集中凝练。基于志愿精神的价值导向，高校志愿者以服务活动为媒介，在实践中强化生命体验，感悟生命价值，培养良好道德品质，成为具有"德性"之人，促进自我发展由"实然"向"应然"的转变。

（2）慈善精神

慈善活动在我国由来已久，是传承中华美德的重要方式。高校志愿服务活动作为慈善活动的重要形式，彰显以仁爱为核心的慈善精神，有助于青年志愿者培养良好道德修养和健全人格，提高自我能力和素质。

慈善是人类美好的情感，是激励人们崇德向善的精神动力。慈善精神作为一种崇高的思想境界和优良传统，表现在以下三个层面：首先，慈善作为一种观念，是人类共同的崇高的精神追求，是人道主义精神的一种表现。其次，慈善作为一种行为，以帮扶弱小为出发点，助力社会和谐发展。最后，慈善作为一种公益事业，以推动社会和谐、实现人类进步为宗旨。慈善精神与志愿服务就其根本目的而言是一致的，二者都倡导平等友爱、互帮互助理念，积极营造友爱互助的社会环境，推动形成社会主义和谐社会。大学生志愿服务活动作为传承慈善精神的实践载体，以帮助他人、服务社会为出发点，通过调节人与人之间的社会利益关系，在社会范围内营造向上向善的慈善氛围，引导人们追求"真、善、美"崇高的精神境界，推动社会主义精神文明建设。同时，大学生志愿服务活动也是推动慈善文化时代化、时尚化的重要方式。基于慈善精神的思想引领，高校志愿者通过志愿服务活动传承中华美德，培养团结友爱、平等互助的优良品质，弘扬慈善文化，推动慈善文化与时俱进形成现代慈善文化。

（3）社会主义核心价值观

大学生志愿服务活动与社会主义核心价值观具有一致性，二者都以引导大众价值取向、促进社会和谐发展为宗旨，体现社会公德的基本要求，都以实际行动为有效路径追求以善为核心的崇高价值。大学生志愿服务作为青年学生培育和践行社会主义核心价值观的有效载体，是新时代青年学子成长成才的风向标，也是大学生培养良好道德品质的精神导向。

高校青年志愿服务与社会主义核心价值观相辅相成。首先，社会主义核心价值观在高校志愿服务活动中发挥价值导向的作用。与社会主义核心价值观相对应，高校志愿服务活动也分为三个层面。基于社会主义核心价值观的影响，在国家层面上，高校志愿服务以青年志愿者的实际行动为媒介服务基层，聚焦和放大社会正能量，营造良善的社会氛围，推动社会稳步发展。在社会层面上，高校志愿服务旨在通过青年志愿者的积极作为缓和社会矛盾，强化社会基层治理，为一些困难群众提供帮助，促进社会发展更加平等化、公平化。在个人层面上，大学生志愿服务更加凸显育人价值，促进青年志愿者健康成长。在社会主义核心价值观的思想引导下，大学生志愿者通过志愿服务活动深化对爱国精神、敬业精神和集体精神的理解，提高自我道德修养、实践能力、创新精神，培养社会责任感，提高服务他人、奉献社会的思想境界，在服务与奉献中实现自我价值。其次，大学生志愿服务活动进一步凸显社会主义核心价值观的关键所在。大学生志愿服务作为一项崇高的公益活动，倡导行善立德的基本理念，体现社会发展进步的时代要求，将大学生提升道德修养与弘扬传统美德相结合、促进自我健康成长与服务社会相结合，进一步彰显社会主义核心价值观的关键所在。在社会主义核心价值观的积极影响下，高校定期开展志愿服务活动有助于形成向善向上的社会文明风尚，激励青年学子投身志愿服务事业，使青年志愿者以志愿服务为载体提升道德素养，强化专业技能，实现健康可持续发展。

（三）大学生志愿服务典型案例

1. 吉林大学白求恩志愿者协会

在团中央的积极推动下，吉林大学白求恩志愿者协会应运而生。1994年，白求恩志愿者协会组织第一批志愿者前往双阳开展"三下乡"活动，由此拉开了白求恩志愿者协会长达二十余年志愿服务的序幕。二十余年来，白求恩志愿者协会始终以帮助他人、服务社会为出发点，以白求恩先生为榜样，积极践行榜样行为，依托医学专业开展一大批极具影响力的专业化服务项目，如乡村医疗救护服务、医护知识宣传等。2013年，白求恩志愿者协会在继承医疗志愿服务活动优良传统的基础上，依托学科专业优势，对接时代发展需求和社会现状，开展一批极具专业特色的志愿服务项目，最终形成模块化、组织化、规范化和系统化的志愿服务新格局，其中白求恩志愿者协会依托医学专业特色所进行的"蓝马甲""红马甲"系列活动现已成为白求恩志愿者协会的品牌化服务项目。目前，白求恩志愿者协会常年拥有5000余名志愿者，固定服务基地500多处，累计服务时长40万小时，成为极具社会影响力和感召力的高校志愿服务团队之一。2014年，李克强总理回信白求恩志愿者服务协会全体志愿者，在信中高度赞扬白求恩志愿者协会志愿者们的行为，对志愿者以行动推动社会文明进步给予高度评价，鼓励青年志愿者潜心研学，砥砺品行。

2. 华中农业大学本禹志愿服务队

这支特殊的志愿服务团队是以曾经就读于这所大学的徐本禹名字命名的一支志愿服务团队。本禹志愿服务队立足湖北地区，心系汉江大地，情系贵州山区，接力式派遣研究生志愿者前往贵州落后山区开展支教，关爱留守儿童等服务活动，助力偏远落后地区发展。二十余年来，本禹志愿服务队扎根偏远落后地区，开展一系列影响范围广、社会高度认可的志愿服务活动，先后涌现一批优秀青年志愿者，成为极具社会影响力的高校志愿服务团队之一。经过十余年的探索和发展，目前本禹志愿服务队包括研究生支教团、红杜鹃爱心社、阳光家园等一大批特色志愿服务团队，拥有1200余名骨干志愿者，固定服务基地32个，人均服务时长500小时，拥有精品志愿服务项目"六爱工程"，开展"暖心三个""阡陌学堂"等在线基层支教服务项目和"黔鄂乡村教师来汉培训志愿服务项目"等一系列服务活动。2013年12月5日，习近平回信本禹志愿服务队全体人员，充分肯定本禹志愿服务队青年志愿者们在服务社会、促进社会发展方面作出的努力，勉励他们以身作则弘扬志愿精神，践行青春梦想。

三、大学生社团发展现状及育人实践的案例分析

高校大学生参加社团活动可以不断提高自身的综合素质，使校园生活更加丰富多彩，增强社会实践能力，提高学生的社会适应能力，同时也为校园文化的繁荣做出重要贡献。高校大学生社团的教育功能，为提高大学生的综合素质提供了广阔的舞台，顺应了社会人才多样化的发展趋势[①]。

（一）大学生社团育人发展现状

1. 社团缺乏活动主体

（1）社团参与率过低

社团的主要目标是育人，其主体是社团成员，现有社团大部分是文艺类和体育类，存在着数量偏少、种类具有局限性等特点，没有真正做到以育人为目标。在已建立的社团中，仍然存在着学生参与不积极、缺少热情的现象。因此，社团在分配人员方面没有做到合理配置人才资源，无法充分发挥各成员之间的优势。

（2）优秀的社团干部稀少

在社团中，"因人而异"是一个社团普遍存在的问题，一个活跃、优秀的社团，必然要具有一位组织能力强、领导能力强、负责且优秀的领导者，否则该社团就会出现社团内部管理松散、社团成员工作热情不足、社团活

---

① 宋少杰，陆江峰，周立云，等. 高校学生社团发展的现状、问题与对策研究 [J]. 长江刊，2019（28）：109–110.

动质量低下等现象，甚至无法正常开展工作和活动。

（3）社团缺乏管理者和专业指导者

社团数量众多且杂乱，高校只分配一到两名教师负责管理全部社团，致使无法全面管理社团，对社团缺乏有效约束。此外，出于各方面原因，育人社团的挂靠单位对高校此类需求并无太大兴趣。有的研究所甚至不愿意或拒绝高校社团提出的挂靠请求。因此，对社团指导教师，学校应采取必要的鼓励政策来提升教师的积极性，从而使社团成员能够得到长期的专业技术指导[①]。

2. 社团缺乏物质支撑

（1）经费不足

就目前来看，大学生社团活动经费的来源主要有以下三个方面：第一，学校活动自身所配置的经费。高校社团一般由团委统一管理，学生社团活动的经费主要来源于团委的资金支持；第二，团费。收取一定数额的团费是为学生会活动筹集资金的重要方式，团员需要定期缴纳团费；第三，校外赞助。通常由学生会外联部的成员负责，通过向社会上一些成功企业介绍我们社团的优势来获取赞助费用，但获得校外赞助的机会寥寥无几，如双方的磋商和对话、双方的利益等方面问题，这些都是需要考虑的影响因素，这就是获取校外赞助难的原因。由于经费不足，许多社团育人活动难以正常开展，就算有一些活动，也会因经费的不充裕而草草了事，因而达不到理想效果。长此以往会降低社团的影响力，削弱社团的育人功能，从而导致社团的支持率下降，形成恶性循环。

（2）活动场地不足

高校由于自身规模小，没有给予社团安排固定活动的场所，不便于社团内部组织会议进行研究与讨论，社团间存在的问题得不到有效解决。社团长期处于一种懒散的状态，成员的热情受损，积极性降低，社团的育人功能也无法实现。

3. 社团缺乏有效载体

高校社团在开展活动过程中存在的主要问题是活动内容大同小异，缺

---

① 张松，薛博. 高校公益社团发展现状及解决措施 [J]. 农家参谋，2019（05）：176.

少创意。一部分社团的活动内容缺少新意，社团成员的需求得不到满足，无法体现社团文化本质的内涵要求，导致社团的发展因此受到影响，其育人功能更是无法实现。教育职能协会的一些活动只是开展一些并不能提高会员能力的活动，并未考虑到会员在实际生活中的需求和内心感受。另外，社团活动的开展缺乏专业性指导。高校社团是由学生自行组建而成的，并无其他外界人员的干预，所以，在举办社团活动中真正发挥作用的还是学生。教师虽在社团发展前期起辅助作用，但在社团发展的中后期，部分教师会直接让学生自行管理社团。教师虽有引导的义务，但不能也不可能全身心地投入到社团工作中。

4. 社团缺乏足够重视

高校对社团发展没有给予足够的重视。从高校角度看，社团短时间内不能带来明显的利益且需要高校提供各方面活动经费；学校重视的是考研率和就业率，对其他方面并没有太多关注。从学生角度来看，学生自己对社团的重视程度不够。伴随着就业竞争压力的不断增大以及时代发展的巨大转变，大学生选择将自己大部分的课余时间投入到各种专业课程的学习和培训中，热衷于考取各种职业证书，以提高自己的学力，却忽略了自身个性、特长的发展。

5. 社团成员缺乏平衡的整体结构

社团联合会的成员大多是学生干部，而大部分大三学生要忙于考研、大四学生要忙于毕业论文答辩和实习，没有更多精力去管理社团，因此其成员主要以大一、大二学生为主。然而，他们的知识和能力不足，普遍缺乏对高校社团教育功能及其文化内涵的认识和理解，从而削弱了社团教育功能在文化层面所带来的影响。此外，社团联合会制度落后，方式不够灵活，不适用于目前高校社团管理。教育职能协会管理权由有关部门规定，协会独立自主能力不足。社团开展学生工作时必须先向上级部门汇报，由上级部门商讨其可行性后审批，审批通过后方可执行。汇报审批过程复杂烦琐，社团成员对此颇有微词，很大程度上限制了社团育人功能长期有效地发展。

6. 高校学生社团育人功能的发挥效力存在差异性

学生人数和影响程度是衡量高校社团教育功能的两个重要指标。社区活动育人功能的发展，必然会受到各方面因素的影响。例如，一个社团的积极参与者所与其中的非活跃分子相比较，其获取教育资源的差异性显而易见。诸如此类不可避免的客观因素必然会导致社团育人功能的效应难以普及到每位社团成员，也就无法保证社团育人功能的稳定性。社团活动所发挥的"隐性"教育功能，也未必会达到学校所要求的社团育人的目的。高校学生社团要具备优秀的育人功能，离不开社团委的监管和社团自身的特性。社团由优秀的社团成员实行自主管理，学生在社团中不仅培养了自身的兴趣爱好，自身的综合素质和能力也会得到明显提高，从而达到社团"隐性"的育人功能。然而，这种"隐性"育人功能所发挥的作用有效与否，是否符合高校培养学生的目标等，并不能得到足够的保证。

高校社团育人功能是否能与教育目标保持一致，一直是社团发挥育人功能过程中存在的主要问题之一。其中，作为高等教育体系的重要组成部分，其"显性"教育功能主要由学校调控，而"隐性"教育功能更多地受到社会环境的影响。所以，在充分发挥社团育人功能的过程中，应平衡好显性效应和隐性效应。

7. 缺乏明确目标，弱化实践育人功能

高校学生社团是按学生意愿自发组织的，其特点为自由随意，许多大学生社团组建的出发点仅仅是成员间有共同兴趣爱好，而对未来社团的发展没有长远考虑，导致大部分社团组建不久就解散，或者并无太大突破。社团缺乏对自身整体的认知，社团成员缺乏对自身专业知识的深入探讨，开展的活动缺乏专业特色，活动组织、策划与社会需求不符，社团发挥实践育人功能受阻。目前，大部分高校对本校社团活动的开展并不关心，对社团的培养也属于放养式栽培。所以，那些有关学术性或以育人为目标的社团并没有专业的指导教师来管理。但相比于其他社团，学术性、育人性的社团的指导教师在社团发展中占据重要地位，起着领头人的作用。在专业教师的指导下，社团活动开展的质量和层次才能得到提高。

（二）大学生社团育人实践的案例分析

新时代高校肩负着宣传思想工作的守正创新工作、立德树人的根本任务以及培养时代新人的重要使命，大学生政治理论社团的育人实践也随之日益受到重视。近年来，各高校的大学生政治理论社团日益增多，蓬勃发展，其中也涌现出一些育人实践做得很好的优秀政治理论社团。这些优秀社团的育人实践成功经验值得全国各高校的大学生政治理论社团学习、借鉴，以更好地发挥大学生政治理论社团在高校思想政治教育中的育人作用。本书选取北京师范大学求索学社的育人实践进行个案分析。

1. 北京师范大学求索学社育人实践的基本情况

北京师范大学求索学社 1985 年成立，前身是马列所研究生创立的"马列学社"，1994 年更名为"党建思想研究会"，2004 年恢复为"求索学社"，沿用至今。北京师范大学的求索学社是以北京师范大学研究生为主成立的第一个群众性学术组织，也是首都高校成立最早的学生理论社团之一。几十年来，求索学社秉承深入学习和宣传马克思主义理论，提高大学生的政治理论水平和学术科研、社会实践能力的宗旨，活动形式灵活多样，育人效果明显。如曾获北京市十佳优秀理论社团、北京市高校优秀学生理论社团等荣誉。

北京师范大学求索学社的育人实践是理论学习与实践活动相结合的。在日常理论学习方面，选取的学习内容主要是与大学生密切相关的马克思主义理论知识以及党中央的最新思想理论。固定的学习内容是党史党章、新时代青年的理想信念与责任使命以及社会主义核心价值观，其他学习内容则会随着最新时事政治而变化、更新。如 2018 年增加改革开放主题，2019 年增加新中国 70 周年、不忘初心牢记使命等内容。日常理论学习的基本方式和流程是个人自主学习—小组讨论学习—指导教师指导、讲解—个人反思学习—形成学习成果（论文、杂志文章等）。在校内实践活动上，活动形式丰富多样，如组织理论研讨会、党史国情知识竞赛、学术论文讲座、理论宣讲、五四先锋论坛等。在校外实践上，赴江苏靖江等地开展座谈、调研和宣讲活动；与北京其他高校的理论社团交流学习，如首都高校"五马论坛"；参加全国其他高校开展的理论社团研讨会；到社区、中学等地理论宣讲；积极参加北京市教工委、人民网主办的"90 后心中的十九大"北京高校学生讲思政课活动；参加提案中国大赛等。理论宣讲团是求索学社的活动特色，近三年来共计开展理论宣讲一百多场，得到校内外参与者的认可和好评。2018 年，求索学社宣讲团被北京市教工委评为"百校千组学讲行"主题教育活动示范小组。综上所述，北京师范大学求索学社的育人实践方式得当，育人效果突出，值得其他高校的政治理论社团学习。

2. 北京师范大学求索学社育人实践的成功经验总结

北京师范大学求索学社的育人实践取得成功，不仅在于求索学社根据大学生的实际需求开展多元的学习活动，还在于求索学社在外界支持、内部督促与激励、活动各环节衔接等各方面都有非常值得其他政治理论社团学习的成功经验。

（1）完备的指导教师制度确保了社团正确的育人实践方向

北京师范大学求索学社的成员主要是马克思主义学院的研究生，社团的指导老师也主要是马克思主义学院的老师。求索学社的指导教师以学院院长和书记为总负责，总体把关求索学社的发展；学院党委副书记和研究生辅导员直接对接社团各项事务；学院其他青年教师作不同活动的指导，社团指导老师制度完备。如在求索学社的理论宣讲活动中，学院院长和书记参加社团组织的专家测评会，明确理论宣讲的内容和主题是否得当、可行，使求索学社的理论宣讲主题能够具有正确的价值导向，符合大学生发展的需求以及时代和社会的需要。学院党委副书记和辅导员则与社团的干部和成员对接理论宣讲团的具体事务。如宣讲活动的策划案，确定宣讲流程，联系宣讲地点，监督与指导社团干部做好后勤、反馈等工作。学院青年教师则会在中期参加二至三次的理论宣讲指导会。学院根据不同的宣讲主题和需要分配相应研究方向的指导教师，这些教师负责宣讲学生的专业指导、教学指导以及心理辅导。从选题到宣讲的整个过程都有十分专业的老师做指导，宣讲团成员也在这个指导过程中得到非常大的提升。完备的指导教师制度，使社团少了许多迷茫，使社员少了许多错误，也使社团的各方面都得到正确的指导和发展，这是社团育人实践取得成功的重要保障。

（2）"走出去"的实践活动增加了社团育人实践的广度和深度

北京师范大学求索学社开展学习活动不局限于校内，而是经常延伸至校外。主要体现在以下活动：一是定期与清华大学、北京大学、中国人民大学等首都高校的政治理论社团进行交流学习，与兄弟社团分享自己的育人实践做法，也吸纳对方的成功做法，互相学习，取长补短。二是积极参加全国各高校开展的理论社团研讨会，如在中山大学进行的"大学生理论骨干培养和理论社团建设"研讨会，在中国人民大学举办的首都高校习近平新时代中国特色社会主义思想理论社团交流会等。这些活动不仅加深了社团代表对马克思主义理论知识与大学生理论社团建设的认识与了解，还为社团的育人实践带回了更多的发展思路，提供了更广的育人实践视野和更深的育人实践理论。三是到北京的社区、其他省份进行理论宣讲和调研。求索学社不仅为校内的学生进行理论宣讲，还为校外的社区宣讲，并利用课余时间到省外调研等，这些活动不仅提升了成员的实践能力，也使成员在活动的反馈中总结经验，反思不足。百态的社会经历让成员更加明白理论社团的存在价值以及何以更好地实现价值。求索学社"走出去"的实践活动不仅拓宽了育人实践的广度，也增加了育人实践的深度。

（3）突出的特色活动拓宽了社团育人实践的辐射力

北京师范大学求索学社的活动形式丰富多样，很多活动形式都会随着时间和活动主题的变化而变化，而理论宣讲团却是经久不衰而历久弥新的。求索学社的宣讲团是求索学社的品牌与特色，自2001年成立至今，宣讲数百场，覆盖全校各学院以及校外部分社区和中小学，并且赢得一致好评，辐射范围很广，影响力不断增强。求索学社宣讲团从成立初的探索到如今已经形成了完整的宣讲制度。每次宣讲活动严格按照"选题—定稿—试讲—宣讲—反馈—成果（论文、杂志文章等）"的程序进行，宣讲成员在这个过程中不仅对特定主题有了深入的理解，还提高了教学技能，也使理论更加通俗化输出，更加接地气传播。而经过严格打磨、严谨程序开展的理论宣讲收效显著，在获得一致好评的基础上成了求索学社的特色活动，很多学校的政治理论社团都向它取经。大范围开展的理论宣讲也使更多人认识政治理论社团，更多人学习马克思主义理论。因此说，求索学社突出的特色活动——宣讲团拓宽了社团育人实践的辐射力和影响力。

第五章　创新高校实践育人共同体育人模式

高校社会实践育人模式初期按活动场所可分为校内和校外两大类，按活动内容可分为智能型和劳务型两类。在国家和高校各部门的协助下，经过广大老师和学生的艰苦劳动，新时期高校社会实践育人模式已发展成为多类别的经常性的活动，在各方面都有了长足的进步，已初步形成符合学生特点、相对完整的模式体系。

我们都知道，无论过去、现在还是将来，社会实践育人始终伴随着大学生的成长。如果脱离了大学生这个主体参与的实践活动，任何形式的实践活动都是毫无生机的。大学生的社会实践人模式是多种多样的，如勤工助学模式、社会调查模式、"产学研"合作模式、顶岗实习模式、"知行合一"协同实践育人模式等。本章主要探讨"产学研"合作模式和顶岗实习模式。

一、"产学研"合作模式

产学研合作教育自二十世纪初诞生以来历经百余年探赜索隐，在人才培养上正日益凸显其优越的先进性，为高校的人才培养提供新思路。产学研协同育人强调教育、科技、经济的相互促进、协调发展，通过生产、教育和科研三者相结合，把人才培养作为中心任务，以全面培养高校学生综合素质和创新能力、提高就业竞争力为目标，对企业、高校和科研机构资源进行优化配置，充分发挥各主体在人才培养方面的优势。[①] 随着我国产学研合作教育工作的不断推进，产学研协同育人愈发凸显其科学性，成为顺

---

① 徐平，孙雨婕. 产学研协同培养复合创新型人才模式与路径研究 [J]. 学理论，2019（11）：138–140.

应高等教育发展趋势之举，是高等学校培养创新型、复合型、应用型人才的必然选择，也是高校开放办学，学生走出课堂、服务社会的前提和基础，更是实现"新工科"人才培养的重要途径。

（一）产学研协同育人概念界定

我国产学研合作教育从 20 世纪初发展至今一直是高等教育界及多个领域经久不衰的话题，2011 年胡锦涛在清华大学建校百年大会上指出高校发展方向是协同创新、协同育人，同年"高等学校创新能力提升计划"（也称"2011 计划"）提出，更加强调高校和产研之间的深度交流与合作，产学研协同育人是推动我国教育事业发展的重大战略，也是一种新型人才培养方式，其核心内容是协作、共享、集成、融合，在协同育人这一复杂系统中，通过各子系统（产学研参与主体）和要素（影响因素）之间的协同作用，达到育人目的，产生 1+1+1>3 的效果。

产学研协同育人的参与主体包括"产"（产业、企业）、"学"（高等院校）和"研"（研究机构、科研院所），其中企业是技术需求方，科研院所和高校是技术供给方，根据新工科人才的特征、内涵与要求，各主体要素在协同育人中分别扮演着不同的角色和责任。高校作为产学研协同育人的主体，可以为新工科人才培养提供良好的教育资源和教学环境，根据产业发展对人才不同阶段的需求及时优化课程体系、调整专业设置，宏观指导产学研协同育人目标、计划、方案及策略的制定与安排，不断为社会输送所需要的人才；企业是新工科人才的使用者，也是技术创新的主体，承担着成果转化、资金支持等重要任务，高校的人才输出和研究机构的科研成果输出是企业发展的原动力；科研机构是产学研协同育人关系的纽带，有着科学技术研究成果优势和优越的科研条件，可以弥补高校资金短缺、教学设施不完备等不足，在产学研协同育人中，科研院所正在以单一的技术型向多方向兼顾的研究机构转型。目前我国产学研协同育人模式主要有"创新战略联盟""1+1+1 平台""与地方对接合作""校地共建大学科技园""政用产学研协同""政产学研金五位一体"等多种形式。（如图 5-1）

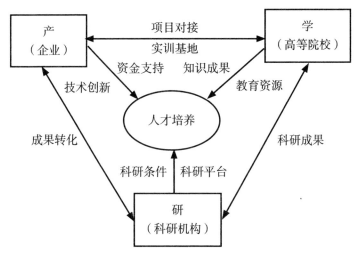

图5-1 产学研协同育人概念图

通俗来讲产学研协同育人就是企业、高校、科研机构以资源共享、优势互补、互惠互利为基本原则紧密合作，目标一致，充分利用三方主体各自不同的教学环境和资源以及在人才培养方面的优势，共同参与人才培养计划，为解决社会需求输送大批高素质人才，人才输出的同时为企业带来直接效益，为研究机构带来最新科研成果，为高校扩充师资队伍且提高学生就业率，各参与主体互利共赢，是促进企业生产、实践教学、科技创新、经济发展、科研成果转化有机结合的教育形式，其前沿性与新工科人才培养原则相契合。

（二）产学研协同育人发展现状

1. 产学研协同育人探索与实践

长期以来，由于大学与产业的合作关系不够深入，我国的工程教育水平一直难以实现质的飞跃，在新工科建设的背景下，大学与企业和科研院所之间更深入、更广泛的合作再次被赋予了更高的价值，大学技术转让中心、大学科技园、高校附属的国家重点实验室以及产学研共建校外实习基地等在全国范围内如雨后春笋般涌现。继"2011计划"之后，教育部于2014年组织企业支持高校开展产学合作协同育人项目，以产业和技术发展的最新需求推动高校人才培养改革，项目涉及新工科建设、教学内容和课程体系改革、师资培训、实践条件和实践基地建设、创新创业教育改革、创新创业联合基金等内容。政府搭台、企业支持、高校对接，共建共享，有效激发了各方合作的积极性，参与企业和高校数量不断增加，项目质量不断提升，项目管理不断规范，社会影响不断扩大，实现了高校人才培养与企业发展的合作共赢。2017年产学研合作协同育人项目主要对应物联网、嵌入式、云计算、智慧城市等地方产业需求，与学校共建相关专业，共同审定人才培养方案，合作编写教材，发挥工程教育在师资队伍、实践平台、行业协同等方面的优势，更大程度地实现学校与地方经济社会发展的同研共进。2020年6月11日，教育部高等教育司公布了《2019年第二批产学合作协同育人项目立项名单》，其中包括实践条件和实践基地建设2 097项、创新创业教育改革项目561项、新工科建设759项、教学内容和课程体系改革3 024项、师资培训1 686项，共有916所高校的项目入选。此外，国内高校积极开展产学研协同育人，许多高校已经制定了相关规章制度，教师在企业或相关行业中的实践经历也被纳入考核范畴，比如中国人民公安大学设有法医学和交通管理等课程，并在全国各地的警察局建立了实习基地，要求学生在毕业之前必须在校外的相应基地进行3个月的实习，而且导师也要在学校合作的警察局有半年的工作经历；上海工程技术大学与申通地铁公司合作共建实践基地，教师可以更容易地接触到行业的制造程序以及最新工艺和新技术；南京邮电大学建立了"三进三出"机制，以加强与信息产业的联系，"三进"是指将企业专业知识带入课堂，由大学和企业共同建立实验室，并引进企业开发课程的相关政策；"三出"是指向企业派遣讲师，以提高技术人员的理论基础，并在毕业前将学生派遣到企业实习，共同进行项目研发，同时，南京邮电大学和中兴通讯等电信巨头共同开发了一套与电信职业发展和销售管理相关的课程。[①]

2. 新工科背景下的产学研协同育人发展现状

（1）新工科建设发展进程

新工科建设的理念和愿景体现在教育部2017年发布的"复旦共识""天大行动"和"北京指南"这三份政策文件中，这三个文件相结合，描绘了

① 朱扬勇，熊赟. 大数据人才培养的基础条件初探[J]. 大数据，2016（05）：107-114.

中国未来十年工程师培养计划的蓝图。自 2017 年发布新工科建设系列文件以来，我国为推动工程教育领域的改革做出了许多重大努力，其中最具影响力的是制定了我国首个高等教育教学质量国家标准，即《普通高等学校本科专业类教学质量国家标准》（以下简称《标准》），为新工科建设提供有效保障。此外，教育部还认定了 612 个首批"新工科"研究与实践项目，并且在开发跨学科课程、工程项目认证和加强产学研合作的伙伴关系等方面做了大量工作。

一是制定首个高等教育教学质量国家标准。专业是人才培养的基本单元，教育部于 2018 年 1 月发布《普通高等学校本科专业类教学质量国家标准》，《标准》中涵盖 92 个本科专业类 587 个专业，其中大约一半是工科类，涉及 5.6 万多个专业点，主要包括概述、适用专业范围、培养目标、培养规格、师资队伍、教育条件、质量保障体系、附录等 8 项内容，紧紧围绕以学生为中心、以产出为导向、以持续改进为保障这三个原则，对师资结构、教师专业水平、教学设施建设、教师教学发展环境、办学条件、技术资源、经费投入、质量保障等方面提出定性定量相结合的要求，另外还对各专业类知识体系和核心课程体系的建设提出相关建议，强调《标准》的推行要和"三个一流"（一流本科、一流专业、一流人才）建设紧密结合，做好"兜住底线、保障合格、追求卓越"三级专业认证工作，同时紧紧追随"六卓越一拔尖"2.0 版人才培养领跑计划。《标准》的制定是一个系统工程，教育部委托相关委员会前后组织了数百场研讨会，共有 5000 多名专家和 50 多名院士参与研制。[①] 以制定药物专业类别的国家标准为例，在制定标准之前，所做的准备工作包括管理 15000 份问卷，创建 16 个项目和数据库，调查了大约 50 家代表性医学院和大医疗机构，该领域有 60 个制药业务基地和 30 个用人单位，它们提供了丰富的数据来支持标准的制定。此外，还有 80 多位与医学有关的专家和 20 位来自制药行业的专业人员参加了制定工作，《标准》的制定和实施是新工科建设和高等教育实现内涵式发展的一项重大举措。

二是认定首批"新工科"研究与实践项目。新工科的发展需要在新理念、

---

① Rai K R,Peterson B L,Appelbaum F R,et al.Fludarabine compared with chlorambucil as primary therapy for chronic lymphocytic leukemia.[J].New England Journal of Medicine,2000（24）:75–79.

新结构、新模式、新质量和新体系等多个方面做进一步探索，《教育部办公厅关于推荐新工科研究与实践项目的通知》（教高厅函〔2017〕33号）精神认定了612个首批"新工科"研究与实践项目，包括202个新工科综合改革类项目和410个专业改革类项目，综合改革类项目有"建立多学科课程体系以培养工程人才""智能工程和创意设计项目""面向新工科的工程实践教育和实践基地开发"等，专业改革类相关的项目有"探索建立人工智能课程系统""数据改革与实践""VR+教育模式"等，作为新工科建设的主要项目，研究与实践项目分别从国家级、省级和校级不同层次全面布局，目前我国已有300所院校参与"新工科研究与实践项目"建设。^①在已批准的612个项目中，重视国际经验也是一个突出的特点，对工程教育发展改革国际经验的比较研究有很多，比如"国际工程教育改革经验的比较""具有国际特色的新工科教育模式探索和实践"等，这些研究与实践项目的认定进一步推动了新工科建设进程。

2020年2月27日，教育部发布《教育部办公厅关于推荐第二批新工科研究与实践项目的通知》（教高厅函〔2020〕2号），同时有关高校、教指委、各级教育行政部门以及行业协（学）会研讨通过"国家级新工科研究与实践项目管理与服务系统"线上立项入口，教育部希望通过委托这些研究项目，使新工科建设在充分了解工程学科的内在要求和国际成功经验的基础上，实现由工程教育大国向工程教育强国的转变。

三是高度重视工程教育专业认证体系建设。中国工程教育专业认证协会（CEEAA）由33个团体成员组成，是负责认证我国工程教育质量的主要组织，在新工科建设的背景下，CEEAA高度重视严格的认证程序以确保符合《华盛顿协议》的国际标准。我国总计19 000多个工程项目中，迄今已认证196所大学的846个项目，每年大约培养120万名工程毕业生。2017年11月，CEEAA发布了《工程教育认证自我评估报告指南》的更新版本，从学生、教师、课程设置、配套设施等七个方面制定详细指标，尤其在"研究生"部分借鉴了《华盛顿协议》，表明我国已经在用国际认可的标准来

---

① 教育部办公厅关于推荐新工科研究与实践项目的通知_中华人民共和国教育部政府门户网站 [EB/OL].（2017-07-03）[2022-08-05] http://www.moe.gov.cn/srcsite/A08/s7056/201707/t20170703_308464.html.

作为衡量工程教育的基本准绳，并且在"沟通"方面增加了"在具有全球视野的跨文化环境中进行有效沟通"①，这进一步体现了我国坚定融入国际社会、推动国际化的决心。2020 年 2 月，CEEAA 经学术委员会审议通过了《工程教育认证自评报告指导书（2020 版）》，高度重视新工科人才培养质量，以《华盛顿协议》为国际标准，我国工程教育专业认证达到新高度。

（2）新工科背景下的产学研协同育人发展进程

新工科背景下的产学研协同育人强调人才培养理念、目标、规格、培养路径、课程体系、质量评价、主体参与程度等多方面的深度协同与创新，国家教育部门、政府、企业、高校高度重视产学研合作和新工科建设相结合的育人模式，分别从不同层面做了大量工作。

一是宏观层面，国家、教育部门、政府纷纷采取相关举措，推进新工科背景下产学研协同育人发展。2017 年 11 月，中国软件行业协会在教育部高等教育司的大力支持下与 27 所高校、5 家科研院所和 12 家企业联合组建"信息技术新工科产学研联盟"（The Alliance of Emerging Engineering Education for Information Technologies），即"新工科联盟"，并于 2018 年 1 月召开"联盟第一届年会暨信息技术领域产学合作论坛"，主要包括由中国科技大学和百度共同发起的人工智能协同育人工作委员会和由中科院计算所、阿里云大学、北京理工大学共同建立的大数据与智能计算工作委员会，以新工科建设为导向，以产学研合作为路径，多所高校共同助力信息产业发展，联盟充分利用高校、行业企业和研究院所的优势，整合参与主体的力量，创新人才培养方式方法，为新工科建设输送卓越的工程技术人才。②另外，教育部在"卓越计划 2.0"中增加了新工科专业点，在产学合作协同育人项目中强调高等院校、企业、科研院所的资源整合，增设"新工科建设专题"，鼓励政府将新工科建设纳入产业和人才发展规划，多渠道为新工科实践项目和产学研合作提供经费支持。③

① Grosskopf M J,Drake R P.Modeling of aspheric，diverging hydrodynamic insta bilityexperiments on the National Ignition Facility[J].High Energy Density Physics，2013（02）：22-28.

② 李培根. 工科何以而新 [J]. 高等工程教育研究，2017（04）：1-4.

③ 李华，胡娜，游振声. 新工科：形态、内涵与方向 [J]. 高等工程教育研究，2017（04）：16-18.

二是微观层面，根据新工科建设政策文件的基本要求，国内许多大学已经根据新的工业需求与产、研合作共同创建新课程，以"并行工程"理念为指导，要求学生注重不同工程学科、边缘学科以及与其他学科之间不同知识模块的学习。比如"物联网"计划要求学生在四年中学习不同方向的课程，涵盖信息技术、传感器技术和嵌入式系统技术等，在教育部审批下各个高校可根据自身办学特色与企业积极合作。大数据、机器人、AI 是最热门的领域，目前共有 250 所大学与企业、科研院所共建"数据科学和大数据"相关课程，60 所大学创建了"机器人工程"，15 所大学建立了"新能源材料和设备"，还有"智能医疗工程""人工智能"等面向未来的新兴计划。① 除此之外，清华大学和南京大学等十多所一流大学也正式成立了人工智能独立学院。近年，越来越多的高校立足于"新工科"特色优化课程体系，创新人才培养模式，新课程、新专业的创建都是基于行业特色和产业需求，企业、科研院所、高校协同育人模式的优越性日渐凸显。在新工科背景下，产学研协同育人已经由"学带动产"向"产带动学"转变，以往都是高校和科研院所的研究成果直接应用到行业、企业中，但现在的新技术都是由产业带动、由行业引领进行升级转化，在企业的孵化下进入商业化应用，也就是新产业的更新迭代速度越来越快，新技术的研发—使用周期越来越短，已经远远走在了学术研究的前面。因此，高校需要和企业、研究院紧密合作，把最先进的技术、工艺、科研成果、实验设备、师资等资源融入新工科人才培养体系中，目前已有很多高校和企业正在践行这一育人模式，有突破性进展也有很多不足，新工科建设与产学研协同育人仍然需要深远的探索。

（三）产学研协同育人模式的构建

　　构建新工科背景下的产学研协同育人模式，意义在于产学研合作主体围绕新工科建设需要的复合型卓越工程人才这一培养目标，以互惠互利和资源共享为基本原则，共同参与人才培养计划的制订和实施全过程。本书以"一点两线三体四面五优"为育人框架，分别从不同层面确定协同目标，建立组织领导架构，构建融合共享机制，优化育人体系，完善保障机制。

① 叶民，钱辉. 新业态之新与新工科之新 [J]. 高等工程教育研究，2017（04）：5-9.

构建育人模式的重点在于产学研三方如何实现全方位协同，需要在育人过程中充分发挥高校、企业、科研机构的优势，从而构建新工科背景下的"多元融合"协同育人模式。

1. 产学研"多元融合"育人模式的指导思想

理论是实践的先导，思想是行动的指南，思路决定高度，产学研"多元融合"协同育人模式构建的第一步就是要确立指导思想，以战略性和纲领性指导思想为引领，可以为产学研协同育人的工作指明方向，确定育人目标、育人思路、育人途径、育人策略、育人重点等内容。只有在正确的指导思想指引下，协同育人模式的具体实施策略、目标任务、管理优化、制度保障等才能得以稳定开展，产学研协同育人工作才能顺利进行。[①] 新工科背景下的产学研"多元融合"育人模式要以新型工程教育理念为指导，以知识广、能力强、素质高的复合型卓越工程人才培养为目标，产学研遵循互惠互利、资源共享的基本原则，以合作主体深度协同为切入点，坚持以人为本、以学生为中心，严格按照客观规律来育人，同时着力于人才培养的实践性、科学性、创新性、协调性和可持续性发展[②]，利用现代信息技术手段，积极探索新工科建设下高度开放、深度协同、多元融合的产学研协同育人模式。（如图5-2）

① 李正良，廖瑞金，董凌燕. 新工科专业建设：内涵、路径与培养模式 [J]. 高等工程教育研究，2018（02）：54-57.
② 张辉，王辅辅. 社会需求导向下工程人才培养中存在的问题及对策 [J]. 江苏高教，2016（01）：30-33.

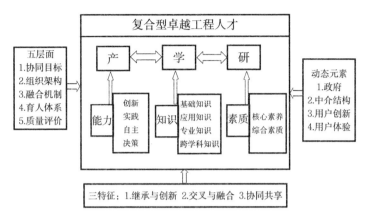

图5-2 协同育人模式设计思路

产学研"多元融合"育人模式的指导思想既有系统性又有针对性，既有宏观性又有抽象性，既有原则性又有完整性，既有理论性又有概括性，遵循顶层设计原则。"多元融合"协同育人模式要从两个方面进行设计：一是育人的三对核心要素（2W+1H），分别是为什么要做（Why）即培养必要性，做什么（What）即培养目标，如何做（How）即培养过程。[①]二是强调协同育人的多元性，即通过多元融合来解决以上三个核心要素提出的问题，"多元融合"育人模式不管是横向还是纵向都具有多元化特征。

2. 新工科背景下构建产学研"多元融合"协同育人模式

新工科建设下产学研"多元融合"协同育人模式以"一点两线三体四面五优"（1+2+3+4+5）为育人框架，主要围绕一个基本点、两个原则、"KAQ"三位一体、四个育人方面以及五大优势开展，具体指：以培养复合型卓越工程人才为中心，产学研三方确立协同目标；以互惠互利和资源共享两大原则为主线，确立组织领导架构；依托"KAQ"（知识、能力、素质）三位一体，构建融合共享机制；立足于课程体系、育人队伍、实践教学以及质量评价四个方面优化育人体系；充分发挥高校、企业、研究机构、政府和信息平台的五大优势，完善育人保障机制，建立新型"多元融合"协同育人模式。（如图5-3）

---

① 李茂国. 工程教育范式：从回归工程走向融合创新 [J]. 中国高教研究. 2017（06）：87-88.

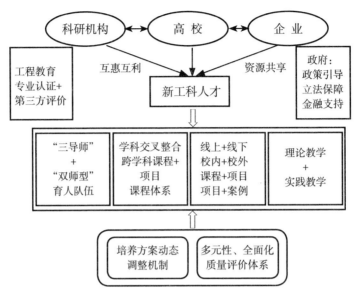

图5-3 多元融合"育人模式

（1）基于一个中心，确定产学研协同目标

在协同育人系统中，产、学、研作为独立存在的个体，由于属性不同，各自的目标追求也会有所区别，因此，参与主体需要以新工科人才这一总体协同目标为导向，从不同层面对育人目标进行层次划分。

①高校育人目标

随着社会经济结构的发展变化和调整，新技术、新产业、新形态不断涌现，新工科建设要求高校在人才培养、课程体系、专业设置上做出调整，工科专业需要进行存量优化（已有的升级改造）和增量更新（没有的增设创建）去适应新产业，这些新学科、新专业的兴起都源于行业和产业需求，像RPA（Robotic Process Automation）+AI、大数据这类的新一代信息技术产业目前还没有在高校全面展开，导致企业很难接收到符合要求的人才，对新兴工程人才的需求量越来越大。[①]高校的主要组成部分就是教师和学生，是"教"与"学"的场所，作为人才供给侧，在产学研合作关系中关注的是新型卓越人才的产出，高校人才培养的能力结构、知识广度和综合素质

---

① 杨宗仁. 产学研合作的渊源及合作模式演进研究 [J]. 生产力研究，2015（08）：126-130.

需要不断优化以匹配企业日益增长的用人需求[①]，其主要目标就是提高我国人才培养质量，精准对接新经济快速发展对人才的需求，为社会培养出大批符合要求的高素质人才，解决毕业生就业难、企业用人难的问题。

②企业育人目标

企业在产学研协同育人中的角色是用户方，重视的是产品生产和经济效益，随着产业转型升级的步伐越来越快，企业在技术革新和产品创新等方面提出了更高的要求[②]，现在需要新工科人才，要求高校培养出的人才除了具备扎实的专业基础知识以及良好的实践操作能力之外，还要有举一反三的创新能力，以及作为新型工程师必须具备的核心素养和综合素质，可以将知识转化为生产力并获得实际效益，以达到科研成果转化和高新技术产业化的目标。[③]

③科研机构育人目标

研究院所的核心在于"研"，关注的是学术成就及高水平科研成果的研发，新工科理念下，科研院所通过为人才的培养提供良好的科研平台和学术环境，弥补"产学"在软硬件设施上的不足，其育人目标就是协助高校拓宽学生科学研究的广度和深度[④]，提升新工科人才的实践能力和科研创新能力，同时建设科研队伍，为研发团队注入新鲜血液。

④产学研共同育人目标

产学研在协同培养人才的过程中需要有一致的目标，并为了达成这个目标携手并进，才能获得长远的发展和稳固的合作关系，这个目标就是"复合型卓越工程人才"的培养。目标－路径理论认为，领导者（产学研）要为下属（各子因素）理清各种障碍并提供必要的指导和支持以确保各自的

① Cohen W M,Nelson R R,Walsh J P.Links and Impacts:The Influence of Public Research on Industrial R&D[J].Management Science，2012（01）：1-23.

② Eom B Y,Lee K.Determinants of industry-academy linkages and their impact on firm performance:The case of Korea as a latecomer in knowledge industrialization [J].Research Policy，2010（05）：625-639.

③ Fontana R,Geuna A,Matt M.Factors affecting university-industry R&D projects:The importance of searching,screening and signaling[J].Research Policy，2017（02）：309-323.

④ 闻邦椿，李小彭. 科学发展观指导下的产品系统化设计的理论与方法 [J]. 机械工程学报，2013（10）：25-29.

目标与群体或组织的总体目标相一致并实现最终目标。[①]新工科人才是高校、企业、研究院所的共同诉求，产学研各方围绕这一基本点建立合作关系，通过坚持互惠互利原则，在技术集成、资源共享、人才培养等多方面进行全方位协同，做到方向明确、目标统一、利益共享，切实提高高校人才培养质量，解决用人单位无人可用的难题，打破人才培养供给侧与需求侧之间的瓶颈，共同实现复合型卓越工程人才的培养。[②]

（2）坚持两个原则，确立组织领导架构

"没有规矩不成方圆"，一个成熟的模式离不开相应的组织架构，通常的组织架构包括矩阵式、直线式、中央集权制、分权制，其中企业就是典型的直线式组织架构，架构内容主要包括组织资源、搭建流程、开展业务、落实管理等，另外，架构的设计还受到内外部环境、发展战略、生命周期、技术特征、组织规模、人员素质等因素的影响。[③]新工科背景下的产学研"多元融合"育人模式是以培养新工科需要的"复合型卓越工程人才"为目标，以"产学研协同"为切入点，为了保证协同的深度、广度和持久度，需要以互惠互利和资源共享这两个原则为主线，形成以管理层为主导、以执行层为重点、以监督层为辅助的领导机构，各主体和要素之间有序进行，确保人才培养质量。（如图5-4）

① Carayannis E G,Alexander J,Ioannidis A.Leveraging knowledge,learning,and innovation in forming strategic government–university–industry（GUI）R&D partnerships in the US,Germany,and France[J]. Technovation，2000（09）：477–497.

② Aokimasahi Harayama Yuko.Industry–University Cooperation to Take on Here[J].Research Institute of Economy,Trade and Industry，2012（04）：42–49.

③ Curien H.Actions to Facilitate Cooperation Between Industries,Universities and Other Research Organizations Attitudes and Experiences of Governmental Institutions[J].Technovation，2011（2–3）：235–239.

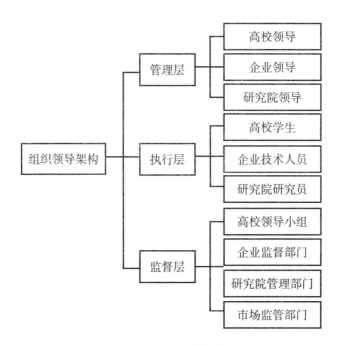

图5-4 组织领导架构

①坚持互惠互利原则

互惠互利原则又称对等原则，此原则强调权利与义务的综合平衡，产学研协同育人必然是三方共同受益的一种行为或过程，实现产学研深度协同、建立长久合作的稳固关系需要依据互利互惠原则，充分调动合作主体的积极性，使产学研三方能自觉、主动地为新工科人才培养做贡献。[1]新工科理念下，高校注重高质量工程人才的输出，企业追求研究成果的转化，即效益最大化，研究院所则掌握最新的科研成果和前沿动态，高校、企业、科研机构有各自的优势，三方需要深度协同，取彼之长补己之短，才能在实现成果最优化的同时带动边缘产业的发展，促进学科交叉融合，刺激新兴、新型和新生专业的升级优化，继而提高企业技术水平，扩大科技成果的应用范围，达到互利共赢的目的。互惠互利原则强调主体利益的获得是产学研合作关系的保鲜剂，也是产学研开展合作的基本原则。

———————

① Mary henkey.Acadenlic identities and policychange in higher education[M].United Kingdom Jessica kingsley publisher.Ltd，2000：28.

②坚持资源共享原则

资源共享是指产学研基于共同追求，形成密切联系，为了防止主体间利益冲突，通过合理途径、有效手段对资源进行优化配置，达到高效有序、合理利用资源的目的，有效实现资源要素的价值转移。[①]共享的资源分为显性资源与隐性资源，包括人力资源共享、科研资源共享、知识成果资源共享、信息技术资源共享、软硬件资源共享等多种要素。显性资源指产学研导师队伍、教学设施、实验设备、实践平台和实习基地等，隐性资源是指线上育人平台、管理系统、信息资料、校园文化、企业文化和政策环境等。新工科人才的培养需要高校之间、校企之间加大各方面资源投入，通过产学研合作育人的途径，参与主体共同打造线上线下资源共享平台，形成信息交互和资源流动，最大程度上实现优势互补，从而推动新工科人才的输出。资源共享原则强调产学研责任与利益相统一，合作主体要同舟共济，有共同分担、共同拥有、共同分享、共同使用资源的责任，同时通过共享使主体获得相应利益，是产学研协同育人建立稳固、长久合作关系的必要条件。

（3）依托"KAQ"三位一体，建立融合共享机制

谈人才培养，必然要结合知识（knowledge）结构、能力（ability）结构、素质（quality）结构来考量（以下简称为"KAQ"结构）。当前，产业结构呈现出交叉融合的趋势和特征，人才需求更加多样化，新工科背景下的卓越工程人才在KAQ结构上提出更高要求和新的挑战。[②]以"KAQ"三位一体为依据分析复合型卓越工程人才的特征，产学研三方共同参与人才在知识、能力、素质方面的培养和提升，各主体在育人过程中建立沟通协调的融合共享机制，实现优势互补和人才、成果、信息等资源的深度融合与共享，协助高校设置工程知识、工程能力和工程素质新模块，为"多元融合"育人模式的构建提供理论依据和支撑。

①产学研共同调整知识结构，实现人才的融合共享

新工科建设和产学研协同育人都是以"人才"为核心，产学研协同育

---

① Philip G.Altbach.The emergence of a field:research and training in higher education[J].Studies in Higher Education，2014（08）：1306–1320.

② M.Cyert R,S.Goodman P.Creating Effective University–industry Alliances:An Organizational Learning Perspective[J].Organizational Dynamics，2010（01）：56–57.

人模式稳固运行的关键在于人员的交流和互动，人才的融合共享机制就是企业、高校、科研院所通过政策引导、利益驱动、目标导向、市场定位等形式实现人力资源的跨界使用。通过产学研协同育人，将现场的实践知识、研究单位的创新知识和高校的专业理论知识深度融合起来，同时结合三方优势实现资源共享。

新工科建设要求人才知识结构不仅要精深、扎实，而且要"新"，强调学科、专业的跨度以及学科交叉与整合，除了掌握扎实的基础知识、专业知识、应用知识之外，还要涉猎其他跨学科知识，注重知识的多维综合和前沿化。企业需要宽口径、厚基础、高素质的人才来提高生产效益，这就需要高校精准对接行业发展需求，对人才的知识结构进行调整，可以通过增加实践课程的比例，在学科设置上融入跨学科、跨专业思维，根据交叉学科设置新专业等手段，协同企业和科研院所及时跟进高校课程体系优化全过程。人才共享的方式具有灵活性，目前我国产学研合作主要依托项目进行人才共享。

A.　项目委托方式

基于企业生产对技术人才的需要，将单项性项目以签订协议的形式委托于高校和研究机构，并制定严格的质量标准和考核制度，依托人才的专业知识优势完成项目。通过承接项目，在参与产品研发、项目设计、投入生产的过程中不断发现新问题，继而拓展人才的知识面，接触到课堂之外的新知识，又能锻炼跨学科思维和边缘学科的涉猎，同时需求方可提供相应酬劳，使三方共同受益，保持合作活力。

B.　借用人才方式

这种人才共享形式主要适应于临时性项目，当高校、企业、科研院所任何一方特定阶段和发展领域缺乏专业技术人才时，可以通过正规途径从其他两方暂借所需要的人才，并根据项目进展情况给予相应报酬，这种人才共享方式不需要长期聘用，可以有效节约参与主体的成本和资金投入，提高三方合作积极性。

C.　合同购买方式

产学研以项目为导向开展合作，在实现人才、信息、技术资源的交流的同时形成流动系统，为了保持系统的稳定发展，合作方以签订合同或者通过中介机构购买劳务的形式维持合作关系，人才的知识结构直接影响着解决复杂项目问题的能力，这也是激励高校重视新工科人才知识结构调整的有效途径。

新工科人才的知识结构是否适应产业发展需求这一点至关重要，合理的知识结构可以有效带动实现人才深度融合与共享，有助于学生接触到不同领域的新知识，快速获取科研机构最新的研究成果和研究动态，准确了解企业的最新工艺、最新技术，多方面开拓学生的学习视角和纬度，形成知识流动，为企业新产品的开发和科研机构的研发注入新鲜血液。

②产学研协同强化能力结构，实现成果的融合共享

目前，我国企业的研发能力普遍较弱，研究机构和高校的科研成果转化率相对较低，企业、高等院校和研究机构的跨界合作是促进科研成果、知识成果和高新技术成果转化的有效方式。新工科建设强调人才的实践能力、创新创业能力、沟通协作能力、应变能力以及跨学科思维的培养，要求产学研要改变传统的学科导向培养理念，以新工科对工程人才培养的新理念为指导，基于成果导向原则构建产学研协同育人模式。

新工科人才能力的培养需要通过产学研的长效合作来实现，在三方协同互动的同时完善知识成果、科研成果融合共享机制，提高成果转化率。比如人才实践能力的培养仅靠书本和课堂是远远不够的，必须将人才投入到企业的实际生产中，通过亲身实践来提高动手操作能力、解决复杂工程问题等能力；人才科研能力的培养则需要借助研究院所优越的科研环境、研究人员的专业指导，弥补高校实验设备不先进等问题。在协同育人过程中，产学研三方共派导师，共同指导学生完成项目设计、产品研发，建立技术创新、能力提升、知识转化等多方面共建共管的成果融合机制，形成利益共同体，高校的知识成果、研究院所的科研成果、企业的技术成果都可以在协同育人平台上进行共享。

新工科建设注重学生能力发展与产业需求的吻合度，人才培养质量的高低最终是由社会来考核。新型工程人才能将理论知识应用于实践并得以创新，善用复合、创新的思维对知识内容作综合分析并用于解决实际问题，除此之外，还要具备终身学习的能力。教育观强调，学习是伴随人一生的活动，也是成本最低的财富。产学研协同育人通过为学生搭建实践平台和

实习基地，帮助学生将知识有效地转化为能力，实现纵向培养，使新型工程人才以达标的能力结构满足行业需求，得到社会认可。

③产学研协同拓展素质结构，实现信息资源的融合共享

大学时期是学生树立正确的世界观、人生观和价值观的关键时期，学生的在校时间只有短暂几年，毕业后要投入到社会中，未来的大部分时间都是在工作单位中度过，因此，人才素质的高低直接影响着企业和社会发展。新工科建设强调人才的综合素质以及核心素养的培育，"面向2030的工程师核心素养标准"中提到了全球视野、批判性思维、工程领导力、沟通与协调、环境与可持续发展等十项未来工程师需要具备的核心素养。①培养的人才最终是要投入到社会中去，反观现实中的很多犯罪案例，破坏性强、性质恶劣、影响巨大的犯罪活动大多是接受过高等教育的高智商群体，正所谓"金玉其外，败絮其中"，这从侧面说明新型工科人才只具备丰厚的知识和卓越的能力是不够的，教师不仅要注重知识和技能的传授，还要重视人才素质、文化以及三观的塑造等，"高素质"是新工科人才必须具备的品质。

一是以产业需求为导向、以现代信息技术为手段、以信息资源深度共享为原则，产学研共同开发信息资源共享系统，整合高校、行业企业、科研机构的最新学术信息和科技信息，融合国际最新发展动态，拓展学生的全球视野。

二是信息共享系统的运行需要以信息交互、知识共享为纽带，产学研共同监管学生的每一个发展阶段，人才的素质结构需要在不同环境下全面发展，高新技术企业拥有现代技术主导权，高校拥有教育资源，研究院所拥有优越的科研条件，通过信息共享提高人才的科研素质，促进人才可持续发展。

三是在信息融合共享系统中，产学研以团队合作的形式组织竞赛、产品设计研发等活动，培养学生的团队精神、工程领导力以及沟通与协调素质，并不断完善服务信息，

四是高素质人才的培养离不开软硬件设施和环境的支持，产学研合作主体需加大信息化资金投入，从实验设备、信息化管理、网络建设、校园

---

① 郭伟. 凝心聚力，改革创新，为中外合作办学提质增效保驾护航——访中国高等教育学会中外合作办学研究分会理事长林金辉 [J]. 世界教育信息，2016（04）：12-17.

文化等多方面提供支持，实现硬资源、软环境高效协调，为高素质人才提供良好的信息化环境。

五是新工科理念下对人才的素质评价不能仅以高校为主体，要充分考虑企业和科研院所的诉求，多方协同拓展人才素质结构，共同制定技术、工程、理念等方面标准规范，将人才素质的考评始终贯穿于人才培养全过程，这样的评价结果才更具说服力。

另外，产学研在协同育人的过程中不能流于表面，要注重学生五大品质的培养，即批判性思维、知识结构自拓展、技术理解力、设计思维和领导能力，还有家国情怀和奉献精神等综合素质的培养，这样的高素质人才才会给社会带来正面的、积极的影响，继而推动社会的发展。未来的新型人才不仅能够通过技能改善自身生活，更可以用自己的所学改变世界。归纳总结如表5-1。

表5-1　新工科人才需要具备的知识、能力和素质

序号	知识结构	具体内容
1	科学知识（基础知识）	基础知识，如自然、社会、人文、科学学科
2	技术知识（应用知识）	一般的应用技术知识，如信息技术学科
3	专业知识（工程知识）	工程哲学、工程伦理、工程发展历史方法论
4	跨学科知识	工科与其他学科、工科与边缘学科
序号	能力结构	具体内容
1	自学能力	通过自身主动学习获得相关知识
2	分析解决问题能力	善于发现问题，分析问题和解决遇到的问题
3	工程实践能力	参加实践活动的工作能力、动手操作能力
4	创新创业能力	有创新思维，了解和掌握创新的原理和方法
5	协作能力	能和他人很好地协作，共同完成集体事业
6	宣传能力	能进行口头宣讲，或通过各种媒体进行宣传
7	组织协调能力	能组织大家做好集体的工作
8	应变能力	能机智应对紧急突发情况
9	终身学习能力	通过不断的学习实现自我更新
序号	素质结构	具体内容
1	国家情怀	要有正确的三观和奉献精神
2	全球视野	要有前瞻性和战略性眼光
3	团队精神	要学会沟通协作

（4）立足四个方面，优化育人体系

产学研协同育人有了一致的目标、相应的组织领导架构和资源共享机制后，下一步就需要将人才培养具体化，育人体系的优化可采用逆向设计思维：首先通过企业调研获得新工科人才的主要就业方向，了解岗位对人才知识结构、职业能力和素质等方面的要求[1]，高校依据产业需求设计课程体系，细化课程知识点，构建基于跨学科交叉融合的知识－能力－素质实现矩阵的育人体系。由于人才培养的相关组成要素和影响因素颇多，本书立足于产学研合作，主要从课程体系、育人队伍、实践教学以及质量评价四个方面进行育人体系的优化。

①以学科交叉为引领，产学研协同优化课程体系

一个成熟的人才培养模式一定是建立在与之培养目标相辅相成的课程体系、教学内容和教学方法上的，产学研在合作中需要注重核心课程、通识课程、专业基础课程和工程技术课程的设计，新工科背景下的课程体系不仅仅是简单的课程总和，而是通过学习体验、成果导向、学科整合引导学生获得多方面的知识。

A. 产学研协同开发跨学科课程和项目

绝大多数的工程实际问题都是跨领域、跨学科的，在课程体系的优化上，产学研三方要注重跨学科项目和课程的开发、整合，学科交叉始终贯穿课程体系的构建和各个教学环节中，这里的跨学科并不是简单地将各个学科专业杂糅到一起，而是依据社会发展需要，提升课程的综合性和交叉性。

目前我国在高等工程教育课程体系的构建上已经存在"多元复合""二元复合"和"通识"等类型，但这些课程体系的设计都有一个不足之处，就是没有真正体现"学科交叉融合"的特点，学生自然无法将所学知识付诸实践，用于解决实际问题。产学研需要协同开发科研项目、技术项目和跨学科课程，比如高校除了公共必修课、公共选修课、专业必修课、专业选修课等通识类课程外，还要增设工科与边缘学科交叉、工科与其他学科交叉以及不同学科专业之间交叉的跨学科综合课程，在这个过程中，高校可以凭借优势学科增设理工科交叉课程、文理交叉课程等，同时教师要发

---

① 钟登华. 新工科建设的内涵与行动 [J]. 高等工程教育研究, 2017 (03): 1-6.

挥组织领导作用，以问题为导向，让学生带着问题去主动学，同时教师也要做到"教学相长"；企业可以依据自身优势和资源背景，为学生开设创新创业课程、创新思维训练课程、企业经营管理课程以及工程师素养与伦理课程等；科研机构主要负责跨学科项目的研发，可以通过竞赛、签约等方式开展，比如机器人设计大赛、AI项目设计、科研项目、产品项目设计等，学生可以以团队的形式来共同完成。目前很多一流高校早已在践行并取得了丰硕的成果，这有助于学生进行跨领域知识交流，将工程思维和跨学科知识综合运用到系统开发中去，进而提高学生解决复杂工程问题的能力。（如图5-5）

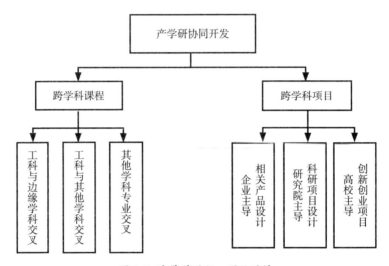

图5-5 跨学科课程、项目设计

B. 产学研共同参与课程结构调整

在新工科背景下，课程结构也需要随着时代变迁不断进行调整、优化，产学研在共同调整课程结构时，要以产业需求、行业发展为导向，比如新经济背景下衍生出的大数据、云计算、物联网、生物工程等，高校在进行专业设置时要考虑到市场的需要，以"复旦共识"对不同类型高校分类建设的原则，工科优势高校、综合性高校、地方性高校要结合自身办学特色，分别发挥各自优势，设置合理科学的培养环节和课程学分比例，适当增加学术活动和实践课程在总学分中所占的比重。美国的富兰克林·欧林工程学院（FranklinW.Olin College of Engineering）是一所主攻工程学的院校，在课程结构上通过整合不同的学科知识组成了三个课程模块，培养出了一大批优秀的工程人才。德国的汉诺威应用科学大学（Hannover University of Applied Sciences and Arts）将行业需求与专业设置相结合，它的课程结构就有明显的职业领域特征，并根据产业需求对课程体系、专业设置及时进行动态调整。另外，我国的西安电子科技大学和汕头大学、燕山大学分别通过组建人工智能学院、立足 CDIO 工程教育模式对课程结构进行优选和调整，将课程分成课程群，并在人才培养的成果上卓有成效，这些成功的案例都可为产学研在共同参与课程结构的优化上提供新思路。[①]

C. 产学研共同参与育人全过程

产学研三方围绕育人目标共同参与制定人才培养方案，创新教学内容和教学方法。人才培养方案要体现出新工科人才的特点，基于产学研主体的优势，针对行业发展、企业建设和服务地方经济的需求，及时对人才培养目标、规格、内容、途径、方法以及质量评价体系等进行创新改革。

一是高校教师、企业工程技术专家和科研人员要共同参与到制定人才培养方案、优化课程体系、合理设置"三新"专业、编写实践教学和理论教学大纲、把关毕业设计、拟订实习计划中来。

二是集聚三方优势，高校积极对企业和科研院所的需求进行调研，在教学方法和教学活动设计上注重多样化，将企业和科研院所的有效资源纳入课堂教学和教材中，在教学方法上及时创新，重视对学生复合能力的培养，在教学内容上及时更新，增加自主选题和自主实践的课程，实践教学体系要充分体现学生专业能力、工程实践能力、创新创业能力和动手能力的训练，提高综合素质的横向扩展和专业知识的纵向提升，真正实现社会资源向育人资源的转化。以上目标的达成需要产学研各方人员全程、全面、全方位、多层次地参与教学活动，协同优化教学方式方法。

② "三导师"与"双师型"教师双轨发展，强化育人队伍

用最优秀的人去培养更优秀的人，振兴教育在于教师，教师团队水平的高低直接影响着人才培养的质量，高质量的育人队伍是实现新工科人才培养目标的前提，实行"三导师"制与"双师型"教师双轨发展是教育教

---

① 孙峻. "新工科"土木工程人才创新能力培养 [J]. 高等建筑教育，2018（02）：5-9.

学改革的趋势，也是新工科建设下推进产学研协同育人工作的根本保障。

A. 加强"双师型"教师队伍建设

我国高等教育界普遍将"双师型"师资队伍的建设应用于高职院校，其发展根植于校企合作、产教融合，在新工科建设背景下，"双师型"教师的培养与制度建设同样适用于综合类高校、地方性高校以及工科优势学校。教育部与其他相关部门联合印发的《深化新时代职业教育"双师型"教师队伍建设改革实施方案》（以下简称《方案》）中明确指出近期目标："到 2022 年，职业院校"双师型"教师占专业课教师的比例超过一半"，并在教师培养补充、资格准入、培训发展、考核评价、待遇保障等方面提出了 12 条相关举措，同时"建设 100 家校企合作的"双师型"教师培养培训基地和 100 个国家级企业实践基地"，"双师型"教师数量逐渐增加，教师队伍整体素质不断提升，产学研协同建设"双师型"教学团队，优先引进工程领域的重要领军人才，同时注重留学深造人员的回引措施，促进人才集聚的共振效应，加强发挥知识协同效应，为全面提高复合型卓越工程人才培养质量提供强有力的师资支撑。

B. 建立"三导师"协同育人梯队

一是导师组要树立正确的工程教育理念。意识形态是决定教师行为的重要因素，在教师培训中植入工程教育新理念对促进课程改革非常有帮助。导师组自身需要具备强大的理论知识储备，还要有扎实的工程实践能力，在人才培养的课程体系选择优化方面首先要做到对课程内容的精选、重组和优化，在课程内容选择上要以经济发展和企业需求为出发点，以"多学科交叉"为基础，将对人才培养的人文素养、科学精神和创新能力融合统一，使之符合新工科人才的培养特点。另外，课堂教学、课外活动要与企业项目协同并进，实现专业教师与行业技术人员一体化联动，提高科研转化能力，同时在扎实掌握相关专业基础理论知识的基础上，合理权衡理论与实践的比重，将两者充分结合，而不是纸上谈兵。

二是建立"三导师"交流联络机制。高校、企业和科研院所的导师由于其擅长的领域不同，自然都会有各自的知识盲区，"三导师"之间需要互相兼职，定期交流与合作，鼓励高校教师走出校门，进入企业和研究院所挂职或顶岗工作，亲身参与企业生产、设计、研发、管理全过程，在企业真实的工程环境和先进的装备技术环境中，在经验丰富、动手能力强的专业技术人员的指导下，培养自身的工程实践能力、工程设计开发能力和工程技术创新能力，强化工程背景，同时鼓励企业和研究院所的导师进入高校课堂，为更好地科研、开发巩固理论基础，"三导师"共同解决在生产、学习和科研中遇到的复杂工程问题，更好地服务于新工科人才的培养。

产学研三方可以通过共建联席会议制度、定期会商制度、对口人员交流制度、人员互相兼职制度方式开展，让学生在高校、企业、研究院所都有导师指导学习。企业技术人员可作为"实践导师"进入高校课堂，高校导师也可去现场兼任"工程师""技术人员"和"研发人员"，将企业理念带回课堂教学，通过下企锻炼，真正了解市场需求，从而带动教学改革和专业建设。另外，产学研三方还可以通过共建联合实验平台互相兼职，在平台上三方相互交流、学习、开发、研究，共同参与人才培养，从而最大程度上发挥各自优势，通过优化人员交流路径，促进新工科人才培养的实现。

三是优化"三导师"选聘制度。突破以往高校师资聘任在体制和机制上的束缚，高校要从企业和科研机构引进具有丰富经验的企业工程技术人员和掌握核心领先技术的科研专家，建立高水平的科研团队，成立"三导师"育人梯队，使其渗透到新工科人才培养中，有效解决高校师资队伍工程实践能力缺失的现实问题，同时优秀人才的模范作用和集体效能也会得到提高。

四是完善"三导师"激励考核机制。为提高教师工程实践能力，强化工程背景，要定期组织导师到相关企业进修或参加职业技能培训，鼓励教师在相关企业内挂职或顶岗工作，为导师获取进修学习的机会，同时鼓励青年教师"双师"转型，保障企业的最新技术、最新工艺、最新设备以及科研机构的最新研究成果能够第一时间进入高校课堂。要安排企业兼职教师到高校接受继续教育，更新技术人员的专业知识，提高工程领域的理论水平，促进实践经验与理论知识的结合。另外，要充分利用地方政府的相关政策，为技术成就和科研成果转换率高的教师授予更高的荣誉和奖励，激发"三导师"队伍育人活力，提高教师的积极性和主动性。此外，还可以试图扩大成果使用率，科研成果直接转化为实际生产力，吸引企业和政府更多地投入资金。另一方面，还要有相应的评价管理制度，可以根据国家权威性的职业资格认证通过率等方式来建立"三导师"育人评价指标，在建立激励机制时，要注意根据不同层次的导师组分别制定不同层次的聘用标准、绩效考核、奖励金等激励制度，通过完善评价机制改进导师育人成效。

导师队伍是人才培养过程中至关重要的因素，导师水平的高低直接影响着人才培养的质量。产学研协同育人过程中人员的流动带动了资源共享，系统稳固运行的关键在于产学研三方人员的积极性和协同性，所以必须打通以人员对接为核心的沟通交流渠道，高校、企业和研究院所分别筛选和聘任企业工程技术人员、科研人员作为高校特聘导师，长期指导高校学生在相关企业和机构的实习、研究和实践。

③以产业需求为抓手，产学研协同完善实践教学体系

新工科建设更加注重对学生实践能力的培养，实践教学环节是新工科背景下产学研协同育人模式的重要组成部分，目前已经有很多高校出现了"产业班"、产学研共建"产业学院"等多主体育人试点，更加注重实践内容与产业需求相结合、实践过程与项目研发相结合、实践任务分工与岗位职责相结合，实践教学的范畴不仅仅是生产实习、毕业设计，还包括学生的日常管理、思想政治工作等方面都需要产学研共同参与，形成一种全方位、多层次的密切协同关系，具体可以通过以下方面开展：

A. 设计项目驱动与产品开发相结合的实践体系

实践教学设计要紧紧围绕学生，培养学生工程实践能力、动手操作能力以及发现问题并能用所学知识来解决问题的能力，梳理新工科人才所需的知识和技能，通过实训项目贯穿的形式，形成基于项目–设计思维的实践教学体系。以"创新项目设计"为例，产学研三方通过共建项目驱动与产品开发结合的实践教学，可以在很大程度上推进教学方式方法改革，增强学生的"向学力"[①]。（表5-2）

---

① 周开发，曾玉珍. 新工科的核心能力与教学模式探索[J]. 重庆高教研究，2017（03）：22-35.

表5-2　"创新项目设计"实践教学

学年	实践课程	主要内容
第一年	创新项目课程Ⅰ	初步完成一个具备特定要求的创新设计
	项目课程Ⅰ（寒假）	进行功能要求的持续升级
	创新项目课程Ⅱ	中国创新方法大赛去年主题训练及组队
	市场调研与实践（暑假）	到相关产业基地参与暑期培训和市场实地调研
第二年	创新项目课程Ⅲ	中国创新方法大赛专题训练
	企业参观调研（寒假）	到企业和市场进行实地考察调研
	创新项目课程Ⅳ	中国创新方法大赛当年主题训练及组队
	暑假课程及原型项目设计与开发（暑假）	参加暑期系列课程选修并完成原型产品初步设计与开发全过程
第三年	产品设计项目课程Ⅰ（定义）	精心选题，结合实际市场需求和团队技术进行实物产品设计或系统开发
	产品市场调研（寒假）	产品设计项目课程Ⅱ（迭代）产品定位与市场调研
	产品设计项目课程Ⅱ（迭代）	精心选题，结合实际市场需求和团队技术对产品设计项目课程Ⅰ（定义）产品进行深入改进或重新选题，进行实物产品设计或系统开发
第四年	毕业设计市场调研	初步进行毕业设计调研，完成市场调查与定位
	毕业设计Ⅰ	精心选题，结合实际市场需求和团队技术对产品设计项目课程Ⅱ（定义）产品进行深入改进或重新选题，进行实物产品设计或系统开发
	毕业设计Ⅱ	完成毕业设计选题、开题和任务分析等工作；经历项目训练后提升对综合性很高的产品的设计
	毕业设计产品/原型展示与反馈	进行产品展示与评估反馈，对有价值的产品进行研发孵化培育

　　基于项目－设计思维的实践教学体系始终贯穿学生本科四年的学习。最有效的教学法与目标、内容、学生、教师有关，次之就是学生教学生，由此可见合作学习的重要性，实践教学体系注重团队协作能力的培养。产学研协同视角下的"项目＋产品设计"实践教学具体以"跨学科指导教师团队"和"学生团队项目设计"为核心，通过团队教学的方式[1]，组织学生在团队中以单元系统为单位仿真现实工程项目设计。企业在这个过程中至关重要，为学生的实习、调研、敞开式实践项目提供平台，同时可以为学生参加的各类比赛、项目设计提供资金援助。"三导师"在整个实践教学过程中随着项目的不断推进，层层深入引导学生，帮助学生更好地运用所

----

① 鲁正，上官玉奇. 基于本科生导师制的新工科人才培养探究：以同济大学土木工程学院为例[J]. 高等建筑教育，2018（02）：1-4.

学所知解决复杂问题。

B. 共建"线上线下校内校外"的实践平台

新工科建设下产学研协同构建育人实践平台要用多维度的视角去考量，如今是信息化时代，实践平台的构建不应形成思维定式，仅仅局限于实体平台，要打开思维，通过线上线下、校内校外结合来丰富实践教学内容，为提高学生的工程实践能力提供良好的教学环境和条件。

一是校内外实践平台的建设。校内实践基地构建的重点在于加强实验室建设，学校领导层面要根据实验人员对实验室不同的需求，努力创建集教学、科研、培训功能一体化的现代化实验室，使学生通过仿真模拟打造与现实场景相近的环境，随时随地进行实际操作，从而提高学生的工程意识和工程实践能力；校外实践平台主要包括产学、学研多方共建实验平台、实践教学基地、联合实验室等协同育人平台，将各类比赛同企业项目、产品设计、工程项目设计相结合，作为对课堂教学的有力补充。新工科背景下要鼓励高校与企业、研究院所共建"产业学院"，比如浙江大学就很好地融合校内校外双平台建设，为培养高质量的复合型工程人才助力。分析我国实践教学成功的案例，产学研在共建校内外实践教学平台时可以从三个阶段来考虑：第一阶段是操作层和基础层，主要指大二阶段以理论教学为主，企业实习为辅，让学生早早地和企业接轨；接下来是设计层，这一层面主要是学生各类创新大赛与工程项目、企业产品设计相结合，推动科技成果的产业化；最后是综合层，主要针对学生的毕业设计，通过之前科研项目、工程项目、产品设计及创新大赛的磨炼，鼓励学生为就业做好准备。（如图 5-6）

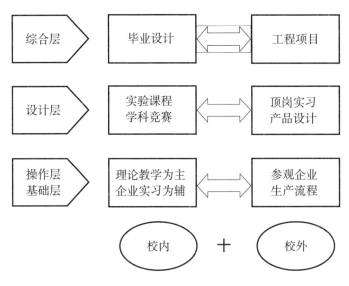

图5-6　"校内＋校外"实践教学

　　二是线上线下实践平台的建设，具体指线上共建信息合作平台，线下共建实践基地，组织合作沙龙，落实产学研合作联动机制。随着教育技术信息化的进步，在线教育风起云涌，MOOC（Massive Open Online Courses，大型开放式网络课程）、SPOC（Small Private Online Course 小规模限制性在线课程）、翻转课堂、网络直播等刷新了教育教学方式和方法[①]，"线上＋线下"实践平台的建设极大地提升了教学效果，增强了产学研全员参与的积极性和师生互动性，为产学研协同育人的工作带来全新动力。一是参与平台建设的教师可以来自不同的部门，实现学校内部和外部的知识共享。二是指出现实中存在的问题，教师可以根据企业技术创新的瓶颈来修正研究方向，企业可以通过高校教师来解决理论问题，实现合作共赢的机制创新。同时加强三方合作过程管理，注重过程数据的积累，促进产学研协同育人的活性、自觉性、长期性和制度化。对于企业而言，项目教学和案例教学无疑是很好的选择，可以将行业发展的最新动态融入教学过程中，同时还可以构建校内外信息资源共享机制，将产学研之间的各种凸出情况和更多的信息资源进行网络互联，甚至拓展到全球范围内的信

---

①　吴磊. 新工科理念下工业设计专业教学方法与实践 [J]. 高等建筑教育，2018（02）：4-9.

息资源互联，切实培养学生的复合创新意识和能力。（如图5-7）

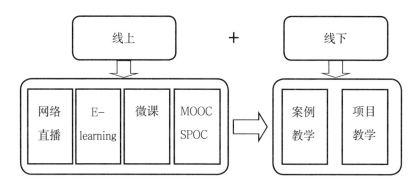

图5-7 "线上＋线下"实践教学

④以标准化建设为重点，产学研协同优化质量评价体系

我国自2016年成为《华盛顿协议》正式成员以来，工程教育专业认证随之迈入新的发展阶段，工程教育认证是人才培养体系建设的重要依托，人才培养模式的成功运作离不开相应的管理制度和质量评价体系。在育人模式的构建上，有了育人目标、组织领导机构、沟通协调渠道以及具体执行策略后，需要对人才培养的质量进行检验，以验证育人模式的可行性，因此科学的质量评价是保证新工科人才培养质量的有效手段，本书主要从评价主体、评价内容、评价方式三个方面完善质量评价体系。

A. 评价主体多元化

由于产学研"多元融合"育人模式下的参与主体具有多元性，因此，在对人才培养质量进行评价时也要从不同角度、多个层面进行考量。确立不同的评价主体，有助于保证评价结果的真实性、公平性、合理性和有效度。

一是宏观层面，主要包括领导部门、执行部门、监督部门和国家相关资格审核，在这个过程中，相关利益者之外的第三方评价机构尤为重要，通过科学有效的评价方法和手段，对人才培养质量评价结果进行全面分析和宏观调控，有利于对改进人才培养质量提出可行性建议，从而最大程度发挥各参与主体的作用。

二是微观层面，可以具体到产学研"三导师"评价、企业和研究院所用人单位的人力资源部门评价、高校科研处和教务处评价、各二级院评价、同行专家评价、学生自评、社会第三方机构评价以及相应的管理监督部门考核等，由于各个评价主体的关注点不同，更能多维度、多方面地对人才培养质量进行综合性评价，对学生各阶段的成果进行考核并记录存档，从而全面客观地反映评价结果的科学性与可靠性。

B. 评价内容全面化

教学质量是高等学校生存和发展的生命线，是专业取得可持续发展的根本保证，为保障新工科人才培养目标的实现，要实施与复合型卓越工程人才培养质量相契合的评价工作，产学研协同育人要求质量评价内容全面化。宏观层面的评价内容包括教学质量、学、科研成果、毕业设计以及对导师的评价。

一是教学质量考核与评价的对象主要由产学研"三导师"牵头，本着客观公正、实事求是、定性与定量相结合、全面综合评价的原则。高校导师从教学计划、教学内容、教学资料的归档、课程设置、学生评价、教学信息反馈评价、教学大纲、教授委员会听课评价等方面进行考核，企业导师要参与到学生的生产（毕业）实习、毕业设计（论文）、实践技能评价等方面，研究院所导师从实验教学、科研活动、教研室评价、科研成果等多方面开展，在评价过程中三方领导小组还要重视对教师教学质量进行全面、综合考评[①]。

二是教学过程和教学效果评价主要针对学生的知识、能力、素质评价，产学研三方要结合新工科人才对"KAQ"结构的要求，融入学科交叉知识、跨学科思维、工程实践能力、创新意识、创新能力以及核心素养等考核元素。

三是教学条件评价主要包括实验室建设、科研经费投入情况、学校软硬件设备及应用情况、实践基地和平台建设等方面。另外还要完善企业、科研机构对新工科人才的质量评价体系，融入职业素养、合作意识、组织领导能力等评价因素，充分发挥教学评价的引导、激励和改进功能，切实保障新工科人才培养质量。

C. 评价方式多样化

"多元融合"协同育人模式决定新工科人才的质量评价不能局限于单一的评价方法，评价方式要多样化。

① 王瑜，李维，谈美兰，等. 新工科背景下建筑环境与能源应用工程专业传热学课程教学研究[J]. 高等建筑教育，2018（05）：14-19.

一是采用定性与定量评价相结合。教学活动是一个教与学的复杂过程，影响人才培养质量的因素有很多，有些是定性指标，有些是定量指标，产学研三方要在充分调查研究的基础上，采取定性评价与定量评价相结合的方法，以提高评价结果的可信度。

二是校内自评与校外他评相结合。产学研协同育人强调高校、企业、科研机构的共同参与，因此在人才培养质量评价上不能脱离行业需求，从校内和校外、主观和客观方面，对人才培养质量进行严格把关。

三是过程与结果评价相结合。CBE 模式强调能力导向，OBE 模式强调成果导向，CDIO 理念强调过程的实施和运行，可见过程性评价和终结性评价相辅相成缺一不可[①]。

四是师生互评、学生自评、生生互评、教师自评、师师互评相结合。产学研合作是多元参与、多元协同的育人系统，其多元化的互评方式有助于师生更加全面地认识自己的优势和不足，从而不断提高自身能力和素养，使评价结果更具有效性。

五是分类管理和分类评价相结合。根据科研能力、教学业绩、绩效考核、成果贡献度等方面对教师进行分类别、分层次评价，同时结合团队绩效考评的方式，鼓励个人利益与团队利益相结合，引导教师提高教学质量，整体达到可观的"六率五度"，即学生就业率、专业对口率、职业稳定率、自主创业率、岗位晋升率和对地方经济建设的贡献率以及培养目标达成度、学生及家长满意度、质量保障运行有效度、用人单位满意度、社会需求适应度等，切实提高新工科人才培养质量。

（5）发挥五大优势，完善育人机制

①发挥高校的主导优势

高校有人才培养、科学研究、社会服务、文化传承创新、国际交流合作这五大职能，在产学研协同育人过程中起着主导作用。知识经济时代背景下，企业的竞争归根结底是高素质人才的竞争，而高校正是直接为企业输送人才的场所，因此，具有实践能力的高素质工程人才的质量和数量直接影响着产业行业发展和企业效益。在协同育人系统中，高校需要通过利

---

① 徐雷，胡波. 关于综合性高校开展新型工程教育的思考[J]. 高等工程教育研究，2017（02）：6-12.

用自身的教育资源和教学环境等育人优势,整合企业、科研院所的资金支持、项目引导、技术支撑等优势资源,创新人才培养模式、教育教学方法和手段,优化育人路径、拓宽育人渠道,加快知识成果产业化。通过利用自身办学优势提高新工科人才培养质量,为产学研协同育人进一步发展奠定理论基础,这既是新工科建设的需求,也是我国高等教育创新改革的内在要求。

②发挥企业的应用主体优势

具备高素质的复合型技术人才是企业提高竞争力和技术发展的源动力,在产学研协同育人模式中,企业是驱动变量,既是技术使用者又是投资者,能为人才培养、技术创新、科技研发提供资金和平台支撑,为产学研协同育人的发展奠定物质基础。目前我国企业主要以项目牵头、共建培养基地、引进企业技术人才为校外导师这三种方式参与协同育人。新工科人才的培养目标要求高校培养的人才要有较强的实践能力和综合素质,比如高新技术项目研发能力、实践经历、生产、运营、管理能力以及解决复杂工程技术问题的能力,通过与高校、科研院所强强联手,可以补齐高校传统人才培养模式下实践教学环节薄弱、专业针对性不强等短板,使学生能够较早进入企业和研究院所,亲身体验企业产品研发全过程,以及企业管理、成果转化、技术开发等工作。学生在第一时间接触企业的最新工艺、新设备和新技术,从而培养其实践能力、动手操作能力、组织管理能力、沟通协调能力、技术研发能力等,以便将来更好地为企业所用。

③发挥研究机构的科研创新优势

科研院所主要致力于科学研究,旨在提高我国科研水平,在产学研协同育人模式中,其优越的科研条件和科研环境可以弥补高校和企业在软硬件设施等方面的不足,力求科研成果能在合作中实现增值。高校通常因为经费问题导致实验设备不能及时更换,无法为学生和教师提供一个良好的科研环境,从而影响课题和科研项目的进度和质量。通过产学研协同育人平台,科研院所同高校和企业建立合作关系,在为人才培养指明方向的同时帮助高校和企业在经费短缺、缺乏人财物资源的困境下借助科研机构先进的仪器设施、最新的科研成果、浓厚的科研氛围、良好的科研环境等优越条件进行深度合作,共同培养新工科人才。同时,科研院所也是科学技术与教育教学之间沟通的桥梁,通过高校与科研机构的合作,有助于学生及时掌握科研第一线，了解最新的科研动向和研发成果，补充学校缺乏的科研知识领域，使知识产权（智力成果权）可以得到有效保护，从而达到提高新工科人才培养质量的目的。

④发挥政府的政策引导优势

政府作为宏观调控者，是产学研协同育人有效开展的根本保证，在整个育人模式的构建中起着统筹发展和规划建议的作用，在合作关系中有着政策引导、立法保障以及金融支持等优势。新工科建设的核心在于人才，政府要改变以往的形式主义原始范式，真正投入到协同育人的整个过程中来。一是可以组织相关教育部门、工程研究院和企业共建"新工科人才发展平台"，根据"工科优势高校""地方性高校"和"综合类高校"的不同特色设计与之匹配的人才培养规格，并为平台的顺利运行制定相关规章制度，提供政策引导和资金支持，为国家发展培养复合型卓越工程人才。二是通过完善的保障体系和激励机制等外部环境建设，扩大高校的育人空间、研究机构的研发自主权以及企业的技术创新平台，为产学研协同育人营造良好的氛围。三是通过立法保障等政策支持，组织协调各个主体之间的关系，通过优化资源配置，充分调动合作主体的积极性，建立科研与应用相互促进、技术需求与技术供给有效对接的产学研长效合作机制，为产学研协同育人模式的顺利开展保驾护航。

⑤发挥信息化平台的桥梁优势

新工科背景下的学科界限不断突破，边缘学科和交叉学科不断涌现，一系列高新技术成就离不开现代信息技术的发展，互联网、大数据、云计算等新技术已经充斥着我们生活的方方面面[1]，新工科背景下的产学研协同育人更是无法脱离信息化建设而谈，网络信息化平台在产学研协同育人中发挥着促进合作主体进行全方位深度融合共享的桥梁作用，也是实现高素质新工科人才培养的先决条件。

网络信息化平台可以帮助解决产学研合作在实践教学中的时间地域限制、实验设备管理、资金有限等现实问题，新工科建设下要求人才要全面发展，变革创新思维，提高自身综合素质，学生待在"象牙塔"内是无法

---

① 陈慧，陈敏. 关于综合性大学培养新工科人才的思考与探索[J]. 高等工程教育研究，2017（02）：19-23.

获取这些技能的，因此，需要高校、企业、科研单位多层次、全方位协同起来。产学研合作的领域和视角不应仅仅停留在共建校外实习基地、实训平台和创新创业孵化基地等层面上，要主动迎接新科技带来的机遇和挑战，共建集教育教学、设计研发于一体的多功能型协同育人信息化平台。目前，我国产学研协同育人在信息化建设上已有很大进步，很多高校与企业已经开始共建线上信息平台，利用"互联网"进行教育教学，将高校、企业、研究院的优质资源反哺人才培养全过程，实现新兴工程人才从"创意"到"创新"再到"创业"的蜕变①。

二、顶岗实习模式

顶岗实习作为一门课程，是体现专业特色和专业人才培养标准，完善学生专业技能，进而提升学生综合职业素养的一个重要环节。在顶岗实习环节，高职院校依托网络管理平台，以学生为本，面向全体学生，教育内容全面翔实，服务时间和空间全程，探索"三全"育人基本范式。它借助手机 App，以专职教师实地走访企业为主要形式，精心备好顶岗实习"课"，构建实践育人的"面""线""点"，实现了顶岗实习教育、管理、服务的远程化、信息化和全程化，成效明显。

（一）高职院校顶岗实习教育管理面临的"沟壑"

技术技能型人才培养的规律，要求高职院校提高顶岗实习效率。虽然一些院校制定了顶岗实习制度，也有一定的机构和人员进行管理，但由于人力、物力、财力等诸多因素限制，在顶岗实习过程中，学生"跳槽""待岗"或因安全问题引发纠纷等时有发生。这些现象反映了高职院校在探索顶岗实习教育与管理过程中，仍然面临三个难以逾越的"沟壑"，即对顶岗实习岗位的"把关"与选择引导不够、对顶岗实习的动态化管理不够、对实习成绩的考核缺乏科学依据。顶岗实习铸就的时空错位，需要学校"以实习生为本"，更新教育、管理、服务理念，高职教育应以抓实践教学为切入点，尤其要建立科学、合理的顶岗实习育人体系，全面提高教学质量，

---

① 陈建中．"新工科"背景下职业院校工程技术教育改革创新的思考 [J]．中国管理信息化，2017（14）：213-214．

把培养实践能力强、综合素质高的技术技能型人才作为高职教育的办学特色。

（二）高职院校顶岗实习"三全"育人理念及其含义

1. "三全"育人理念的提出

21世纪教育委员会于1996年向联合国教科文组织提交的报告《学习——财富蕴藏其中》提及教育的学习者应该"学会认识、学会做事、学会共处、学会生存"。这不但为顶岗实习的教育、管理与服务提供了意蕴深厚、具有开创性的指导原则，而且从国际视野角度对人才培养和发展提出了更高标准。高职院校的社会责任之首是培养具有综合职业素养、符合社会需要、可持续发展的高素质技术技能型人才。家长将孩子送到学校，希望孩子能学会"做人""做事"，以求将来取得较好的谋生手段，这与职业教育思想是一致的。如果顶岗实习期间对学生放任自流，高职院校忽视甚至放弃这一阶段人才培养的社会责任，所产生的社会影响将是很大的。黄炎培先生曾说过："今日之患，不患人之不信仰学校，而患在学校之无法使人信仰。"因此，高职院校首先要履行人才培养的社会责任，才能进一步发挥科学研究、服务社会等其他社会功能。为此，高职院校应根据马克思主义关于人的全面发展学说和人才培养"可持续发展"理论，在顶岗实习教学实践中探索管理全体、教育全面、服务全程的"三全"育人模式。

2. "三全"育人理念的含义

（1）管理全体。面向全体实习生，实行全覆盖，包括企业"订单班"及其他相对集中或分布零散的实习生，从几十人、十几人、几人到一人，从省内到省外甚至国外（如先培训后回国参加顶岗实习的），不漏掉任何一个实习生。

（2）教育全面。对实习生进行全面教育，不放弃任何一个可以增强实习生职业素养的环节：第一，专职指导教师细分顶岗实习课程，审定教学内容，开展人文职业素养提升的跟踪指导（包括心理健康、沟通表达能力、团队合作意识等）；第二，校方聘请企业兼职指导教师（帮带师傅），对实习生岗位基本技能进行指导；第三，结合行业背景、企业文化及学生成长变化，专职教师开展职业生涯规划和职业素养提升等方面教育。

（3）服务全程。专职指导教师对实习生进行职前、职中、职后全程服务，即实习前积极开展岗位遴选、推荐和校园招聘；实习中进行实地走访，及时传递校、企、生相关实习信息及沟通、跟踪服务，无论寒暑、节假，与企业保持同步，不漏掉任何一次服务实习生的机会；实习结束后，做好教学材料收集和就业推荐服务等工作。

三者秉承"为了一切实习生""一切为了实习生"的宗旨，努力促进实习生在企业的成长和发展，着力于实习生各种必备素质的全面提高，着眼于实习生各个阶段、整个实习期间的各种诉求，三者借助手机 App 功能，集管理、教育、服务于一体，凝聚于校企合作育人之中。

（三）高职院校顶岗实习"三全"育人实践

1. 研发顶岗实习管理系统，勾画"三全"育人覆盖"面"

高职院校自主研发顶岗实习管理系统，设计好模块和各自功能，并做好系统各模块设计、监督与维护，主要有全院管理模块、实习生模块、工作站专职实习指导教师（简称"专职教师"）模块、企业帮带师傅模块。

（1）全院管理模块。顶岗实习网络管理系统专职管理员负责相关实习就业新闻动态及相关教学通知（考证、补考、大赛等）、企业招聘（录用）信息及时发布，实习感悟点滴、优秀校友事迹定时上传分享，开设在线交流、短信留言，提供文件、表格等公共资料下载等。管理员及时维护各项信息（实习生手机 App）更新修改，将顶岗实习信息传递、反馈给相应教师，收集专职教师每日走访 GPS 瞬时定位信息等，导出实习生的月成绩，最终按比例核算、打印实习成绩。

（2）实习生模块。凭学号及密码登录系统，填写实习单位、岗位信息及个人基本信息，每周汇报实习进展并提交实习周记，定期与毕业论文指导教师沟通。

（3）专职教师模块。即时查询、掌握实习生基本信息、岗位状况、企业福利待遇情况，每日微信定位走访区域，并完成走访信息登记、实习周记批阅、每月实习成绩评定、实习生留言答疑等。

（4）企业帮带师傅模块。专职教师协助企业遴选实习生帮带师傅，协助帮带师傅制作实习生岗位任务书，制订轮岗计划。帮带师傅则负责实习生日常指导与管理，每月完成对实习生的成绩评定。

2. 精心备好顶岗实习"课"，绘制"三全"育人专程"线"

由学校教务处、各系精心准备好顶岗实习流程，在实习期间逐步实施，形成"三全"育人专程"线"。

（1）充分动员，让学生理解顶岗实习是教学计划的"闭环"而愿意实习。每年顶岗实习前夕举办"工学结合"宣传活动，聘请企业人士（或成功校友）开办讲座、举办安全知识竞赛、展示往届顶岗实习成果精华、召开主题班会和专场咨询会等，全方位、多角度地宣传顶岗实习的目的、意义和要求，让学生充分认识到顶岗实习是以检验、强化专业知识和技能，提升综合职业素养和就业竞争力为核心，通过企业真实的"课堂"来完善高技能型人才培养教育"闭环"，从而让学生愿意实习。

（2）开展教育，让学生体验顶岗实习是职业生活的必经环节而安于实习。一是帮助学生及时调适心态。专职教师实地走访企业，召集实习生集中座谈，正确转换"车间"与"课堂"、"上课"与"上班"、"学生"与"员工"的心理角色，甘当小学生虚心求教，一步一个脚印，一切从零开始；遇到简单、机械、重复动作或琐碎活儿，不怨声载道，从端正工作态度和培养心态开始，让他们合理确定期望值，正确定位，调整心态，从小事、基层做起，练好基本功，扎根一线岗。二是帮助实习生主动学习。专职教师及时提醒实习生注意实习安全，对专业课本实行"回炉"学习，并逐步学会团队合作、主动沟通、与师傅融洽相处，明确"制度""职责""质量"和"纪律"的重要性，充分体验企业精神，主动融入企业文化。三是帮助学生积极应对挫折。教育实习生辩证看待世俗人情，遇到困难首先寻找自己的不足，积极应对挫折，顺利完成学生向职业人角色的转变。

（3）强调问题意识、激发创新热情，让学生培养职业情趣而乐于实习。企业生产中工艺流程均会随着订单业务的变化而改变，新问题也会层出不穷。鼓励实习生充分运用自己所学理论知识敢于质疑、积极思考，即便是不成熟的意见、建议没被采纳，也将之看作一种创新体验及主人翁意识的体现，有利于增强学生自信心，培育其职业情趣，从而让其乐于实习。

（4）将企业文化引入顶岗实习日常管理，让学生适应管理而善于实习。尊崇安全生产、遵守规章制度、切实履行工作职责、忠诚企业等企业文化，对学校加强实习日常管理尤其重要。选取一部分优秀企业管理制度编印成册，作为实习教育的参考和例证，让学生上岗前就对企业管理制度、生产安全、工作流程、劳动保护等了然于心，用以指导自己的实习生活，养成良好的工作和生活习惯，从而使其善于实习。

3. 按区域校企共建工作站，夯实"三全"育人中心"点"

高职院校可借鉴企业管理理念，将顶岗实习管理机构建到企业，把顶岗实习教育服务送到岗位，在实习生、毕业生相对集中的就业区域内，设立负责企业联系、岗位落实、学生教育及管理、预就业等工作的常设机构——校企合作工作站。工作站负责各区域实习岗位落实、学生信息管理、实习生教学任务跟踪督察、实习生党（团）建设、校企合作等事宜。每一个工作站都是顶岗实习教育管理、服务的中心，体现了特定区域对实习生的管理全体、教育全面、服务全程，形成了"三全"育人的汇聚点。

（1）打造"三支队伍"，保证必要师资基础。每一个工作站按一定师生比配备专职教师，校企协商为每1～3名实习生聘请企业帮带师傅（兼职指导教师），原班主任协助工作站充当兼职管理员，这"三支队伍"互相配合，有分工，更有合作。

（2）明确职责，保证实习质量。在顶岗实习期间，专职教师围绕企业生产、加班需要，打破传统的学年、学期、寒暑假界限，与企业生产保持同步，及时走访、座谈、协调，开展教育、管理和服务，期末接受校方绩效考核；帮带师傅按照校企双方培养协议切实履行"传、帮、带"义务，遇到问题及时与专职教师、企业相关人员沟通解决，保证顶岗实习的连续性。期中、期末，校企双方对其考核发放津贴并进行续聘工作。

（3）划出专项资金，保证教育教学费用支出。在专职教师驻站工作期间，等同于校内上班工作量，享受正常出差补贴；企业帮带师傅享受企业"带徒弟"补贴或校方课时津贴。

（4）运用手机 App，保证信息畅通。学校依托顶岗实习网络管理系统，完善信息发布、政策引导、实习就业指导、信息查询、在线求职管理等功能，全面开通学生手机 App 客户终端服务，定期面向学生发布各类信息。现代智能手机的普及为信息化管理提供了便利，如手机上网、手机 QQ、微信甚至地理位置实时精准定位等服务，无论是对专职教师还是实习生，都极大地提高了顶岗实习管理的效率。

（四）高职院校顶岗实习"三全"育人成效

在长达半年至一年的顶岗实习期间，学生逐步由实习生转变成"职业人"，学校以学生为本，遵照"可持续发展"理论，面向全体，不忽视任何一个实习生；教育全面，不放弃任何一个可以提高实习生职业素养的环节；服务全程，无论寒暑、节假，与企业保持同步，不漏掉任何一次服务实习生的机会，形成了"三全"育人的基本范式，成效显著。

1. 将手机 App 运用于顶岗实习管理中，提高了顶岗实习效率

手机 App 运用于顶岗实习管理中，拉近了学校、专职教师与实习企业、实习生在时间、空间上的距离，使"面向全体、教育全面、服务全程"成为现实。实习生全部完成顶岗实习教学任务；学生顶岗实习考核参与率达100%，学校受到企业、家长好评。

2. 狠抓顶岗实习师资的关键，学生顺利向"职业人"的角色转变

实习生在帮带师傅指导下，将理论与实践相结合，提高了职业技能，攒足了职场经历；在专职教师的思想教育、管理服务中，实习生的大局观念、合作意识、语言沟通、人际交往能力得到切实提升，职业素养得到明显提高，顺利实现学生向"职业人"的华丽转身。

3. 内强管理，外增监督，创新了顶岗实习教育质量保障体系

顶岗实习管理网络、手机 App 等平台，为专职教师实地走访调研，进行教育、管理、服务活动提供了信息保障，填平了长期以来困扰顶岗实习的"沟壑"，"跳槽"减少，动态管理有序，考核过程信息化、科学化、客观化，社会、企业、家庭和学生满意度很高，保障了顶岗实习教育质量。

高职院校自主研发顶岗实习网络管理系统，面向全体学生、教育内容全面翔实、服务时间和空间全程，勾画"三全"育人覆盖"面"，绘制"三全"育人专程"线"，夯实"三全"育人中心"点"。借助手机 App，专职教师精心备好每次顶岗实习"课"，实地走访企业，实现了顶岗实习教育、管理、服务的远程化、信息化、全程化，形成了"三全"育人的基本范式，对于后示范时代高职院校回归教育本质"以学生为本"，深化教育教学改革，有着积极而深远的借鉴意义。

第六章　整合资源构建高校实践育人

共同体路径

在前文，我们对高校实践育人共同体的相关问题进行了详细的分析和研究，旨在清晰、透彻地掌握这个共同体的价值所在和运行规律，深刻把握其发展脉络和走向。以此突出重点、对准焦距、找准穴位，设计具体的方案和路径，为这个共同体的更好发展提供理论指导和现实指引。因此，本章节基于落实高校"立德树人"根本任务，以促进大学生全面发展为逻辑起点，以五大发展理念为引领，从坚持原则、整合资源、健全运行保障机制三个方面入手，多管齐下，扎实推进高校实践育人工作，为这个共同体提供合理的战略应对之举，推进其向纵深发展。

一、用五大发展理念引领高校实践育人质量提升

整合资源，推进高校实践育人共同体构建，提升大学生思想政治教育质量，是高校思想政治教育国内外形势发展变化的迫切需要，也是适应高等教育内涵式发展的必然要求，更是办好人民满意的教育和履行好"立德树人"这一根本任务的重要举措。理念是行动的先导。当前，"创新、协调、绿色、开放、共享"的五大发展理念，集中体现了我国事关全局、根本和长远的发展思路、发展方向、发展着力点，是对马克思主义科学方法论的创造性运用，是对中国特色社会主义发展规律认识的深化和升华。充分体现了发展的整体性、协调性、平衡性、包容性、可持续性，既对传统发展理念进行革新升级，又对现代发展内涵进行全面提升，对现代发展外延予以全方位拓展。针对高校实践育人共同体建设中存在的现问题，"创新、

171

协调、绿色、开放、共享"的五大发展理念正是补齐短板，提升实践育人质量的钥匙和指引。因此，推进高校实践育人共同体的建设发展，有效提升大学生思想政治教育质量，需要以五大发展理念为引领，积极开展实践探索。

（一）以创新发展为动力

创新发展是确保高校实践育人生命力的有效手段。高校实践育人就是以促进青年学生健康成长成才为价值追求，以实践活动为载体的教育活动，其最终目的旨在促进青年学生的全面可持续发展，其根本任务是培养能担当民族复兴大任的中国特色社会主义可靠接班人和合格建设者。这就要求高校思想政治教育工作者与时俱进，要善于在深刻总结经验教训的基础上，根据"因时而进、因势而新"的发展要求，创新实践育人的内容、载体、方式方法，不断健全和完善实践育人机制，形成科学、系统、完整的实践育人共同体；通过理念转变、理论创新、制度创新、方法创新和体制机制创新等引领高校实践育人工作的创新发展，有效促进大学生思想政治教育质量的提升。其中，需要把握三个原则：一是创新的方向和灵魂不能变，即坚持中国特色社会主义的道路、制度和理论体系不能变。高校实践育人的创新要牢牢把握"立德树人"这一根本任务，出实招、求实效，将提升育人质量作为实践育人创新发展的出发点和落脚点。创新不是对已然的否定或推倒重来，而是对实然的审视和对应然的执着，是在继承中创新，不能走邪路念歪经。二是创新的目的是促进高校实践育人工作的超越和深化。高校实践育人的创新发展在于如何有效激发实践主体的积极性，既要促进高校思想政治教育者对教育实践经验进行深刻解读和理念提升，又要促进高校思想政治教育者根据时代、教育对象和教育环境的变化，不断更新实践育人理念、丰富实践教育内容、改进实践教育方式、创新实践教育手段和载体，突破现有的瓶颈，实现实践教育的深化与超越；三是创新的动力源来自群众。创新发展依靠的不是某个个体，也不仅仅是高校辅导员或学生精英，而是来自群众，来自广大高校思想政治教育者和青年学生，要充分调动教育者和受教育者的主体性、能动性，让一切有利于大学生成长的智慧充分涌动。

（二）以协调发展为指引

高校实践育人是一项协同育人工程，协调发展是高校实践育人运行过程中的机制要求。协调发展要求整合各方资源，注重发展的整体效能，避免发展中的"木桶"短板效应。这就要求高校实践育人工作要注重工作的全面性、系统性、协调性。因此，高校实践育人工作需要以"协调"发展理念为引领，积极构建和完善实践育人共同体协同育人机制。

一是高校实践育人的各项工作应该目标同向、部署同步、整体谋划、系统推进。要遵循协同育人的原则，加强学校内外实践育人力量、实践主体之间的协同；既有校内各部门、各育人平台之间的协同，也有学校与学校之间，学校与政府、企事业、科研院所等部门单位之间的协同；既有实践实施单位之间的协同，也有实践主体之间的协同。二是统筹整合各方资源和力量，在工作队伍、工作平台、工作载体、工作渠道等多方面协同合作，形成多部门、多渠道育人合力。统筹协调各育人主体，与实践载体有机结合起来，充分调动各主体的积极性、主动性和创造性，形成育人长效机制。三是补齐实践育人的短板，瞄准薄弱环节，精准发力，实现突破。协调发展并不是强调齐头并进、同步同速，而是要把握高校实践育人的发展规律和学生成长的实际情况，掌握发展节奏，宜快则快、宜慢则慢，关键是要有序、联动、协同，实现整体效能最大化。

（三）以绿色发展为方向

绿色发展是高校实践育人持续健康发展的必要条件。如果说创新是聚焦发展的动力，协调是聚焦发展的平衡性，那么绿色聚焦的就是发展的可持续性。用绿色发展理念引领高校实践育人质量提升，从本质上说包含了三个层面的意义：一是要将高校实践育人的内生动力与外生动力资源作为质量提升的根本要素。高校实践育人的内生动力主要是指实践主体（大学生）的发展需要，在于实践主体的世界观、人生观和价值观是否正确，是否能以社会主义核心价值观引领自己的成长成才；外生动力主要是指影响高校实践育人的外部环境，如大学生思想政治教育的方向性要求、国家与社会对高校人才培养质量的供给结构性要求等。在当前的现实环境中，要营造一个生态、良性的教育环境，促进内生动力与外生动力的协调推进，使大学生在了解认识世情、国情、社情、民情的过程中和追求自身成长成才的过程中，坚定道路自信、理论自信、制度自信和文化自信。二是要把促进人的全面发展作为质量提升的目标。高校实践育人的可持续发展不能背离教育的本性或初衷。实践教育从内在本质上看，还是一种教育方式，就是要以人的方式，即以人为尺度、以人为目的、以人为主体开展思想政治教育实践活动；不仅需要讲究合真理性、合规律性，更要讲究合目的性、合价值性和合意愿性，要将大学生全面发展放在第一位，努力构建青年学生可持续发展的良好实践教育生态。三是要把实践活动过程和结果的"绿色化""生态化"作为质量提升的主要途径。提升高校实践育人质量，必须树立效益意识，而不是一味追求投入，要通过科学研究来分析实践主体的特征，把握实践规律、优化实践方式、提高实践效益。当然，这里强调的并不是机械地计算投入产出比、付出与收获，它强调的是准确把握实践主体的需求，使用科学的工作方法，提供高质量、高水平的实践教育服务，达到"四两拨千斤"的育人工作成效。

（四）以开放发展为重点

开放发展是高等教育的发展趋势，也是大学生思想政治教育发展的必然要求。开放发展注重的是解决大学生思想政治教育发展内外联动问题。当今时代，国际化已成为世界发展的现实趋势和客观的历史进程，经济全球化、教育国际化发展迅速，社会开放程度越来越高。这既给大学生思想政治教育带来更加开放的发展环境，同时也给思想政治教育提出了更为严峻的挑战。高校要以开放包容的姿态，形成实践育人开放机制。因此，用开放理念提升高校实践育人质量应认真思考三个要求：一是要有开放的视野。无论是实践育人组织主体还是实践主体都应具备国际视野和世界眼光，关注国际经济社会形势和思想动态发展，比较借鉴国外先进的成功经验；二是要有开放的学科视域。不能拘泥于单一的思想政治教育学科，要以问题为导向，吸收和借鉴多学科理论和研究成果，积极探索跨学科或学科交叉的研究范式，不断引领高校实践育人质量提升；三是要具备开放的心态。高校实践育人不是一个闭合系统，而是一个以人才培养为核心的开放系统，它不是学校内部之间的资源循环，而是外向开放的教育体系。无论是教学实习、科研实验、社会实践还是创新创业都需要实践育人组织主体加强与外部环境的联系，甚至加强国际间的合作培养；因此，要借助政府、企事业单位、学校、家庭、社会等多方力量，平等参与、充分协商，共同推动高校实践育人机制构建和平台建设。同时，在实践过程中要有宽容失败、允许试错的心态，不断调动实践主体的积极性、主动性和创新性，让实践主体的个性得到养成和彰显，这也是马克思主义关于人的发展的终极关怀所在。需要注意的是，开放中必须有坚守，具备国际视野但要牢记育人使命，具备跨学科视野但要明确学科边界，具备开放心态但要理清职责分工。只有这样，才能真正建立起具有世界眼光、中国情怀、时代特征的高校实践育人共同体。

（五）以共享发展为目的

共享发展是高校实践育人的本质要求。用共享发展理念引领高校实践育人质量提升，重在解决好"由谁共享""共享什么""怎么共享"三个基本问题。"由谁共享"指的是高校实践育人的发展成果应由哪些人来共享，即共享的主体是什么？从我国现有的教育体制看，共享高校实践育人发展成果至少应包括政府、企业、学校、学生、家庭和社会六个主体。高等教育根本目的是向社会输送高质量的人才资源，满足社会发展的人才需要，推动社会的进步与发展。高校实践育人有助于解决"培养什么样的人、如何培养人以及为谁培养人"这个根本问题，这是每一个高等学校教育者的神圣职责和应尽义务。因此，高校实践育人既是高校全员育人、全过程育人和全方位育人的责任，更是高校思想政治教育者的价值体现或教育成就。高等教育质量的提升，事关千家万户，事关每一个就学家庭，更重要的是直接关系到社会发展需要的人才质量。因此，提升高校实践育人质量从共享理念看，正是政府、社会、企事业、学校、家庭、教育者和青年学生的共同期待。"共享什么"？很显然，我们共享的是实践育人的优质资源，共享我国高等教育的优质人才培养质量，即通过推进高校实践育人的创新发展，让实践主体共享优质资源，通过加强大学生思想政治教育，进一步提高大学生的思想政治素质，促进大学生的全面发展，把青年学生培养成能担当民族复兴大任的中国特色社会主义可靠接班人和合格建设者，确保我国在激烈的国际竞争中始终立于不败之地，早日实现全面建成小康社会和中华民族伟大复兴的发展目标。"怎么共享"？就是既要搭建共享平台，确保高校实践育人的公平公正，既要积极促进高校实践育人均衡发展，缩小区域差异和校际差距；又要确保实践育人覆盖到每一位学生，政策制度、平台条件等保障机制和发展成果惠及每一位学生，又要构建实践育人共享机制。高校在实践育人过程中，应秉承"协同推进、成果共享、持续多赢"的原则，协同发挥政、企、学、社、家各方优势，整合多方资源，实现实践单位与实践主体在人才、平台、成果上的多方协同共享，进而激活各方的内生动力，迸发教育活力，共同推进人才培养质量的进一步提升。

总而言之，五大发展理念是对新时代高校实践育人规律的新认识，是对新时代高校实践育人发展认识的新高度和新自觉。高校实践育人只有以五大发展理念做先导，才能破解发展难题、补齐发展短板、增强发展动力、厚植发展优势，确保实践育人取得实效，确保大学生思想政治教育质量的有效提升

二、坚持高校实践育人共同体建设的原则

原则是人们在长期的经验积累下得出的正确的、符合事物发展规律的行为准则，如若坚持下去，就是尊重事物的发展规律，有利于事物按照预期的方向发展，助推人们预期目标的实现。如若不顾原则，执意按照自己的意愿办事，相当于违背了事物的发展规律，就会误入主观臆断的歧途，阻碍事物前进的步伐。高校实践育人共同体建设的原则是在具体的实践活动中探索、总结出来的。即各育人主体必须以目标一致、责任共担、资源共享的原则为指导，在思想上统一，行动上一致，齐心协力，形成一盘棋，拧成一股绳，使高校实践育人活动取得优异的成绩，推动高校实践育人共同体向前发展。

（一）目标一致

凡事预则立，不预则废。要想做好一件事情，首先需要目标明确、前后一致，进而奔着目标去，才能激发我们前进的动力。正如习近平经常激

励我们的，"心中有信仰，脚下有力量"①。诚然，"整个思想政治教育过程即是在思想政治教育目标价值枢纽作用的观照下进行的，是以实现思想政治教育目标为导向来组织、协调和调整主体全部行动的过程。就是说，思想政治教育主体的全部活动都是服从和服务于目标的。"②要想建设好高校实践育人共同体，各育人主体就需要制订一致的、清晰的目标规划。高校实践育人共同体是为了促进高校实践育人活动有效开展，提升育人效果而由政府、高校、社会、家庭、企业等育人主体联合组建的育人组织。因此，这个共同体的目标应该与各育人主体开展思想政治教育实践育人活动时的目标保持一致，在内容上主要体现在知识、能力、政治品格及价值追求三个层面。

第一，在知识层面上，高校实践育人主体通过为大学生提供资金、平台、基地等硬件设施，让大学生参与其中，通过亲身实践，结合自己的观察和体验来验证所学的理论知识，领悟"临渊羡鱼，不如退而结网""实践出真知""大道至简，实干为要"的真谛，探索未知的"天空"，开阔新的视野和格局，增强对实践育人内容的认同感，提升自身的思想道德素质和理论修养。

第二，在能力层面上，2017年发布的《高校思想政治工作质量提升工程实施纲要》明确指出要"坚持理论教育与实践养成相结合，……教育引导师生在亲身参与中增强实践能力，树立家国情怀"。③基于高校实践育人共同体的育人能力视角，就是各育人主体联合起来，通过组织大学生参与实践育人活动，培养大学生在日常生活、学习和工作中能够将马克思主义的实践观学以致用，改变固有的思维模式，善于运用马克思主义的立场、方法来分析问题，解决问题，提高自身的实际动手能力。

第三，在政治品格及价值追求层面上，政治品格及价值追求是高校实践育人共同体成员竭力对大学生进行思想政治教育的核心目标。国无德不

---

① 习近平．习近平谈治国理政（第2卷）[M]．北京：人民出版社，2017：49.

② 张澍军．论德育目标的价值蕴涵[J]．东北师范大学学报，2006（02）：18-22.

③ 中共教育部党组关于印发《高校思想政治工作质量提升工程实施纲要》的通知 – 中华人民共和国教育部政府门户网站[EB/OL]．（2017-12-06）[2022-10-11] http://www.moe.gov.cn/srcsite/A12/s7060/201712/t20171206_320698.html.

兴，人无德不立。意大利文艺复兴时期，著名的诗人但丁也曾说过这样一句经典名言："道德常常能填补智慧的缺陷，而智慧却永远也填补不了道德的缺陷。"政治品格及价值追求的重要性被彰显得淋漓尽致。高校实践育人共同体的育人主体在对大学生进行思想政治教育时，带领大学生走向社会，接触社会，了解我国的世情、国情和党情，清醒地认识到自己肩负的社会责任和历史使命，树立正确的世界观、人生观和价值观，主动强化责任和担当意识。在学习、生活和工作中，能够以大局为重，坚持集体主义价值取向，树立大局意识、服务意识。同时，遵规守纪，知法、懂法、守法、用法，不以身试法，不触碰法律底线。

各育人主体只有在以上三个维度的目标中达成一致，思想上团结统一，行动上协调一致，才能调动全员的创造力、凝聚力和战斗力，进而使高校实践育人共同体在正确的"航道"内扬帆远航，行稳致远。

（二）责任共担

责任共担是指拥有共同目标的双方或多方主体在合作前达成的一致协议或制定的行为准则，即在他们合作的过程中，都要承担一定的责任，履行相应的义务，确保双方愉快合作，实现双赢。在高校实践育人共同体中，政府、高校、社会、企业、家庭因为有着共同的理想信念及目标，即促进实践育人理念转化为现实，提升大学生的综合素质，落实"立德树人"的根本任务，使他们坚持"四个自信"，成为昂首阔步走在实现中华民族伟大复兴大路上的时代新人而组成共同体。

在高校实践育人共同体中，各成员之间存在一定的经济、文化差异，在开展实践育人活动时难免会出现发展不同步的情况，个别育人主体就趁机搭乘"便车"，逃避了责任和义务，影响了其他成员的积极性和共同体整体作用的发挥。因此，共同体成员尽职尽责履行和承担规定的责任和义务是这个共同体得以正常运行的重要保证。共同体成员的责任来源主要包括三个方面：共同体规定的规章制度、共同体规定的目标和共同体规定的各育人主体的分属责任。

第一，共同体成员对待共同体规定的规章制度需要坚持责任共担的原则。无规矩不成方圆。任何一个组织或社会团体都需要有明文规定的规章制度，来约束和管理其成员的行为举止。高校实践育人共同体也不例外，针对共同体健康发展的需要，制定一系列规章制度。当然。再美好的制度，如若束之高阁，也是一纸空文。如若各成员自觉遵守，便能奏效。因此，高校实践育人共同体内部各育人主体要自觉承担起遵守规章制度的责任和义务，将其规章制度铭记于心并付诸实际行动。

第二，共同体成员对于共同体制定的共同目标需要坚持责任共担的原则。由政府、高校、社会、企业、家庭组成的实践育人共同体是为了促进高校思想政治教育更好开展，培养出更多德才兼备的社会主义接班人，落实"立德树人"的根本任务。"积力之所举，则无不胜也；众智之所为，则无不成也。"这个目标的实现需要各育人主体凝聚力量，同舟共济，朝着共同的目标砥砺前行，奋勇前进。倘若各育人主体的目标理念相去甚远，共同体的总目标就很难实现。由此观之，各育人主体需要将共同体规定的目标视作自己应承担的责任和义务，进而同向而行，致力于实现高校实践育人共同体规定的目标。

第三，共同体成员对于共同体对各育人主体规定的分属责任需要坚持责任共担的原则。各育人主体所擅长的领域不同、所拥有的资源也不尽相同。为了实现资源利用最大化，竭尽全能为这个共同体的良好发展贡献自己的一份力量，需要各育人主体进行分工协作，各司其职，在自己管辖的领域尽职尽责，把工作做到极致，这个共同体的整体发展才会向前推进。如若其中一个主体失职、偷懒，则会影响整体效果。可见，各育人主体需要对其规定的分属责任坚持责任共担的原则。

综上所述，高校实践育人共同体各成员守土有责、守土尽责、守土担责，坚持责任共担的原则，方能形成万众一心、无坚不摧的磅礴力量，促进这个共同体更好地发展。

（三）资源共享

资源共享是指在合作的双方或多方主体之间拥有的资源不尽相同的情况下，相互之间互通有无、优势互补，盘活现有资源，通过整合各方资源，实现利用率最大化、合作效益最优化的一种互惠互利的资源利用方式。

高校实践育人共同体包含的育人主体有政府、高校、社会、企业、家庭。

各育人主体都拥有不同于别的主体的优质资源。政府拥有制定相关政策、提供财政支持等的资源。高校在思想政治教育实践育人教学理论、教学方法、组织和管理学生方面具有比较成熟的经验和雄厚的师资力量。企业在为高校实践育人活动提供平台、基地和资金等方面提供支持，具有得天独厚的优势。社会组织也能为大学生参与思想政治教育实践育人活动提供平台和服务项目的帮助。同时，社会舆论的力量是不可估量的，社会能为高校实践育人营造一种风清气正的育人环境。家庭教育是大学生的人生第一课，能对大学生世界观、人生观、价值观的确立产生耳濡目染、潜移默化的影响，同样对大学生实践观的形成起着基础性和先导性的作用。但是，高校实践育人活动的顺利开展需要综合利用多种资源。比如，实践主体是高校大学生，企业在实践育人活动中仅拥有丰厚的资金、齐全的平台和基地是不够的，还需要高水平的人才资源以及一些科研项目成果做支撑。如若缺少高水平的人才资源，就等于缺少了实践育人的对象，实践育人活动无法开展下去，企业也就无法作为高校实践育人共同体成员之一参与其中。如若缺少一些科研项目成果，大学生参与实践育人活动的积极性很难调动起来，企业作为育人主体对大学生进行实践育人教育就不会那么一帆风顺。当然，高校实践育人活动的有序开展需要大量的政策、资金、平台做支撑。高校仅仅拥有高水平的人才队伍和重要的科研项目，也不足以扛起思想政治教育实践育人的"大旗"。

他山之石，可以攻玉。各育人主体在资源共享、盘活存量、用好增量、巩固好传统优势的同时，培育出新优势，各尽所能、各取所需，为高校实践育人活动的开展注入新动力、增添新活力、拓展新空间，促进了高校实践育人共同体开创新局面。

三、整合各方资源，形成育人合力

高校实践育人共同体的构建是为了促进高校思想政治教育活动更好地开展，使大学生接受思想政治教育理念的洗礼，通过自省和内化形成理性的认知，身心得以综合发展。这项活动的灵活性、多样性及其重要性，对育人所需的资金、基地、师资等资源提出了较高的要求。充足的资源是这项活动得以顺利开展的重要保障。因此，整合校内、校外各方育人资源是构建高校实践育人共同体的关键举措。

（一）整合高校内部实践育人资源

高校是开展实践育人活动的主战场，不仅拥有以教师、辅导员和教育管理者为主体的高素质人力资源，而且能提供大量提高大学生实践能力的校园实践性岗位。因此，整合高校内部各种资源，是构建高校实践育人共同体的应然之策。

1. 优化高校内部实践育人队伍

人才是引领发展的战略资源。要想促进高校实践育人共同体更好地发展，高质量的育人队伍不可或缺。

第一，在高校实践育人主体的选拔上，高校内部实践育人队伍中应坚持高标准、严要求的原则，选拔一批德才兼备、政治立场坚定、所学专业与思想政治教育相吻合，沟通、表达、协调等各方面能力都达标的思想政治教育队伍，为高校实践育人共同体的建设打好基础。

第二，定期对高校实践育人共同体的育人主体进行培训。一方面是入职前的培训。对经过严格选拔、参与进来的育人队伍，如党政领导干部、思想政治理论课教师、辅导员等进行岗前培训。通过培训，使他们理解和领悟高校实践育人的要义所在，掌握高校实践育人的目标、方法，增强责任感和使命感。另一方面是入职后的培训。要求思想政治教育工作者不断进行政治理论学习，加快知识更新，使专业素养和思想政治教育实践育人的能力跟上时代节拍，努力成为做好实践育人工作的行家里手。优质的实践育人队伍推动高校实践育人共同体的发展更上一楼。

2. 加强高校内部实践育人岗位管理

高校内部的学生会、党团组织、社团、勤工助学等岗位都是实践育人活动的很好平台。高校应该加强管理，动员、鼓励大学生积极参与其中，借助优势平台提升大学生思想政治教育的实效性。

第一，加强制度管理。制度具有管根本、管全局、管长远的作用。高校各级组织要完善校内实践育人平台的制度建设，制定严格的规章制度，如用人标准、纪律作风要求等。用严格的规章制度约束人，同时，明确激励制度，对表现突出的党团组织、学生会、社团、优秀的负责人、意义深远的活动、积极参与其中的学生给予一定的物质和精神奖励，从而号召、鼓励、动员、吸引更多的大学生积极参与其中。

第二，提供场所和经费保障。

学生会、社团组织等平台开展活动，离不开一定的经费和活动场所，高校需要予以支持。高校在给予大学生场所、经费支持的同时，要配备专业的指导教师，指导大学生组织拓宽获得活动经费的途径和经费的使用方式，各社团、学生会组织等其他实践育人岗位可以轮流错时、错峰使用规定的场所，提高场所的利用率，并且保证他们拥有合适的活动场所。

3. 加强思想政治理论课建设

思想政治理论课是加强大学生思想政治教育的主渠道。高校做好实践育人工作，需要推进大学生思想政治理论课改革，加强思想政治理论课实践教学环节，提高大学生参与实践活动的频率和方式。教师采用主体间性思想政治教育方式教学，发挥学生的主体性，让学生在实践中获得真知，感悟人生。

4. 开辟网络空间实践育人新阵地

在网络信息技术高度发达的全媒体时代，互联网丰富了人们的日常生活，拓宽了人们沟通联系的渠道。高校紧跟时代潮流，充分利用好网络空间新阵地，加强与大学生之间的沟通和交流，了解他们的所思、所想，引导他们认识到参与实践育人活动的重要性和必要性。同时，以便于高校制定出切实可行的实践育人方案。高校将实践育人的相关任务和活动安排及时发布到网络空间，大学生可以及时了解实践育人活动的相关动态，做好自己的时间规划以及活动前的各项准备。此外，高校可以充分利用网络空间不受时间、地域限制的优势资源，在网络空间设置虚拟的实践育人活动板块，提高育人的时效性。

（二）政、企、社、家四体联动致力于高校实践育人

构建高校实践育人共同体，加强高校思想政治教育工作，使大学生在实践中感知理论、认同理论、信仰理论，提高思想素质，增强道德修养，从思想深处拧紧螺丝，立志为实现中华民族的伟大复兴而努力奋斗，离不

开政府、社会、家庭、企业的配合与支持。

1. 优化高校外部实践育人队伍。

第一，在高校实践育人主体的选拔上，政府制定严格的准入门槛，且号召更多的企业参与到高校实践育人共同体的建设中。高校要严格落实综合考虑参与其中的企业所拥有的企业文化、硬件设施、资金和平台的高低水平，切实把企业文化优良、有责任、有担当、资金雄厚，能为高校育人实践提供资金和平台支持的企业吸引到高校实践育人队伍中来。

第二，定期对高校实践育人共同体的成员进行培训。首先，对参与育人的企业进行岗前培训。相关内容包括这个共同体的目标、方法、原则等，进而增强他们的责任和担当意识。对于社会和家庭，需要政府热烈呼吁、大力宣传，充分结合新旧媒体的优势资源，做好科普和动员。其次，呼吁企业重视文化建设，安排员工进行政治理论学习，提升政治理论素养。同时，在社会上大力宣传社会主义核心价值观教育和我国主流意识形态教育，进而使广大育人主体即高校实践育人共同体的人才队伍能够与时俱进，不断提高思想政治理论水平，坚持"两个维护"、增强"四个意识"、坚定"四个自信"，提升高校实践育人水平，推动实践育人共同体有序发展。

2. 厘清职责边界，实现整体联动

政府发挥好"顶层设计师"的指挥棒作用，在遵循大学生全面发展规律的前提下，结合社会发展所需要的人才方向，制定出可行的高校实践育人教育方针政策，指引高校实践育人共同体走可持续发展之路。此外，从政治社会学的角度，政府不仅控制着部分社会资源的分配，还控制着社会价值的分配。[①]政府还应该凭借其特殊地位，加强宏观调控，调配各种人力、物力和财力资源，为高校实践育人提供必要的物质条件。企业要积极参与高校实践育人工作，加强与高校的联系与合作，为高校提供开展这项活动所需要的平台、资金和技术等方面的支持。在项目合作方面，为大学生提供具体的产业实践，安排专职人员帮助大学生将项目实践与课程教学衔接起来，让大学生在实际操作中消化吸收理论知识，达到温故而知新的效果。同时，增强服务社会、奉献他人的能力。社会要加强社会主义核心价值观

---

① 陈爱民. 大学生社会实践主体的制度化建设 [J]. 思想教育研究，2011（11）：92-94.

宣传，弘扬主旋律，传播正能量。社会组织如爱国主义教育基地、公益性社会组织要向高校敞开大门，支持并服务于高校实践育人。家长要营造和谐的家庭氛围，以自己高尚的品格去感染孩子，为孩子树立榜样，改变传统"以分数论成绩"的观念，重视孩子政治品格和价值追求的培养与塑造。

四、完善高校实践育人共同体运行保障机制

小智治事，大智治制。制度具有管根本、管全局、管长远的作用。高校实践育人共同体运行的好坏，很大程度上取决于运行保障机制的健全度。因此，完善这个共同体的动力与发生机制、控制与监督机制、保障与整合机制以及评价与激励机制是其构建过程中的应有之义。

（一）动力与发生机制

1. 健全组织机制

组织是一个主体的"龙头"，保障好龙头，是维持主体正常运转的重要基本条件之一。高校实践育人共同体能否顺利构建，取得预期成效，在很大程度上取决于组织领导是否得力。因此，完善高校这个共同体的组织保障机制，也就是建立健全组织领导机构，形成完备的组织体系，是确保高校实践育人活动顺利开展，进而成功构建这个共同体的必要条件。

"党政军民学，东西南北中，党是领导一切的。"① 要想建设好高校实践育人共同体，必须有党的统一的领导。在党的领导下高校正确把握社会主义办学大方向，有序管控全局。中央党委要大力倡导全社会共同构建高校实践育人共同体，并颁布相关文件，在宏观层面对加强高校实践育人和构建这个共同体提出目标规划、方法指导以及制度要求，为高校党委组织的进一步部署提供根本遵循。高校党委要响应党中央的号召，坚持正确的办学方向，牢牢把握领导权，重视实践育人工作，培育一批符合社会主义发展需要的栋梁之材。高校的基层党组织、团委、学生会、社团等育人组织要密切配合和服从高校党委的领导和安排，严格组织、管理，定期召开实践育人相关的工作会议，为接下来的工作作出周密部署、详细安排，全

---

① 习近平. 决胜全面建成小康社会 夺取新时代中国特色社会主义伟大胜利：在中国共产党第十九次全国代表大会上的报告 [M]. 北京：人民出版社，2017：20.

面提升实践育人组织力和行动力，为这个共同体的建设提供坚实的组织保障。

政府根据党中央的安排，加强高校实践育人共同体相关的顶层设计，为实现高校实践育人提供逐级统一的保障机制，畅通传达各级党委的意见和文件，确保上级部门的权，下级部门要接得住，不能出现真空地带。具体来讲，就是要构建好高校外部企业、社会、家庭等育人主体如何配合、协助这项活动的机制，构建企业内部的不同部门之间、不同社会组织之间怎样分工与协作实现统一意志的机制，构建高校内部各部门、各育人主体之间以及各学院二级部门之间如何实现联动育人的机制。

2. 细化准备机制

社会实践的顺利开展实施，扎实细致的准备工作是必不可少的。正所谓"不打无准备之仗"，社会实践作为一项在社会环境中进行的教育活动，大学生深入现实生活，很多环节和工作需要自己去面对，有时会遇到意想不到的问题和困难，如果相关准备不够充分，"碰钉子"在所难免。充分、周密、细致的准备工作，也将促进社会实践的顺利实施，有助于更好地实现育人功能。

（1）制定科学规范的计划方案。任何社会实践的启动，都不是盲目的，它们都有一定的方向。之所以能把各层次、各个启动主体的动力整合为统一的社会实践的启动系统，完成社会实践整体的运行目标，一个重要原因就是能调整不同启动主体的动力方向，使整合后的总的启动方向与社会实践总目标趋于一致。社会实践实施计划、方案决定了社会实践的方向，科学、严谨、翔实的计划、方案是启动机制中的重要一环，也是社会实践得以顺利启动的保证。计划、方案的制定要突出导向性、全面性、操作性、前瞻性和完整性，从而便于组织实施。所谓导向性，就是计划中要明确活动主题、总体思路等；全面性就是对社会实践活动各个阶段边界划分清晰，任务目标、活动要求、参与形式等规划全面；操作性就是在总体指导规划的基础上，计划方案要便于有关部门、各学院、大学生的执行及活动的开展，做到易于操作；前瞻性是指计划的制订不仅要对活动做部署安排，还要对基础保障、安全出行等提出要求；完整性就是对实践活动各阶段的工作要求都要进行明确的计划。学校、院系的计划方案要包括实践的步骤、组织形式、动员部署、具体实施、深化总结、评价考核、评比表彰等；实践团队的计划则要进一步明确实践活动的目的意义、实践内容和形式、预期成果、行程安排、实践地点、具体分工、安全预案、注意事项，等等。

（2）进行充分有效的自我准备。所谓自我准备，就是大学生个体或团队在教育者的指导下，为参加社会实践做好各方面的准备工作，包括心理、装备、经费等。自我准备是社会实践活动前的最基本的准备内容。心理准备，首先解决的是大学生个体从"校园人"向"社会人"身份的转变，从思想上树立热爱劳动、尊重人民的观念，做好以普通社会一员的身份参与社会生活，以人民大众的视角学习、观察社会的准备；其次是积极主动走进和融入社会生活，围绕实践内容和形式，做好扮演正式社会角色的准备，适应实践当地、实践岗位的社会环境，做好与普通劳动者打成一片、深入交流、取长补短的准备；再者要做好在艰苦环境中生活、工作、从容应对可能遇到的问题与困难的准备，适应实践当地风俗、语言、饮食等物质生活条件与自身生活环境差异的准备，避免"娇、骄"二气的出现；还要做好随时前往不同地点、不同地区，与不同社会群体、陌生人打交道的准备，以及相应的待人接物、礼节规范知识的学习掌握。物质准备，包括一个阶段到实践当地生活的日常生活必备用品的准备，如身份证、学生证、介绍信等证件，日常生活用品、手机等联络通信设备、常备药品等。实践活动资料的准备，如社会实践登记表、记录本、宣传材料、调查问卷等。实践活动用品要根据不同的活动类型进行相应的准备，如开展义务支教，要准备教学大纲、教案、简单的教学基础设备，公益服务活动要携带相关的宣传服务材料、工具，文艺演出要准备演出服装、音响灯光、乐器道具等，厂矿见习要准备安全防护用品，等等。经费准备，要提前根据活动内容、形式、实践目的地的远近、交通工具的选取，以"压缩支出、勤俭节约、量力而行"为原则，制定科学、合理的经费预算。

（3）制定完整可靠的安全预案。对大学生进行生命财产安全教育和保障是教育者义不容辞的责任，也是确保大学生顺利开展社会实践的基本保障。社会实践一般在假期、课余时间进行，并且身处校外，面对与校园内相比纷繁复杂的社会环境，大学生的阅历、经历不够丰富，应对突发事件时能力不足的弱点会暴露出来，涉及自身安全的影响因素较多，为此必须制定可靠的安全措施并形成一定的机制。社会实践应从以下四个方面着手制定安全措施：第一，系统深入开展安全教育。教育内容包括社会实践期间常见安全隐患的识别，交通、饮食、住宿、卫生、乘车、与陌生人交往、消防、旅游等方面的安全教育和突发事件的应对处置专项培训等。第二，签订安全承诺书。结合启动阶段的相关培训，为大学生及实践团队发放安全知识手册、读本，围绕相关内容制作安全承诺书，参加实践活动的大学生要本人确认承诺并签字，从而唤起他们的安全意识。第三，建立学校、家长、社会三方安全沟通机制。在学生实践前期，为参加社会实践的学生家长邮寄《致学生家长的一封信》或发送手机版安全提示信息，让学生家长了解学生实践活动动向。印制《致社会实践接收单位的函》，着重就大学生社会实践活动期间的安全教育与防范工作向接收单位通报，促进学校、社会、家长三方共同承担和做好实践期间的安全工作。第四，购买意外伤害保险。鼓励、引导大学生购买参加实践期间的短期意外伤害保险，有条件的学校可统一为大学生集体购买，将出现意外的损失减少至最低。

（4）确定满足需求的实践地点。坚持价值"引领"与贯彻"落实"相结合，广泛凝聚思想共识，激发高校实践育人共同体共同致力于高校思想政治教育实效性的干劲斗志，"全员同心，其利断金"，助推高校实践育人实效。因此，各育人主体应充分发挥协同作用，凝聚价值共识。这就要求教育者或大学生进行社会实践前期调研，联系大学生开展实践的地点以及符合大学生实际的实践项目。首先，选取与地方和企业共建的社会实践基地。社会实践基地作为一个相对固定的实践场所，可以有力地提升社会实践的广度和深度。在共建内容上要明确校企、校地权责关系，基地的选择和共建合作要坚持双方优势互补、合作共赢，社会组织需求与大学生成长成才需要高度契合的基本原则，从而促进共建基地的健康发展。其次，充分利用校友资源、专业实习基地、科研合作单位等资源为大学生社会实践创造便利，而内容和形式上可不拘一格、大胆创新。如校友与在校生结对子，做到社会实践的"一帮一"，或进行企业见习、科研项目分包等。再次，坚持"按需设项、据项实践"的原则，通过建立长期稳定的调研反馈信息平台，及时了解地方和企事业单位的实际需求，建立需求信息库，将这些需求作为开展社会实践的基本依据。这样，一方面拓展了实践渠道，满足了社会需要，另一方面，因为"以需为据"，故必将得到实践当地的欢迎和支持，也可解决相关实践费用不足的问题。

（二）控制与监督机制

为了使大学生社会实践按照组织者所预设的目标任务协调有序发展，在运行过程中保持正确的方向，需要教育者适时对运行过程加以控制，进行有效监督。控制和监督机制是优化社会实践过程，确保有效运行的"调节杠杆"，是高校实践育人组织实施阶段的核心运行机制。

1. 完善制度体系

制度是高校实践育人顺利运行的有力保障，各项规章制度有利于对整个社会实践工作的宏观协调、规范管理。健全的制度会使自律与他律、内在约束与外在约束有机地结合起来。加强高校实践育人制度建设，使社会实践体制做到规范化，保证实践育人共同体中各主体都能很好地履行自己的职责，既做到各负其责，又保证协调统一，才能促使社会实践的育人功能发生发展，这也是发挥社会实践育人功能的先决条件。

首先，加快立法进程。国家应加快社会实践立法进程，以法律法规的形式规范大学生社会实践，推动高校实践育人的法治化运行。从立法内容上看，一是明确社会实践在育人中的重要地位；二是对大学生参加社会实践、勤工助学、志愿服务等进行保障，维护大学生社会实践权益；三是明确包括政府、学校、家庭、企业、社会乃至社会个体在内的社会组织、社会成员的相关责任，为社会实践顺利实施提供法律法规依据。例如，为地方和企业接收大学生开展社会实践从制度法规上创造条件。法规设计上，一方面要明确地方企业支持大学生开展社会实践的权利和义务；另一方面要切实为地方和企业创造条件，调动它们的积极性，解决实际困难。如可尝试对接收社会实践的企业按适当比例减免税费，这种经济上的补偿将有效鼓励企业接纳大学生开展社会实践。

其次，完善配套政策。制定加强高校实践育人的政策和配套制度，这些政策和配套制度包括三个方面的内容：一是高校层面应积极推动将社会实践作为人才培养的重要途径写入《大学章程》，使社会实践成为高校办学治校、立德树人的应有之义；二是围绕如何加强和改进社会实践科学合理地定制政策；三是把大学生社会实践作为对高等学校办学质量和专业评估的重要指标，纳入高等学校党的建设和教育教学评估体系，制定行之有效的考核办法、评价体系和激励制度等。

最后，加强制度建设。高校层面的社会实践制度，应从两个层级进行设计。第一层级为学校层面的制度，包括顶层设计、运行管理、深化延展三个方面，顶层设计的制度是指学校对大学生社会实践从指导思想、基本原则、目标任务、形式内容、方法途径、时间要求、考核评价、激励措施、组织领导等方面予以明确规定，这种方案政策性制度是开展社会实践教育的根本遵循，是"根本大法"。运行管理层面的制度包括社会实践课程化建设方面的制度、社会实践项目招标、实践团队建设、考核评价、奖励激励、安全管理、学分认定、经费使用、校地合作等方面的管理办法等。深化延展类的制度包括社会实践与专业学习、服务社会、勤工助学、择业就业、创新创业相结合的管理制度。另一层级为相关部门、院系层面的制度，主要是指贯彻落实学校层面制度的实施办法、工作细则等。两个层级的各项制度自上而下，统筹兼顾，相互结合，互为补充，形成完整的制度体系，确保在校大学生的全体参与，从而使社会实践的各项具体工作有章可循，为实践活动的顺利开展提供有力保证。

2. 深化过程指导

所谓过程指导机制就是在社会实践的组织运行过程中，教育者在启动、实施、评价各阶段对参加社会实践的大学生施加教育影响，向着预设目标发展的调节方式，这将有效规范大学生社会实践行为，督促大学生深入思考，帮助大学生答疑解惑，促进育人机制的实现。

（1）建立教师全程指导机制。目前，大学生社会实践存在的主要问题之一是实践活动不够深入，大学生不知如何开展社会实践。究其原因，关键是在社会实践过程中缺乏教师的指导，有限指导大多停留在启动阶段的培训、工作部署、方案制定等步骤和评价反馈阶段，宏观方面的多，具体参与的少；笼统描绘的多，细致阐释的少；经验灌输的多，实际互动的少。教育者没有或较少能够与大学生一同走出校园，不能"手把手、点对点、面对面"地指导社会实践活动实施过程，这就直接影响到社会实践育人效能。全程参与指导就是指，教育者要将社会实践作为育人重要内容和途径，遵循大学生成长成才规律，全过程组织和实施大学生社会实践活动，从启动、实施到反馈三个阶段，均发挥育人主体作用。尤其是实施阶段，做到与学生"同行、同住、同吃、同劳动"，引导大学生提升实践成才的意识，指导大学生正确进行实践，及时疏导大学生因现实困难造成的各种心理困惑。

（2）强化过程有效指导机制。教育者的指导是否有效，关键要看过程是否有效，即在教育者指导下大学生社会实践过程是否按照既定计划、方案有序实施。有效指导，就要求教育者分级、分类、分层次、分阶段开展指导。"分级"指导就是根据参加社会实践活动大学生的年级特点进行指导。例如，针对低年级大学生思想、学习、心理等方面调整、过渡、转变频率、节奏相对较快的特点，实践经验不足、相关经历欠缺的实际，将指导工作重点放在实践意识的培养、方法技能的培养上。而针对高年级的大学生，因其经历了或多或少的实践活动，具备了一定的实践经验，则应该将指导重点侧重于提高他们的社会实践质量，形成较高水平的实践成果上。"分类"指导就是根据社会实践中大学生选取的不同形式的实践活动进行指导。例如，针对进行社会观察、开展社会调研的实践团队和大学生个体着重进行调研方式方法、数据获取、调研报告的撰写等方面的指导，对于开展志愿服务、公益活动的团队重点进行前期物质准备、服务方式方法方面的指导。"分层次"指导就是根据大学生开展社会实践的组织形式进行差异化的指导。其中，对于团队实践，应根据团队组成结构、规模及实践项目的选择进行针对性指导。例如，对于团队成员结构合理，由高年级且具备一定经验的学生骨干带队，成员规模较大的实践团队，指导的重点应放在实践成果的形成与转化上。对于经验不够丰富、规模相对较小的团队，指导重点要集中在项目的选取、计划方案的设计、团队建设、规范实施过程上。对于以个人形式开展社会实践的大学生，指导重点应放在引导他们开展具有实际意义、对自身成长有帮助的实践活动上。"分阶段"指导就是根据大学生社会实践准备启动、组织实施、评价反馈阶段的不同特点，为化解各阶段内在具体矛盾进行的指导。在准备启动阶段的指导重点是，灌输教育内容，帮助大学生进行实践活动的知识准备、实践计划方案的制定、实践团队的组建和内部建设。组织实施阶段的指导重点是开展实践活动的方式方法。评价反馈阶段的指导重点是实践成果的形成与转化、实践收获的巩固与提升。

（3）改进过程指导方式方法。所谓指导方法就是教育者根据不同组织形式、具体实践形式，按照"放心但不放手""放开但不放松"的原则，采取不同手段进行指导。社会实践育人过程具有组织化教育和自我教育相结合的育人结构，发挥大学生主体性是取得育人预期效果的必然要求，教育者在指导过程中，既要进行实践教育内容的灌输，实现引导与渗透、激发与激励等组织化育人效应，也要帮助大学生进行自我教育。因此，对社会实践的指导不能完全变成对他们的强制、约束，而是要唤起大学生的参与积极性，激发他们的主观能动性，使他们在真实社会环境中体验生活、磨炼意志。但是，这期间，既不能像"断了线的风筝"一样，失去对大学生的控制与影响，任其"自由发展"，也不能"前怕狼后怕虎"，对他们束缚太多，使大学生失去参与社会实践的积极性和"自由翱翔"的动力。这就要求教育者的指导工作要像"遥控器"一样，让大学生既能够在实践活动中全方位接受锻炼，又通过有效合理的方式方法，对他们进行适度的控制和约束，不至于"迷失方向"。在具体指导中，要突出教育者"导航、参谋、助手"的作用，采取灵活多样的方法进行指导。"导航"是指教育者要引导和指导大学生把握正确的方向，为此可采用灌输、说理等方法，帮助大学生理解实践主题，明确社会实践的目的意义及实践育人的重要性。"参谋"是指教育者要以激发大学生的能动性、创造性为出发点和落脚点，以大学生自主实施实践活动为前提，对于不足、缺陷、问题等及时进行纠正和评判。例如，采用审核社会实践计划方案、参加实践团队的交流座谈进行总结点评等方式，达到规范深化实践活动的目的。"助手"是指教育者在大学生依靠自身能力、条件无法完成实践任务时，及时给予帮助和指导。例如，帮助联系社会实践地点，当大学生遇到思想、情感上的疑惑、矛盾、困扰时，有效进行劝说、开导，给予生活上的关心、爱护，让大学生朝着预设目标前进。

3. 严格运行监督

严格运行监督就是指，教育者通过一定的手段和方法对社会实践过程进行适时的控制，防止出现偏离轨道的情况，设置促进社会实践过程管理的约束条件。

（1）优化过程管理机制。首先要引导大学生找出问题、明确问题。要求大学生根据实践活动计划分阶段、分步骤地去实施，有效促使他们厘清各阶段、各环节需要解决的问题，并以工作"推进表""路线图"的形式去逐一推进和完善，教师通过检查这些过程"痕迹"，督促完成预定计划，迫使他们发现和回答问题；其次是采取要求大学生在社会实践活动期间撰写实践日记等方式，促使他们对每天在实践过程中的体会、收获、感悟、思想认识进行总结，对遇到的问题进行分析，促进教育内容的内化，达到自我教育目的；再者是教育者要对活动过程进行现场指导和督导，及时发现问题，帮助大学生筛选、认同教育内容，纠错、反省自身思想行为等，解决实践中遇到的困惑，以谈心、组织团队成员定时进行小结等多种形式，突出思想引导作用，帮助大学生改变态度、转化思想、深化自我教育。

（2）完善互动沟通机制。在社会实践教育过程中，教育者既是主体也是客体，与之相对应，大学生也既是主体同时又是客体，而教育者和大学生主体、客体的转化，是根据社会实践过程中不同阶段的特点、各自任务所决定的。在准备启动阶段，教育者向大学生灌输社会实践相关教育内容，指导大学生制订实践计划，教育者是主体，大学生是客体。在组织实施阶段，一方面教育者对大学生进行现场指导，是教育主体，另一方面，大学生亲身参加社会实践，接受实践教育带来的各类信息，进行自我教育，也将转化为主体。但随着社会实践的深入开展，大学生接受教育信息"质"和"量"上的不断提升，会发生教师向学生学习、大学生与教育者共同分享思想、智慧的情况，这时教育者便变成了客体。在评价反馈阶段，由于大学生对实践活动进行总结、深化，主体性依然突出，而教育者评定实践成果、开展评优表彰，又成为主体。整个社会实践过程中，就是教育者和大学生主体身份不断转化的过程。对社会实践过程进行监督，前提是大学生自觉地接受教育者施加的教育影响，接受教育者的监督行为，这就要求教育者和受教育者之间具有良好、畅通的交流沟通渠道和环境，而其基础则是教育者和大学生主体身份的不断转化。同时，在社会实践复合型育人结构中，大学生思想品德的形成与发展关键是自我教育机理的实现。这两个方面决定了教育者与大学生要在社会实践育人过程中建立民主平等、双向互动的关系。这就要求教育者与受教育者在人格尊严上是平等关系，各自独立、自主，教师不能把大学生人为放置在对立面，视为被动接受教育的对象，进行简单灌输、压迫强制、寻求控制，而是以鼓励、倾听、疏解等方式帮助大学生提升对教育信息的判别力、鉴别力，将讲台变为共同演出的"舞台"，拉近与大学生的距离，赢得大学生的信任与喜爱，为互动沟通创造条件，使互动沟通充分、自然、深入。互动沟通的方式包括实践活动中教师与大学生的接触、交谈，有目的的交流、座谈，运用现代传媒手段，通过网络、ＱＱ群、手机短信、微博、微信等载体进行沟通、互动等。

（3）建立安全预警机制。安全预警机制是对社会实践运行过程进行监督和调控的重要一环。以个人形式参加实践活动的大学生要在签订承诺书的基础上，在重要时间节点（节点包括到达实践地点后、结束实践活动后）向班主任、辅导员报告自身情况，以便教师对大学生个体情况的掌握。社会实践团队要在组建团队、确定方案时制定安全预案，使不符合要求的不能进入实践实施阶段，同时由队长兼任安全信息员，负责和监督实践过程中的安全工作。指导教师作为第一责任人承担实践过程中的安全工作，如出现意外事件，根据预案第一时间妥善处置。

（三）保障与整合机制

高校实践育人共同体建设的保障与整合机制是指为大学生社会实践的顺利进行，取得预期效果而采取的一系列措施、创造的有利条件的总称。所采取的这些措施和创造的条件，把实践育人共同体的相关要素通过联系、互补、重组、综合起来，形成合理的结构，实现整体化、协调化发展，发挥整体的最大功效。高校实践育人共同体保障和整合机制包括教学保障机制、队伍保障机制、物质保障机制。

1. 融入教学过程

教学保障的目的是将社会实践教育融入教育全过程。融入教学过程是指围绕实践育人目标，高校要将各类教学资源进行统筹安排、集中建设，按照教育教学规律，贯穿大学生在校学习全过程、教学计划全过程，形成社会实践教育完整内容体系。其中涉及三个方面的衔接与整合：

第一，大学生社会实践与思想政治理论课教学相结合。作为大学生思想政治教育主渠道的思想政治理论课，教学内容包括马克思主义哲学、政治经济学原理、科学社会主义，马克思主义中国化最新理论成果，中国近代史、现代史、爱国主义和革命传统教育，道德教育与法治教育、人生观教育与心理健康教育等内容以及国内外最新形势与动态、党的最新路线方针政策，党的民族政策和民族团结教育，这些教学内容涵盖了思想政治教育的基本内容，即世界观、人生观、价值观、道德观、法治观等，目的也在于帮助大学生形成和发展社会要求的思想政治品德，这与社会实践育人目标高度契合。而不断加强思想政治理论课实践环节是增强课程教学效果和提高质量的必然要求。因此，对大学生社会实践教育内容的整合显然是必要的。从方法和途径来看，可参考以下三种模式。第一种是共青团作为主要组织单位，辅之以思想政治理论课教师进行过程指导和综合评价；第二种是将社会实践作为思想政治理论课实践环节，思想政治理论课教师进行组织，团委协助配合；第三种按照课程化建设思路，单独设立"大学生社会实践"课，列入正式教学计划，规定正式教学学分，由思想政治理论课教学单位和团委分别承担教学和具体实践活动的组织工作，共同完成评价和学分认定工作。

第二，大学生社会实践与专业课教学相结合。高等教育强调对大学生实践能力和创新精神的培养，任何学科、专业，都要遵循这一要求和规律，而社会实践恰恰为大学生提升实践能力、培养创新精神提供了土壤和平台，从这一点上看，大学生社会实践与专业课教育高度契合。例如，文科类学生围绕课程内容开展社会调查，医学类大学生基础诊断技能的提升，理工科类大学生在生产一线见习提高动手操作能力和生产流程认识水平都可结合社会实践活动开展。从路径来看，可以将社会实践与大学生专业实习有机融合，也可将教学中的疑点难点、研究课题作为社会实践内容，在社会现实中检验理论知识、寻找正确答案、实现知行合一。

第三，大学生社会实践与就业创业课程教学相结合。在产业结构调整、进行供给侧改革、"大众创业，万众创新"的时代背景下，促进大学生就业创业成为高等学校的重要工作任务。在大学生中开展就业创业教育，核心在于提升大学生就业创业技能和综合素质，使他们在激烈的竞争中争取一席之地。而大学生社会实践是帮助大学生提升职业能力、获取就业创业信息的重要途径，对于大学生投身火热的社会生活，了解掌握经济社会发展状况，认识把握社会生产真实情况、用人单位人才需求方向，关注热点前沿行业领域发展趋势等，具有不可替代的作用。从这一点来看，大学生社会实践与就业创业教育高度契合。挂职锻炼、岗位见习和参观考察是对社会实践与就业创业教育进行有机衔接和整合的三种重要形式。

2. 充实指导队伍

这里所说的队伍就是指社会实践指导教师队伍。教育者是社会实践过程的构成要素之一，与其他要素相互作用、相互联系，指导作用发挥的如何直接影响着实践活动育人效能，缺少教育者的运行机制是不复存在的。而在运行机制中教育者的作用更多地体现在组织、指导过程中。加强指导教师队伍建设就要巩固已有指导队伍，扩大指导教师规模，挖掘补充社会资源。

（1）巩固已有指导队伍。长期以来，大学生社会实践的指导教师基本上是团学干部、辅导员以及思想政治理论课教师，但无论在指导人数还是深度、力度、效度上均存在提升空间，换句话说，由于社会实践是在假期、休息日集中开展，占用教师的调整、休息时间，这些教师难免会产生懈怠心理和应付思想。再有，随着社会实践的不断深入，对教师的指导工作提出更高要求，而教师的现有能力和水平还不能完全适应，从而在一定程度上影响了实践活动育人效果。社会实践作为加强大学生思想政治教育的重要途径和形式，指导大学生社会实践，改进和加强思想政治工作，对于团学干部、辅导员以及思想政治理论课教师是义不容辞的责任，因此必须加强这支指导队伍的建设。围绕提升社会实践育人效果，加强团学干部、辅导员以及思想政治理论课教师队伍建设，首先是加强相关培训，"教育者必先受教育"，培训的重点应放在大学生社会实践重要意义、三个阶段的工作要求、各阶段的指导方式方法等上。其次是深入交流提高，既要进行校内的社会实践工作交流，总结好的经验、做法，也要查找不足，找出问题症结。同时，采取"走出去，请进来"的方式，加强高校之间的联系，向社会实践开展效果明显的高校学习好经验、好做法。再次是把社会实践指导作为这些教师职级职称评定的必备条件。

（2）扩大指导教师规模。针对团学干部、辅导员以及思想政治理论课教师在数量、指导工作中显现出来的不足，尚不能满足深化社会实践工作的现实需求的情况，要对教学、科研、管理、服务各类岗位上的师资资源进行挖掘，广泛发动教师参与指导大学生社会实践，并统筹安排指导工作。如果按照全员育人的目标要求，高校绝大部分教职工都应承担这样的指导任务，至少应包括专业课教师、党政干部（包括在党群、行政管理岗位上的教师）、哲学社会科学任课教师、班主任，虽然他们在育人工作中所承担的职责不同、分工存在差异，但工作的出发点和落脚点都在于为"立德树人"根本任务服务、为大学生全面成长成才服务。工作核心价值的共同性和服务对象的一致性成为实现队伍全面整合，保障机制整体良好运行的基础。这里所说的整合包括三个方面的含义，即这些教师都有指导大学生社会实践的责任，虽然各自岗位职责不同，但都能够在指导社会实践中明确方向、定位和工作切入点；这些教师的共同参与指导将弥补当前社会实践过程中指导上的不足；这些教师的指导将提升实践育人效能，确保实践活动的顺利进行。

（3）挖掘补充社会资源。社会实践育人过程是由组织化教育、自我教育、社会教育组成的复合型育人结构。其中，在社会教育视域里，各种社会组织、企事业单位负责人，乃至人民大众都可能成为大学生进行社会实践的指导者。因此，针对指导教师不足的实际，可以由学校选聘校外人员承担社会实践的指导工作。在人员选择上，包括地方政府（城市、社区、街道、乡镇）负责人及工作人员，政府所属部门负责人、工作人员，基层党组织负责人，离退休老党员、老战士、老教师，企业事业单位负责人、工作人员等。在选聘标准上，首先要考虑本人的政治素质、思想觉悟是否符合育人要求，其次要考虑是否具备承担指导工作的能力和素质，再者要考虑是否有担任指导工作的热情。在给予的条件待遇上，以精神、荣誉上的激励为主，适当考虑物质报酬。可由学校将社会指导教师确定为学校特聘教师，为他们颁发相关证书等。

3. 保证经费扶持

巧妇难为无米之炊。从当前高校实践育人共同体构建的情况来看，高校实践育人所需要的物力、财力等资源还有所紧张与欠缺。

第一，财力资源主要是指能够满足高校实践育人所需要的经费需求，是确保高校实践育人共同体正常运转的条件之一。政府应该加大对这项育人资金的投入力度，根据综合指标给高校拨发专项建设所需基金和考核绩效专款。同时，破除繁文缛节，简化这项活动经费的审批程序，激发各育人主体的积极性。企业要提高格局，放眼长远，在自己力所能及的范围内加强与高校合作育人的资金投入。社会上的公益组织多为高校实践育人项目提供经费赞助。家长指导学生利用假期做兼职，建立属于学生自己的"小金库"，用作参加学校组织的外出实践育人活动的开销。高校要根据这项活动的实际发展要求，安排专项基金用于思想政治教育实践教学和管理，同时，积极争取社会捐赠和政府的专项资金拨款等，用于引导各部门和人员开展实践育人工作的研究。

第二，物力资源主要包括支撑高校实践育人活动得以开展的平台和场所，是高校实践育人共同体能够正常运转的重要保障。高校要创造良好的实践育人环境，充分利用好校史馆资源，设立实践育人电子资料阅览室、实践育人指导工作室，提供思想政治理论课教师开展实践教学的器材设备。同时，在平台建设方面，高校要建立专门的实践育人网站、微信公众号、微博、QQ等平台，并在平台上设置提问区、解答区，加强对大学生的正面引导，增强他们对实践育人重要性的正确解读。企业增加大学生参加实习所需要的岗位，并配备指导教师。社会上的红色旅游景点、爱国主义教育基地要为高校师生免费开放或对其票价进行优惠，为高校师生进行实地学习开通"绿色通道"。

（四）评价与激励机制

1. 完善考核保障机制

科学而严密的考核机制是保证高校实践育人共同体稳健运行的重要利器，对各育人主体有督促和激励的作用。"如果缺乏有效激励，人只能发挥出20%-30%的潜能，而如果对人的潜能进行有效激励，则另外70%-80%的潜能就能得到有效发挥。"[1] 因此，制定高校实践育人共同体考核体系，整合和优化各类育人资源和要素，规范和完善考核标准和方式，激发各育人主体参与高校实践育人的内生动力和外在活力，是高校实践育人共同体建设的重要举措。

---

① 李国政. 管理学 [M]. 北京：清华大学出版社，2009：201.

（1）完善高校实践育人主体的考核保障机制

政府制定相关的考核标准，将企业、社会组织履行责任和义务的积极性划分等级，定期进行打分、评比考核。对于等级较高者加大扶持力度，同时进行网络宣传表扬，提升其知名度，为别的育人主体树立榜样和示范。对于等级低的企业进行批评、教育和指导，严重者予以罚金处理，以此警示其他育人主体。对于高校内部育人主体，党政领导干部、辅导员、思想政治理论课教师等的考核，设置问卷调查或者其他匿名调查的方式，由大学生进行综合评价，综合评价的结果直接与奖金和职称评定挂钩。

（2）制定科学的评价标准

科学有效的评价标准是检验高校实践育人活动有没有取得效果，即这个共同体育人主体最初设定的目标是否达到的基础。我们在制定评价标准时，坚持定性和定量相结合的标准。一方面，坚持定量评价，对育人主体参与活动的次数、提供资源的分量、创新精神等内容进行量化考核，实行定量分析。另一方面，与定性评价相结合。对考核评价的结果进行等级划分。在某个区间内为优秀，次之为良好，以此类推为及格、不及格等。同时，对于不同的高校实践育人活动和不同的育人主体酌情分析其特殊性和侧重点，制定具体化、灵活化的评价标准。

（3）总结考核结果，优化考核保障机制

做好思想政治工作，要因事而化、因时而进、因势而新。[1]高校实践育人共同体的考核机制也要与时俱进。定期收集对高校实践育人主体进行考核的结果，分析考核机制有没有存在问题，并制定切实可行的考核办法。对于其中不合理、不全面的考核标准、方式及存在的短板与漏洞，及时完善和改正，添加新的时代元素。在考核过程坚持公平、公开、公正的原则，不弄虚作假。

2. 提升激励效能

提升激励效能要建立在完善激励机制基础上。所谓社会实践激励机制是指，教育者根据实践育人目标，以考核评价结果为依据，以大学生个体需要为基础，采用一定的激励手段和方式，对大学生进行激发和鼓励，促进大学生积极主动地投入社会实践，引导他们行为取向的运行过程和调节

---

① 习近平在全国高校思想政治工作会议上强调：把思想政治工作贯穿教育教学全过程 开创我国高等教育事业发展新局面 [N]. 人民日报，2016-12-09.

方式。其中，各种激励要素相互联系、作用的方式遵循一定机理，具有一定的指向性。因此，构建有效激励机制是高校实践育人共同体有效运行的动力，对于加强和改进社会实践工作，不断提升实践育人效果具有重要作用。构建高校实践育人共同体有效激励机制就应做到准确把握激励原则、综合运用激励方法、切实提升激励效能。

激励者（激励主体）、激励对象（激励客体）、激励因素、激励程序、激励频率、激励方式、激励目标、激励模式等是激励内在构成要素。激励者是发动、组织、实施激励活动的组织和个人，在整个激励活动过程中都处于主导地位，起着决定性作用。社会实践中的激励者包括教育主管部门、地方的党政工团、企事业单位等组织和高校教师、实践当地的负责人和人民群众，概括起来就是教育者。激励对象是大学生及所在群体、高校教师，其中教师既是激励者也是激励对象。激励因素是能调动激励对象积极性的因素，包括环境因素、文化因素、物质因素和精神因素等。激励程序，即社会实践激励活动的运行程序和步骤。激励频率直接影响着激励活动的效果，激励间隔时间短、过于频繁或间隔时间太长，都会使激励效果受到影响。

（1）准确把握激励原则

坚持契合性原则。激励的目的在于提升激励对象的积极性，而积极性源自作为激励对象的教育者和大学生的需要。社会实践中，教育者的需要体现在自身价值的实现和获得相应的尊重、肯定，大学生的需要除了荣誉感、获得他人肯定之外，还有与自身生活与发展直接相关的利益需求，如获得经济上的奖励、适用的社会经验等。同样，高校作为实践教育的组织者和实施者，也有提高自身社会影响力、知名度、美誉度的需要。因此，激励机制的构建要切实与这些需求高度契合，与满足这些需要有机结合，如此才会收到良好的激励效果。此外，契合性还体现在，学校之间校风、教风、学风，办学规模、层次、经费等具有一定的差异性，激励机制的实施也要与这些因素相适应。

坚持层次性原则。这里所指的层次性就是在进行激励时要根据激励对象开展实践活动的实际情况，按照他们在实践活动中的作用、具体分工等分层设计和实施激励行为，做到层次分明、渠道多样、形式创新。如既要对大学生进行激励，也要对指导教师实施激励；既要对实践团队进行激励，也要对组织实施实践活动的院系实施激励；既要根据大学生个体在实践活动中的表现设置综合激励项目，也要对某个方面的表现和工作设计单项设置激励内容。

坚持公开性原则。即内容公开，向参与社会实践活动的全体教师和大学生明确激励内容、实施奖励的项目、评定办法；过程公开，采取自下而上的方式，通过大学生和教师自荐申报、组织推荐、集体讨论、会议通过等规范程序，确定奖励激励名单；结果公开，就是要在更大范围征求意见，对拟表彰激励对象进行广泛的公示，允许接受对结果的质疑，通过举办表彰大会等仪式对受到激励的对象进行表彰奖励。

坚持适度性原则。激励实施中要给大学生一种冲击力，一种强力的感受。奖金额度非常大，或者奖励层次非常高，使激励对象通过获奖产生深刻、持久的满足感。但激励太多，轻易便可获得，会导致激励对象动力不足。激励太少，即使大学生非常努力，也会因缺少受到激励的机会难以激发积极性。所以，实施激励要有一个"度"，只有适度才能收到好的激励效果。

（2）综合运用激励方法

激励方式是为达到激励目的而进行的激励活动的方法和手段。社会实践中要因时、因事、因人制宜地采用适当的激励方法，充分调动学生的积极性，朝着有利于教育者设定的激励目标发展。

一是深入挖掘激励因素。注重在社会实践实施过程中使用不同激励方法，调动各种激励因素。社会实践中的激励方法要根据不同学生的需求和特点，分层次、多渠道、创造性地实施。做到内在激励与外在激励相结合、精神激励与物质激励相结合、正向和负面相结合、个体激励与集体激励相结合。激励因素是能调动激励对象积极性的因素，包括环境因素、文化因素、物质因素和精神因素等。由科学管理延伸的组织系统科学认为，"激励因素是指能够满足一个人的某种需要，激发一个人的工作动机，引导他做出一定绩效的要素"[①]。社会实践作为一种有组织、有计划、有目的的教育形式，就要充分挖掘其中的物质激励因素、成就激励因素、荣誉激励因素和教育激励因素。

---

① 侯光明等. 组织系统科学概论 [M]. 北京：科学出版社，2006：214.

二是采用多样激励手段。针对目前社会实践表彰、奖励名额和项目少，惠及范围往往只是局限在学生干部及具有较强组织能力、思想活跃、善于沟通交流的少数学生群体身上，部分学生缺少参与此类竞争的热情的现实情况，要通过扩大激励覆盖面，有效调动大学生参与社会实践的积极性。一要结合学校实际制定加强社会实践激励的实施办法、具体细则等，使各项激励有章可循；二要把大学生社会实践作为实践育人的重要环节纳入人才培养计划和教学计划，单独规定学时学分，让所有大学生都有获得学分激励的机会，促进激励公平；三要在大学生综合评价体系（如"德智体综合测评"）中单独划定学分并作为评定各类奖学金、"三好学生"等评奖、评优的重要参考依据；四要广泛开展以院系为单位的"社会实践先进单位""优秀志愿者服务队""优秀实践团队"等和先进个人（"优秀队员""优秀通讯员""优秀论文""优秀调研项目"等）的评选表彰，公开评奖标准、环节，激发更多的大学生参与其中；五要开展"实践归来话感受"等主题总结交流活动，通过座谈、成果展示、报告会等多种形式对比、交流，分享收获、总结不足。同时运用榜样激励法，用身边的人和事感染、鼓励大学生；六要广泛开展评奖、评优活动，隆重表彰社会实践先进集体和个人，树立典型、示范带动。应不断完善省市、高校、院系三级评选表彰体系，并通过各类校内外新闻媒体宣传先进、营造氛围。

三是切实加强教师激励。教师激励是激发教育者指导实践活动的关键点之一。制定鼓励教师参与社会实践的相关制度和政策，明确具体工作职责，把参加和指导大学生社会实践计入教师工作量，形成的成果给予经费支持，同时在晋升评优和职称评定等方面作为必要条件，对他们的工作给予物质和精神上的全面鼓励。

（3）切实提升激励效能

为鼓励大学生社会实践的深入发展，目前高校实施了一定的激励措施，但总体上效果不佳，主要体现在缺乏有效性上，即效能不强、实效性不够。为此，要通过增加激励强度、提高激励频度、增强激励时效、建立约束机制来提升激励效果。

第一，增加激励强度。强度表示的是作用力的大小，激励强度就是激励措施、手段作用力的大小，等同于力度。增加激励强度，首先要提升激励层次，将社会实践的各项表彰奖励融入学校整体表彰范畴，统一进行规划，列入学校一级激励体系，由学校党委和行政发文表彰，形成激励材料；其次要增强激励力度，努力争取做到"重奖、重罚"，从物质奖励的额度，精神奖励的深度、影响力、震撼力上下功夫。在大学生层面作为与奖学金评定、"三好学生"等表彰同级别的表彰项目，在教师层面作为与校内科技工作奖励、育人工作奖励等综合性奖励同级别的表彰奖励项目；再次要增加激励结果的适用度，也就是探索将社会实践奖励结果作为免试直推研究生、国家奖学金评定的必要条件等，从而增强该项奖励的吸引力、影响力。

第二，提高激励频度。频度通常就是指频率，这里所指的激励频度主要指社会实践活动表彰、奖励的次数。大学生社会实践一般每年主要集中在寒暑期、节假日集中开展，奖励激励的实施原则上在活动结束后进行，一般也是每年一次，所以频度不高。为此，一方面可依据社会实践的具体形式，增加激励内容和次数，如广泛开展社会实践、学生科技创新活动和青年志愿者服务等活动的表彰奖励，大学生科技创新活动贯穿全年，青年志愿者服务活动也是常态化的社会实践形式，针对这些社会实践形式，设立单项表彰激励项目；另一方面是依据社会实践开展时间节点，增加激励内容和次数，如在寒暑期社会实践后均进行奖励表彰。

第三，增强激励时效。激励时效指社会实践激励工作要与准备、实施、评价三个阶段紧密结合、同频共振，突出及时性、时效性。这就要求在开展社会实践活动结束后集中力量进行深化总结和考核评价工作，把握有利时机，提升激励效果。

第四，建立约束机制。"奖惩并重"是实施激励机制、提升激励效果的重要方法。只有激励没有惩罚，只能唤起一部分激励对象的积极性和对社会实践的参与意识，而且奖励激励的覆盖相对有限，大部分学生实际上享受不到激励，这将影响社会实践的整体育人效果。因此在社会实践中构建激励机制既要运用和推广以奖励为主的正面激励，也要适当引入以惩戒为主的负面激励，也就是惩罚措施。对于没有认真投身实践活动，甚至从来不参加实践活动的学生，做到及时的批评和引导，该奖的及时奖励，该罚的迅速处罚。在处罚的方法上，可采用不予学分认定、在一定范围通报批评等方式进行。

参 考 文 献

1. 经典著作

[1] 中共中央马克思恩格斯列宁斯大林著作编译局. 马克思恩格斯选集（第 2卷）[M]. 北京：人民出版社，1960.

[2] 中共中央马克思恩格斯列宁斯大林著作编译局. 马克思恩格斯全集（第 3卷）[M]. 北京：人民出版社，1960.

[3] 中共中央马克思恩格斯列宁斯大林著作编译局. 马克思恩格斯全集（第 23卷）[M]. 北京：人民出版社，1972.

[4] 中共中央马克思恩格斯列宁斯大林著作编译局. 列宁全集（第2卷）[M]. 北京：人民出版社，1984.

[5] 毛泽东选集（第1卷）[M]. 北京：人民出版社，1991.

[6] 毛泽东选集（第2卷）[M]. 北京：人民出版社，1991.

[7] 毛泽东选集（第3卷）[M]. 北京：人民出版社，1991.

[8] 邓小平文选（第3卷）[M]. 北京：人民出版社，1993.

[9] 邓小平文选（第2卷）[M]. 北京：人民出版社，1994.

[10] 中共中央马克思恩格斯列宁斯大林著作编译局. 马克思恩格斯选集 （第4卷）[M]. 北京：人民出版社，1995.

[11] 毛泽东文集（第7卷）[M]. 北京：人民出版社，1999.

[12] 中共中央马克思恩格斯列宁斯大林著作编译局. 马克思恩格斯选集 （第1卷）[M]. 北京：人民出版社，1995.

[13] 江泽民文选（第1卷）[M]. 北京：人民出版社，2006.

[14] 江泽民文选（第2卷）[M]. 北京：人民出版社，2006.

[15] 江泽民文选（第3卷）[M]. 北京：人民出版社，2006.

[16] 中共中央马克思恩格斯列宁斯大林著作编译局. 马克思恩格斯文集

（第1卷）[M]. 北京：人民出版社，2009.

[17] 中共中央马克思恩格斯列宁斯大林著作编译局. 马克思恩格斯文集
（第2卷）[M]. 北京：人民出版社，2009.

[18] 中共中央马克思恩格斯列宁斯大林著作编译局. 马克思恩格斯文集
（第3卷）[M]. 北京：人民出版社，2009.

[19] 中共中央马克思恩格斯列宁斯大林著作编译局. 马克思恩格斯选集
（第4卷）[M]. 北京：人民出版社，2009.

[20] 中共中央马克思恩格斯列宁斯大林著作编译局. 马克思恩格斯文集
（第8卷）[M]. 北京：人民出版社，2009.

[21] 胡锦涛文选[M]. 北京：人民出版社，2016.

[22] 胡锦涛文选（第2卷）[M]. 北京：人民出版社，2016.

2. 报纸

[1] 马叙伦. 教育部召开的第一次全国教育工作会议[N]. 北京：人民日报.
1949-12-24.

[2] 马叙伦. 教育部召开的第一次全国高等教育会议上的开幕词[N]. 北京：
人民日报. 1950-06-02.

[3] 江泽民在庆祝清华大学建校九十周年大会上的讲话[N]. 光明日报，
2001-04-30.

[4] 中共中央关于完善社会主义市场经济体制若干问题的决定[N]. 人民日
报，2003-10-22.

[5] 胡锦涛. 坚持用"三个代表"重要思想统领宣传思想工作，为全面建设小
康社会提供科学理论指导和强大舆论力量[N]. 人民日报，2003-12-18.

[6] 胡锦涛在中央政治局第三十四次集体学习会议上的讲话[N]. 人民日报，
2006-08-31.

[7] 胡锦涛致中国青年群英会的信[N]. 人民日报，2007-05-05.

[8] 胡锦涛. 坚定不移沿着中国特色社会主义道路前进　为全面建成小康社
会而奋斗[N]. 北京：人民日报，2012-11-09.

[9] 习近平. 让孩子们成长得更好[N]. 人民日报，2013-05-31.

[10] 习近平给华中农业大学"本禹志愿服务队"回信：勉励青年志愿者以
青春梦想　用实际行动为实现中国梦作出新的更大贡献[N]. 人民日报，

2013-12-06.

[11] 习近平. 大力弘扬伟大爱国主义精神 为实现中国梦提供精神支柱[N]. 人民日报，2015-12-31.

[12] 习近平在同知识分子劳动模范青年代表座谈时强调：紧跟时代肩负使命 锐意进取 为共同理想和目标团结奋斗[N]. 人民日报，2016-04-30.

[13] 习近平在全国高校思想政治工作会议上强调：把思想政治工作贯穿教育教学全过程 开创我国高等教育事业发展新局面[N]. 人民日报，2016-12-09.

[14] 中共中央国务院印发《关于加强和改进新形势下高校思想政治工作的意见》[N]. 人民日报，2017-02-28.

[15] 习近平. 决胜全面建成小康社会 夺取新时代中国特色社会主义伟大胜利：在中国共产党第十九次全国代表大会上的报告[N]. 人民日报，2017-10-28.

[16] 习近平. 在北京大学师生座谈会上的讲话[N]. 人民日报，2018-05-03.

[17] 习近平在全国教育大会上强调：坚持中国特色社会主义教育发展道路 培养德智体美劳全面发展的社会主义建设者和接班人[N]. 人民日报，2018-09-11.

[18] 习近平主持召开学校思想政治理论课教师座谈会强调：用新时代中国特色社会主义思想铸魂育人 贯彻党的教育方针落实立德树人根本任务[N]. 人民日报，2019-03-19.

[19] 深化新时代学校思想政治理论课改革创新[N]. 人民日报，2019-08-15.

[20]孙琪. 全面发挥企业文化优势 履行中央企业社会责任[N]. 中国民航报，2020-07-23.

3. 论文专著

[1] 徐中舒. 《左传》的作者及其成书年代[J]. 历史教学，1962（11）.

[2] 毛主席论教育革命[M]. 北京：人民出版社，1967.

[3] 爱因斯坦. 爱因斯坦文集（第3卷）[M]. 许良英等，译，北京：商务印书馆，1979.

[4] 苏霍姆林斯基. 少年的教育与我教育[M]. 赵玮等，译，北京：北京出版社，1984.

[5] 毛泽东著作选读（下册）[M]. 北京：人民出版社，1986.

[6] 毛泽东著作选读[M]. 北京：人民出版社，1986.

[7] 宋希仁等. 伦理学大辞典[M]. 长春：吉林人民出版社，1989.

[8] 列宁. 哲学笔记[M]. 北京：人民出版社，1990.

[9] 杜威. 民主主义与教育[M]. 王承绪，译. 北京：人民教育出版社，1990.

[10] 张健. 邓小平教育思想研究[M]. 杭州：浙江教育出版社，1992.

[11] 伊丽莎白·劳伦斯. 现代教育的起源与发展[M]. 纪晓林，译. 北京：北京语言出版社，1992.

[12] 中共中央文献研究室. 建国以来重要文献选编（第1册）[M]. 北京：中央文献出版社，1992.

[13] 聂世明. 马克思主义实践观新探[M]. 北京：当代中国出版社，1994.

[14] 邱伟光. 大学生社会实践教育新论[M]. 上海：复旦大学出版社，1994.

[15] 杨静云. 毛泽东思想政治教育理论研究[M]. 北京：中共中央党校出版社，1995.

[16] 黄济. 教育哲学通论[M]. 太原：山西教育出版社，1998.

[17] 邱伟光，张耀灿. 思想政治教育学原理[M]. 北京：高等教育出版社，1999.

[18] 斐迪南·滕尼斯. 共同体与社会：纯粹社会学的基本概念[M]. 林荣远，译. 北京：商务印书馆. 1999.

[19] 马克思. 1844年经济学哲学手稿[M]. 北京：人民出版社，2000.

[20] Mary henkey.Acadenlic identities and policychange in higher education[M]. United Kingdom Jessica kingsley publisher.Ltd，2000.

[21] Carayannis E G,Alexander J,Ioannidis A.Leveraging knowledge,learning,and innovation in forming strategic government-university-industry（GUl）R&D partnerships in the US,Germany, and France[J].Technovation，2000（09）.

[22] Rai K R,Peterson B L,Appelbaum F R,et al.Fludarabine compared with chlorambucil as primary therapy for chronic lymphocytic leukemia.[J].New England Journal of Medicine，2000（24）.

[23] 江泽民论有中国特色社会主义（专题摘编）[M]. 北京：中央文献出版社，2002.

[24] 齐格蒙特·鲍曼. 生活在碎片之中：论后现代道德[M]. 郁建兴等，译. 上海：学林出版社，2002.

[25] 乌尔里奇·贝克. 风险社会[M]. 何博文，译，北京：译林出版社，2004.

[26] 侯光明等. 组织系统科学[M]. 北京：科学出版社，2006.

[27] 张澍军. 论德育目标的价值蕴涵[J]. 东北师范大学报，2006（02）.

[28] 卡尔·雅斯贝尔斯. 大学之理念[M]. 邱立波，译. 上海：上海人民出版社，2007.

[29] 胡锦涛. 高举中国特色社会主义伟大旗帜　为夺取全面建设小康社会新胜利而奋斗[M]. 北京：人民出版社，2007.

[30] 塞缪尔·P·亨廷顿. 变化社会中的政治秩序[M]. 王冠华，译. 上海：上海人民出版社，2008.

[31] 王学俭. 现代思想政治教育前沿问题研究[M]. 北京：人民教育出版社，2008.

[32] 骆郁廷. 思想政治教育原理与方法[M]. 北京：高等教育出版社，2009.

[33] 沈杰. 志愿行动：中国社会的探索与践行[M]. 北京：人民出版社，2009.

[34] 让·雅克·卢梭. 社会契约论[M]. 北京：光明日报出版社，2009.

[35] 李国政. 管理学[M]. 北京：清华大学出版社，2009.

[36] 徐涌金，张明纲. 大学生综合素质培养体系的构建思路[J]. 思想政治教育研究. 2009（04）.

[37] 郑永廷. 思想政治教育方法论[M]. 北京：高等教育出版社，2010.

[38] 国家中长期教育改革和发展规划纲要（2010-2020年）[M]. 北京：人民出版社年版，2010.

[39] M.Cyert R,S.Goodman P.Creating Effective University-industry Alliances:An Organizational Learning Perspective[J].Organizational Dynamics，2010（01）.

[40] Eom B Y,Lee K.Determinants of industry-academy linkages andtheir impact on firm performance：The case of Korea as a latecomer in knowledge industrialization[J].Research Policy，2010（05）.

[41] Curien H.Actions to Facilitate Cooperation Between Industries,Universities

and Other Research Organizations Attitudes and Experiences of Governmental Institutions[J].Technovation，2011（2-3）.

[42] 陈爱民. 大学生社会实践主体的制度化建设[J]. 思想教育研究，2011（11）.

[43] 胡锦涛. 坚定不移沿着中国特色社会主义道路前进　为全面建成小康社会而奋斗[M]. 北京：人民出版社，2012.

[44] 胡三嫚. 大学生社团参与质量的实证研究[J]. 高教探索，2012（01）.

[45] Cohen W M,Nelson R R,Walsh J P.Links and Impacts：The Influence of Public Research on Industrial R&D[J].Management Science，2012（01）.

[46] Aokimasahi Harayama Yuko.Industry-University Cooperation to Take on Here[J].Research Institute of Economy,Trade and Industry，2012（04）.

[47] Grosskopf M J,Drake R P.Modeling of aspheric,diverging hydrodynamic insta-bilityexperiments on the National Ignition Facility[J].High Energy Density Physics，2013（02）.

[48] 闻邦椿，李小彭. 科学发展观指导下的产品系统化设计的理论与方法[J]. 机械工程学报，2013（10）.

[49] 习近平谈治国理政[M]. 北京：外文出版社，2014.

[50] 俞吾金. 意识形态论[M]. 上海：上海人民出版社，2014.

[51] 甘霖. 高校实践育人研究[D]. 武汉大学，2014.

[52] 任小艳. 简论思想政治教育价值论的回归：对现代思想政治教育知识论倾向的反思[J]. 东南大学学报（哲学社会科学版），2014（02）.

[53] 涂宏斌. 关于"环境"育人的探讨[J]. 理论月刊，2014（08）.

[54] Philip G.Altbach.The emergence of a field：research and training in higher education[J].Studies in Higher Education，2014（08）.

[55] 宋敏、周明星. 当代大学生社会责任感培养研究[J]. 教育评论，2014（12）.

[56] 陈万柏，张耀灿. 思想政治教育学原理（第三版）[M]. 北京：高等教育出版社，2015.

[57] 教育部思想政治工作司. 加强和改进大学生思想政治教育重要文献选编（1978-2014）[M]. 北京：知识产权出版社，2015.

[58] 叶方兴. 社会分化与价值引导：思想政治教育社会学的基本问题论析 [J]. 思想教育研究，2015（05）.

[59] 杨宗仁. 产学研合作的渊源及合作模式演进研究[J]. 生产力研究，2015（08）.

[60] 俞可平. 法治与善治[J]. 西南政法大学学报，2016（01）.

[61] 封莎、郭勇. 网络传播下思想政治教育信息传播的特点及样态[J]. 思想教育研究，2016（01）.

[62] 张辉，王辅辅. 社会需求导向下工程人才培养中存在的问题及对策 [J]. 江苏高教，2016（01）.

[63] 郭伟. 凝心聚力，改革创新，为中外合作办学提质增效保驾护航：访中国高等教育学会中外合作办学研究分会理事长林金辉[J]. 世界教育信息，2016（04）.

[64] 刘宏达，许亨洪. 我国高校实践育人共同体建设的内涵、问题及对策研究[J]. 华中师范大学学报（人文社会科学版），2016（05）.

[65] 朱扬勇，熊赟. 大数据人才培养的基础条件初探[J]. 大数据，2016（05）.

[66] 习近平谈治国理政（第2卷）[M]. 北京：人民出版社，2017.

[67] 习近平. 决胜全面建成小康社会 夺取新时代中国特色社会主义伟大胜利：在中国共产党第十九次全国代表大会上的报告[M]. 北京：人民出版社，2017.

[68] Fontana R,Geuna A,Matt M.Factors affecting university-industry R&D projects:The importance of searching, screening and signaling[J].Research Policy，2017（02）.

[69] 徐雷，胡波. 关于综合性高校开展新型工程教育的思考[J]. 高等工程教育研究，2017（02）.

[70] 陈慧，陈敏. 关于综合性大学培养新工科人才的思考与探索[J]. 高等工程教育研究，2017（02）.

[71] 钟登华. 新工科建设的内涵与行动[J]. 高等工程教育研究，2017（03）.

[72] 周开发，曾玉珍. 新工科的核心能力与教学模式探索[J]. 重庆高教研

究，2017（03）.

[73] 李培根. 工科何以而新[J]. 高等工程教育研究，2017（04）.

[74] 李华，胡娜，游振声. 新工科：形态、内涵与方向[J]. 高等工程教育研究，2017（04）.

[75] 叶民，钱辉. 新业态之新与新工科之新[J]. 高等工程教育研究，2017（04）.

[76] 胡永嘉，张真理. 高校思想政治教育话语体系改进研究[J]. 中国青年社会科学，2017（05）.

[77] 宋锣洋. 以马克思主义大众化推进现代公民意识培养[J]. 中学政治教学参考，2017（05）.

[78] 李茂国. 工程教育范式：从回归工程走向融合创新[J]. 中国高教研究. 2017（06）.

[79] 陈建中. "新工科"背景下职业院校工程技术教育改革创新的思考[J]. 中国管理信息化，2017（14）.

[80] 李正良，廖瑞金，董凌燕. 新工科专业建设：内涵、路径与培养模式[J]. 高等工程教育研究，2018（02）.

[81] 孙峻. "新工科"土木工程人才创新能力培养[J]. 高等建筑教育，2018（02）.

[82] 鲁正，上官玉奇. 基于本科生导师制的新工科人才培养探究：以同济大学土木工程学院为例[J]. 高等建筑教育，2018（02）.

[83] 吴磊. 新工科理念下工业设计专业教学方法与实践[J]. 高等建筑教育，2018（02）.

[84] 王瑜，李维，谈美兰，等. 新工科背景下建筑环境与能源应用工程专业传热学课程教学研究[J]. 高等建筑教育，2018（05）.

[85] 沈壮海，董祥宾. 论新时代高校思想政治工作质量的提升[J]. 思想理论育，2018（08）.

[86] 朱平. 高校"三全育人"体系协同与长效机制的建构：以全员育人为中心的考察[J]. 思想理论教育，2019（02）.

[87] 沈正赋. "四全媒体"框架下新闻生产与传播机制的重构[J]. 现代传播，2019（03）.

[88] 张松，薛博. 高校公益社团发展现状及解决措施[J]. 农家参谋，2019（05）.

[89] 徐平，孙雨婕. 产学研协同培养复合创新型人才模式与路径研究[J]. 学理论，2019（11）.

[90] 何学建，王法琴，顾欢. 新时代高校实践育人供给侧结构性改革研究[J]. 文教资料，2019（20）.

[91] 宋少杰，陆江峰，周立云，等. 高校学生社团发展的现状、问题与对策研究[J]. 长江丛刊，2019（28）.

[92] 徐宁. 马克思共同体思想的哲学研究[M]. 北京：光明日报出版社，2020.

[93] 习近平谈治国理政（第3卷）[M]. 北京：人民出版社，2020.

[94] 现代汉语词典（第7版）[M]. 北京：商务印书馆，2020.

[95] 郝学武. 创新大学生志愿服务活动思想政治教育方法研究[J]. 学校党建与思想政治教育研究，2020（04）.

[96] 陈曙光. 政治话语的西方霸权：生成与解构[J]. 政治学研究，2020（06）.

[97] 赵坤，郭凤志. 马克思共同体思想对高校思想政治理论课价值引领的启示[J]. 思想教育研究，2020（12）.

[98] 张林. 自媒体"舆论圆桌"的意识形态负效应及其治理[J]. 理论导刊，2020（12）.

[99] 赵柳，李爱芳. 马克思社会共同体思想的当代意义[J]. 决策探索（下），2021（02）.

[100] 张晓波. 全媒体融场域下高校思想政治教育协同育人体系构建研究[J]. 学校党建与思想教育，2021（02）.